從哲學的觀點看

關子尹 著

東大圖書公司 印行

國立中央圖書館出版品預行編目資料

從哲學的觀點看／關子尹著.--初版.
--臺北市：東大發行：三民總經銷
，民83
　　　　面；　　　公分.--(滄海叢刊)
ISBN 957-19-1652-8（精裝）
ISBN 957-19-1653-6（平裝）

1.哲學-論文，講詞等

107　　　　　　　　　　　83004910

© 從 哲 學 的 觀 點 看

著作人　關子尹
發行人　劉仲文
著作財　東大圖書股份有限公司
產權人　臺北市復興北路三八六
發行所　東大圖書股份有限公司
　　　　地　址／臺北市復興北路三八六
　　　　郵　撥／〇一〇七一
印刷所　東大圖書股份有限公司
總經銷　三民書局股份有限公司
門市部　復北店／臺北市復興北路三八六
　　　　重南店／臺北市重慶南路一段六十一
初　版　八十三年

編　號　E 14052

基本定價　肆元捌

行政院新聞局登記證局

ISBN 957-19-1653-6（平裝）

哲學觀點與哲學心靈—(代序)

勞 思 光

關君子尹最近有哲學論集問世，以《從哲學觀點看》為書名；稍知二十世紀哲學名著的人，當然都知道如此題名，其靈感來自哈佛邏輯名家隱因(W. V. Quine)的論集——《從邏輯觀點看》(*Form a Logical Point of View*)。但隱因原意易明。他那本論集所涉問題雖頗為廣泛，其立論取徑皆是邏輯解析；他所謂「邏輯觀點」，也不會引出多少疑問。現在關書標出「哲學觀點」一詞，情況便不同。對於哲學功能，歷來頗多異說，於是作者所謂的「哲學觀點」的確定涵義，便須作一番闡釋。

「哲學能做甚麼」與「哲學應該做甚麼」，便是哲學的功能問題。由於在不同的文化傳統中，不同的歷史階段中，從事哲學思考與體察等等活動的人，每每偏注於不同的問題，因此對哲學功能問題便有種種爭論；而就哲學理論的題材或內容看，也出現極大的歧異。這種情況到了十九世紀末，二十世紀初，便逐漸加強。二次大戰以後，哲學界內部已充溢虛無化的氣息；我們聽見「哲學之終結」的歎息，也看見種種顛倒迷亂的思潮。似乎當前哲學界許多人都在使用某種「自破的語言」(Self-defeating language)，而從事一種自毀的活動(Self-destructive activity)。這也就是多年來我最感關切的哲學危機問題了。

然而，我們若對哲學活動內含的特性有深切的自覺，這種危機並非不能越過。題材的轉移，注意力的轉向，本身不足為病。哲學研究範圍的變化，原可顯示哲學思維向度的擴張，深度的進展。真正問題只在於我們對於哲學思維本身的省察如何。我們如果能確定地說出哲學思維與其他思維活動不同之處，則我們即可對哲學語言的功能作出一個決定。

不論我們如何了解哲學思維之內含特性，若是以論辯方式表達，則必涉及哲學史上種種有關的問題，正反兩方論證的展示及評估，那就需要寫成一本或幾本專書，現在我只想對我自己的論點作一簡單陳述。

我可以簡截地直陳我的論斷。那就是：哲學思維是一種反省的思維，與面向自然世界的經驗思維恰成對照。在經驗思維中，人要了解自然世界，並由此導出人的經驗生活中一切行為的依據。在哲學思維中，人則了解體察人自身的活動，而導出文化價值之創發。人除了作為一自然的存在以外，通過反省的智慧又能超越自然世界，而顯現自覺的主宰性。這種主宰性即令意義世界、價值世界成為可能。現象學代表人胡塞爾，對所謂「自然主義」的批評，在這裏正可供參考，雖然我講反省思考的時候，理路與胡塞爾之說另有不同。

哲學思維開拓出意義世界及價值世界；若再細分，這裏又有屬於認知的了解問題與屬於意志的實現問題；與哲學語言之兩大功能相對應。順着這個大脈絡，我們可以縱觀人類哲學活動的全貌，亦可以重新為「哲學終結」的想法定位。但這都不能在這篇短序中多說，現在我就回到關書本身。

關君所持的「哲學觀點」，即是將各方面似乎性質迥殊的問題，置於一個意義世界中，來揭示它們對於這個全面的創發活動的職分或

作用。書中所收的論文，或處理哲學內部的問題，或論說表面上似與哲學距離甚遠的問題，但其意向皆滙於意義世界之展示上。作者雖未提到現代世界中「哲學之危機」，但他顯然已正視哲學家重新了解自身工作的莊嚴任務。這個任務自然是不易達成的，但一個從事哲學研究的學人，若不只是做一個專業的哲學教師及著作人，則他便須分擔這個任務。能擔承這個任務方足稱具有「哲學心靈」。

　　我近年在哲學思想方面，進展及演變頗多；計劃寫一兩本書來表達我晚期的觀念，遲遲未成。子尹在我的學生中，對我的基本態度了解較多，應知道我晚年治學的真旨趣所在。以上這段話或許只有印證作用；但對於讀者來說，則我上面所說的一些關鍵問題，當能有助於他們體會作者的用心所在。至於具體的理論，則讀者看本書自能明白，不用我在這裏多談了。

　　　　　思　光　一九九四年於香港中大

前　言

　　作者從開始研習哲學以來，一直叮囑自己不要當學究。所謂學究，自己向來的理解是治學只限於詳徵博引，卻不見問題的真正旨趣，形成了「為研究而研究，為寫作而寫作」，或「見木不見林」的局面。拙作篇幅動輒累萬，而且習慣引經據典，驟看起來，有時自己也真的嫌學究味太重。不過，如果容許作者為自己辯護，則或可指出：徵引求其詳盡本來就是學術工作的基本要求，吾人嫌其學究氣，往往是從追求「通俗」、「普及」的角度去看以使然。我們要知道，在一個成熟的文化圈子中，「學術」文化和「普及」文化是同樣重要，並且是互相補足的。我們不能因為「學術」不夠「普及」而立刻指之為「學究」。正如上述，治學而終淪為「學究」，要視乎其是否只知「為研究而研究」，卻昧於研究的本旨。學術研究最珍貴的地方，在於其能夠直接地或間接地指向某些存在的、和值得吾人關懷的問題。這種「指涉」或「關懷」對於哲學尤顯得重要。哲學的「關懷」，並不單在書本文獻或語言概念，也不單止於理論鋪陳，而在於人類存活實況中的種種隨機而起的疑惑。吾人如不願看見哲學理論淪為概念遊戲，便必須嘗試溯求哲學理論背後的關懷所在 —— 無論這關懷是來得直接的或是較為隱晦的。一般而言，我們可以把哲學的關懷了解為一些哲學問題。因為一個哲學問題的提出，就是要引導吾人從不同角度朝向產生問題的境況作出反省與回應。如用哲學家柯靈伍德 (R. G. Collingwood) 的口吻表達：哲學就是人類於種種疑惑當中，以「提

問」和「回答」交織起來的心智的搏動。就此而言，作者以下的卷軸，外表上雖或有一點「學究味」，但相信骨子裏還是發於實感的！至於以下各篇文字的「用心」何在，這要由讀者自己去揣摩，才來得珍貴。

這本集子輯錄了作者過去十年撰寫的一些論文。各篇論文大都曾於不同場合發表過。各篇排列的次序，以撰寫先後為準，一定程度上反映了作者期間不同的興趣。特別值得一提的：書中每一篇的內容，都是作者多次於課堂上和其他講演場合中和學生及友儕們詳細談論過的。因此，不同時期、不同場合的討論和批評對於論文的定稿都有一定的助益。回顧過去十年有多的教習生活，可堪回味者固然不少，但對我來說，印象最深刻的，始終是每次上課前戰戰兢兢的心情。是次雖承師友之鼓勵才把論文輯錄問世，但忐忑之心，亦不能免。自問才質魯鈍，所學粗淺，雕蟲之技，本宜藏拙。特別是書中的一些論點，如以作者今日的觀點看，實有許多還可以改進之處。但今日如要重寫，一則有技術上的困難，再者即使今日重寫了，也難保明日不會再次見棄。近日重校書稿，覺得許多理論細節儘管已有不同見解，但其中談論的基本問題，和對這些問題背後牽涉的事態的透析，却是自己始終認為重要，和至今還切實相信的。哲學的「問題」與「回答」二者之中，作者向來認為前者比後者遠為重要。今日拙稿的刊行，如能以其中的問題激發起後來者重新審察鑽研的意欲，則本書拋磚引玉的訴求即已具足。回想每一篇書稿撰寫的當時，搔首踟躕，下筆再三的困拙情境，作者自忖已盡了全力。今日與其勉強求全，倒不如坦承己短，存其真相。這樣起碼能把作者過去一段一段就各種問題苦苦求解的心跡忠實地保存下來。一念及此，雖謂獻醜，心中亦感坦然。

本書頭兩篇論文都和康德哲學有關，都是從作者於東海大學的講

義輯錄出來的。其中〈康德論哲學之本質〉一文成於1983年初，後來刊載於《中國文化月刊》，第五十一期；（臺中：東海大學，1983），pp. 61-82。而〈本體現象權實辯解〉一文則成於 1985 年春，曾刊載於《東海學報》，第二十六卷；（臺中：東海大學，1985），pp. 173-209。〈論歷史心魂〉一文乃作者為業師勞思光教授長凡七卷的《思光少作集》敢書的代序，稿成於 1986 年夏。見《思光少作集》卷一，（臺北：時報出版社，1986），pp. 13-34。〈從雅各布遜對大腦左右半球不對稱性之討論談起〉一文寫於1987年夏。後來於香港中文大學哲學系主辦的「分析哲學與科學哲學研討會」中發表，並刊登於《分析哲學與科學哲學論文集》,（香港：新亞書院，1989），pp.131-153。〈胡塞爾的「世界界域」理論 —— 從現象學觀點看世界〉成於1988年，後刊登於《人文研究集刊》，創刊號；（香港：東方人文研究學會，1989），pp. 150-168。原刊的副標題為「從現象學觀點看世界（之一）」，是因為後來作者還完成了「之二」一文❶。今二文既分開編入不同集子，乃決定把原刊副題「之一」二字除去，以正體例。此外，除了本文關於胡塞爾「世界界域」概念的討論外，作者後來還就胡塞爾的「界域」問題一般另發表了更詳細的討論，讀者可比照參考❷。

---

❶　參見拙著〈海德格論「別人的獨裁」與「存活的獨我」——從現象學觀點看世界（之二）〉一文。該文曾刊登於《鵝湖學誌》，第六期；（臺北：文津，1992），pp. 113-164。出版時，鵝湖的編者把「之二」省掉了。本文日後將另與其他論文合成專集。

❷　參見拙著 "Husserl's concept of horizon: An attempt at reappraisal" 一文。文章首先於 First World Phenomenology Congress (held Sept. 28-Oct. 4, 1988, in Santiago de Compostela, Spain) 發表。後刊登於 Analecta Husserliana, Vol. 31; (Dordrecht: Reidel/Kluwer, 1990), pp. 361-398。

〈從比較觀點看「範疇論」問題〉一文的內容，作者自執教之初即陸續構思，但寫下來却是1989年六四事件發生後兩個月間的事。本文後來於中國文化大學哲學系主辦的「第一屆國際東西哲學比較研討會」上發表，後刊登於《東西哲學比較論文集》，(臺北：新文豐出版社，1992)，pp. 577-640。除中文稿外，本文後來有更為詳盡的英文稿，作者曾於美國匹茨堡杜鏗斯大學訪問期間據之以作專題演講❸。本書最後收錄了兩篇與德國近代著名哲學家及語言學家洪堡特有關的論文。作者對洪堡特研究的興趣始於東海大學任教期間。此後曾於臺港兩地開設了三項與洪堡特語言理論有關的課程。兩篇論文的構思因此而漸漸形成。〈洪堡特《人類語言結構》中的意義理論── 語音與意義建構〉一文成於1991年春，除即於香港中文大學哲學系主辦的「分析哲學與語言哲學研討會」中發表，並刊登於《分析哲學與語言哲學論文集》，(香港：新亞書院，1993)，pp. 45-81。〈從洪堡特語言哲學看漢語和漢字問題〉一文的寫作意念早在十年以前即在醞釀，但作者由於基本訓練旣不在普通語言學，也不在傳統小學，因此從來未想過真要動筆。然而，自從完成了第一篇關於洪堡特語言理論的論文後，洪堡特學說對漢語和漢字系統潛在的理論效力問題乃成為無可避免的課題。筆者雖自知不才，但基於長久以來對問題的關心，終於決定犯難一試，求教於方家。著筆之前(其實多年來用的都是鍵盤)，作者曾於1992年夏應香港經濟學社邀請，以「語文教育與語文規劃」為題作公開演講。演講的主要內容雖未收入文中，但演講的主題其實

---

❸ 英文稿題目為 "Doctrine of Categories and the Topology of Concern: Prolegomena to an Ontology of Culture"，將於一九九四年底刊登於 *Logic of the Living Presence*, ed. by A. T. Tymieniecka, *Analecta Hussenliana*.

才是本文寫作的動機所在。而且，在準備演講的過程中，許多與本文有關的觀念亦紛紛形成。論文的實際寫作於1993年夏季著手，初稿完成後隨卽於中國文化大學哲學系擧辦的「第二屆國際東西哲學比較研討會」上發表。為求配合，特率先收入本書。

　　作為一本論文集，本書各篇論列的課題，表面看來，可謂南轅北轍，要指出一個共同的主題，誠非易事。但正如上述，哲學討論的意義並不能只從標題的字面窮其究竟，而必須走遠一步，視其於宏觀上的關懷而定。就這一點而言，作者覺得（或起碼主觀上希望）本書各篇課題雖然不同，但其中還是存在著一共同的終極關懷的（事實上，作者許多未經整理的稿件亦指向這同一種關懷）。這基本關懷是：人類的心智如何能於不同層面上自我啓迪和自我開發。人類生活的內容，於一定程度上固有物質條件的規限，但人類生命之所以不至於成為千篇一律的機械運作，是因為人類於基本的物質條件之上，開發了一意義的世界。無論是個人或是社會，人類必先要建立起這樣的一個意義世界，生活才有檢討、選擇、計劃和盼望的餘地。此中反映的問題是：意義世界旣然是一人文活動的結果，則人類若要擺脫機械的囿固，使生存變得有意義的話，便必須從自己的心智活動中尋求。同樣地，吾人編織出的世界結果是否真的愜意，或結果適得其反，一切後果，還是要由作為文化締造者的人類自己去承擔。因為到頭來，只有人類自己才能為其自發的活動負責。

　　作者生性疏懶，比起許多著述等身的前輩學者，簡直是「好吃懶作」。但由於責任心的驅使，作者在教學上還確是盡了自己的本份。正如上述，本書各篇論文，基本上都是在講課的過程中醞釀出來的。因此，本書的出版，首先要鳴謝的，是多年來臺港兩地的學生。他們旣一定程度上參與了本書觀念的形成，也是本書主要的讀者對象。作

者雖習慣於「閉門造車」，但在最後兩篇論文的處理過程中，由於非己所長，曾於許多師友身上獲得教益。就有關問題不吝賜教者有勞思光教授、Prof. Elmar Holenstein、王士元教授、Prof. Bert Peeters、Prof. Roger Ames、Prof. Gerhold Becker、李行德先生、瞿本瑞先生、江日新先生、岑寶蘭女士和譚卓培先生等。當然，如果拙見有何不當之處，都是作者一人的責任。各篇論文撰寫的過程中，於文獻搜集上曾助以一臂者，先後有江日新先生、張旺山先生、Dr. Lauren Pfister、陳瑤華女士、鄭漢文先生、洪維信先生和盧傑雄先生等。本書的出版，何秀煌與勞思光兩位老師一再鼓勵，並先後予以推薦，復得東大圖書劉振強先生首肯。此外思光老師更於百忙之中為拙作寫序，代作者剖白了成書的用心。師友的隆情厚意，於此由衷致謝。而書稿得以陸續完成，內子林靄蘭經年累月於精神上的支持和生活上的勞累與忍耐，感激之情，更非言辭所能表達。

關 子 尹

香港中文大學　哲學系

一九九四年六月七日

目　次

康德論哲學之本質

　　這篇短文所要處理的問題，雖然與康德哲學有關，但卻不是一般有關康德哲學討論所會涉及的。在這裏我們不會有如其他討論康德哲學的場合一般地，自時間、空間、直覺、理解或道德、自由等經典性的課題入手。我們要談的是一個驟看起來非常廣泛而且一般性的課題——康德如何了解哲學之本質。換言之，我們要剖析康德對「哲學」所作的後設討論，這一項課題，最容易爲一般談康德哲學的人所忽略。然而，這一問題其實直接牽涉及康德哲學的眞正精神，是我們在進入任何康德哲學的局部問題之前，值得先行深思的。

　　在康德的著述中，我們找不到單獨討論哲學之本質這一問題的文獻。事實上，康德並不把哲學孤立懸空來觀察，他對哲學之反省，大都透過各種不同的場合來進行。在康德的各種文獻中，我們採用三個來源，作爲闡述申論之根據。這三個來源是，一：《純粹理性之批判》第二部分〈方法論〉第一章「論純粹理性之約制」及第三章「論純粹理性之建構」❶；二：葉殊 (G. B. Jäsche) 編纂之《康德理則學講稿》導言之第三節，該節之子題甚長：「哲學一般底概念，哲學自學院概念下觀察與哲學自世界概念下觀察，哲學思維之根本要求與

---

❶　參見康德著：《純粹理性之批判》，*Kritik der reinen Vernunft,* 以後簡稱爲 *K. d. r. V.* (Hamburg: Felix Meiner, 1956), A708ff/B736ff; A832ff/B860ff。

目的，這一學科之最普遍一般性的與最高的使命」❷；三：康德1790
至91年間的《形上學講稿 L2》（卽《萊比錫二號手稿》）❸ 導言部分
的第一節「論哲學一般」。

在這幾個片段中，康德於申論哲學之本質時都自「人類知識之類
別」這一角度入手。換言之，康德把哲學了解爲人類的一種獨特的知
識。在未進一步分析康德之說法前，我們當澄清一點，此中我們說及
的「知識」一辭其實頗有問題。知識或德語中的 Erkenntnis (Kn-
owledge) 其實涉及一項歧義，它一方面基本上是指客觀地可以具體
陳述的，具有一定內容的知性與料，這些知性與料如果是客觀地爲有
組織的，則會構成理論系統或一些學說 (Doctrina)。然而，當康德
言及哲學作爲一種「知識」時，則所謂「知識」卻不是純然指一些「客
觀」之與料，而可以同時指謂一主觀的「認知程序」(Das Erken-
nen, the Knowing)。事實上，我們在這一篇短文中正將要逐步指
出，對康德而言，哲學之眞正意義，不在於作爲一些客觀系統與學
說，而在於作爲人類的一項「活動」(Tätigkeit)。因此，當我們
說，康德把哲學作爲人類的一種「知識」(Erkenntnis) 來了解時，
我們不應只自客觀一面去了解，而應兼自主觀之活動一面去了解。而
康德把哲學了解爲一種知識時，他所指的是第二種用法。爲了避免因
上述的歧義而引生誤會，我們可以進一步澄清，康德在這個場合談到
的所謂知識，卽拉丁語中的 Cognitio。而 Cognitio 與 Doctrina

---

❷ G. B. Jäsche 編 *Immanuel Kants Logik, Ein Handbuch zu Vor-
　lesungen*, 以後簡稱爲 *Logik*, 編入普魯士皇家科學院《康德全集》卷九,
　Kants Gesammelte Schriften, 以後稱爲 *KGS, Band IX* (Berlin:
　1923), S. 21-26。

❸ 參見《康德全集》卷二十八, *KGS*, Band XXVIII, (Berlin, 1970), S.
　531-535. 以後簡稱 *Metaphysik L2*。

或 Disciplina 最大的分別，即在於前者所表達的正是主觀的 State of Knowledge (Das Erkennen)，而後者所表達的是被吾人客觀掌握的知性資料。

一、歷史性之認知與理性之認知

康德在人類之「認知」領域中分別了「歷史性之認知」與「理性之認知」兩大項目。在作出這一分別時，康德指明這一分別是自一主觀的角度而設定的，即視乎知識於吾人意識中之產生經過而言。歷史性之知識亦稱爲「出自被給與者（資料）的認知」(cognitio ex datis)，而理性之知識亦稱爲「出自原則之認知」(cognitio ex principiis)。康德這一項分野有着很特殊的重要性。歷史性之認知並非我們一般所言的歷史知識，它泛指着一切不涉及理論原則的資料之彙集工夫。而理性知識所指的其實是一些先驗知識。由於彙集之工夫純爲資料之結集，所以其對象主要本應是一些只涉及客觀經驗內容的事物。然而康德卻告訴我們，一些客觀而言本是出自原則之理性知識可能被吾人純粹當作資料一般使用，因而亦爲歷史性知識。這一情況，涉及教育學上一個非常嚴重之問題，然而此一問題是後話。

二、哲學知識與數學知識

在「理性的知識」這一範域之下，康德又再二分爲哲學知識和數學知識。這兩種「認知」雖然都被稱爲理性之認知，然而它們有着極大的差別，這些差別直接涉及了哲學與數學之本質。本文目的雖然主要在於釐清康德對哲學之本質之了解，但是，要使哲學之特性顯出，

我們除了要指明其爲非歷史性知識之外,我們尚要通過與數學之對揚。事實上, 在《純粹理性之批判》方法論中第一章論及純粹理性或哲學之「Discipline」時, 康德卽通過哲學與數學之對揚而進行申述❹。

　　許多人或許以爲, 數學與哲學之主要分別, 在於前者處理量的問題而後者處理質的問題。但是對康德來說, 數學與哲學之主要分野並不在這層面上, 因爲哲學所處理之對象亦未嘗不涉及量; 他認爲兩者之分別主要在於運作之樣式 (Art) ❺ 與程序 (Verfahren) ❻。就這一分別, 康德有一經典的說法:「哲學乃是出自純然之概念的理性認知, 相反地, 數學乃是出自概念之構作的理性認知。」❼康德這一項說明用語隱晦, 若不加以仔細分析, 我們是很難掌握到其眞正精神的。首先論數學。所謂「出自概念之構作」 (Aus der Construction der Begriffe, from the Construction of Concepts) 是指數學於界定其概念時可以隨時運用理性之能力, 離開任何經驗成素而構造一任意之概念❽, 而任何一隨意被構成之概念皆可有先驗之直覺與之相符合, 例如我們可以很理性地構造一圓之概念 (一弧形線條, 其任意一點與一中心點之距離爲一常數) 或一橢圓 (Ellipse) 之概念 (一平面封閉弧形線條, 其上任意一點與兩焦距分別構成之直線之距離之和爲一常數)。 類似地, 我們可以進一步構作一圓錐體

---

❹ 參見 *K. d. r. V.*, A713/B741, A721/B749-A724/B752, 又參見 A837/B865。

❺ 參見 *Logik*, *KGS*, Bandlx, S. 23.

❻ 參見 K. d. r. V., A726/B754.

❼ 康德於其著述中多次作出這一種分別。參見*K. d. r. V.*, A837/B865; *Metaphysik L2*, *KGS*, Band XXVIII, S. 532; *Logik*, S. 23.

❽ KRV, A713/B741, 同時參見Avnvlf Zweig (ed.) Kant: *Philosophical Correspondence* 1759-99, (Chicago: The University of Chicago Press, 1967), p. 146。

(Right Cone)或一斜圓錐體(Oblique Cone)等之概念。在這些構作程序中，經驗世界根本不在考慮之列，因為數學世界之成立是不必建基於經驗之上，吾人可以依照一定之原則隨意構造出數學對象❾。透過不同的數學概念之構作，理論上，我們可以杜撰出各種不同的數學世界。近世不同的非歐氏幾何系統(Non-Euclidean Geometries)的產生就是最好的明證❿。

　　與數學相對比之下，哲學的所謂「出自純然之概念」(aus blossen Begriff, from Pure Concepts) 到底何解？要解決這一問題，我們首先要指出，哲學之「概念」並不如數學之概念一般可以隨意被構作或杜撰地為被給與的。這裏所謂的概念當然不是指如「飛

---

❾ 從另外一面說，數學對象既然可以離開經驗而隨意地被構造，也因此數學對象沒有決定吾人於經驗世界中所具有之對象之能力。

❿ 數學世界既為可以透過理性隨意制定，則其不指涉於具體的經驗世界可見。要進一步解釋數學世界這一種特性，我們可以自上世紀末以降數學界的數學基礎論爭說起。此一論爭涉及數學中所謂的形式主義 (Formalism) 與直覺主義 (Intuitionism)之爭。前者以為數學對象之合法性只需建立在「無矛盾性」(Widerspruchsfreiheit) 上即可，後者則強調數學對象必須具足「可建構性」(Konstruierbarkeit) 方為合法。非歐氏幾何之產生，於 formalism 的立場下是理所當然的，然而非歐氏幾何所開啓出之數學世界卻不能直接應用於人類直覺下之經驗世界。 自康德之觀點出發， 非歐氏幾何所涉及之非歐氏空間是邏輯地可能（即非矛盾的），但卻不可呈現於吾人之時空直覺中為吾人所「建構」。有關此一課題之討論可詳見 Oskar Becker, *Beiträge zur phänomenologischen Begründung der Geometrie und ihner physikalischen Anwendung* (1923), 2. Unveränderte Auflage (Tübingen Niemeyer, 1973); 此外參見 Becker 的 *Mathematische Existenz: Untersuchungen zur Logik und Ontologie mathematischer Phänomene* (1927), 2. unveränderte Auflage, (Tübingen: Niemeyer, 1973); 此外更可參見 Gottfried Martin 的 *Immanuel Kant: Ontologie und Wissenschaftstheorie.* (4. Auflage), (Berlin: de Gruyter, 1969)., §2, 3; S. 18-31。

鳥」、「九頭鳥」等次級的，由聯想合併而成的概念，而是指一組原生
的概念。如說得更清楚，就是康德所謂的「理解概念」，亦即「範疇」
（Categories），在〈方法論〉第一章中，康德即引出量、質、實
體、因果、交互關係、可能性……等例子❶。對於康德而言，人類理
解之結構是一項事實，是不容吾人杜撰竄改，也是吾人所無法杜撰竄
改的。吾人處理反省這一「概念領域」時，並不在從事建造，而是
從事剖析。嚴格言之，康德認為哲學中沒有所謂界定，真正的界定
（Definition）只出現在數學中。即使我們有時候涉及哲學定義，其
中所指的，亦不外是一種概念之剖析而已。康德說：「因此，當數學
定義製造（Machen, Make）其自身之概念，而哲學定義則剖析
（Erklären, Explain）其概念。」❷更重要的，人類理解範疇發揮而
產生知識之過程中，必涉及感性與料。這些與料不來自理解，卻要服
膺於理解之普遍規律之下而形成知識。另一方面，理解之普遍規律要
發揮功能構成知識，也要符合經驗感性直覺所給予之與料。這一程
序，即是康德所說的：哲學知識出自純然之概念。康德為哲學與數學
劃清關係，且指出數學之成就絕不能為哲學所隨意模仿。言下之意，
當然是要對理性主義要以數學方法展開哲學討論之要求予以痛擊。康
德為「哲學」作的這一說明，其實涉及一極重要的問題。我們上面說
過，由於數學可隨意構作概念，因而數學可容許隨意杜撰的世界，只
要不涉及矛盾即可。在哲學領域中，由於範疇和「感性與料」皆不可
杜撰，因此，嚴格意義下的哲學是不容納各種虛構杜撰的世界的。哲
學的終極對象即就是吾人當下如是地生存於斯的經驗世界。這可說是
康德畢生最為堅定的信念。基於這個原因，康德許多時候乾脆把哲學

❶　參見 *K. d. r. V.*, A730/B758。

❷　*K. d. r. V.*, A/B730/B758.

稱爲「世界智慧」（Weltweisheit）❸。在 1766 年發表的一篇前期作品〈靈媒之夢〉中，康德便曾說過:「亞里士多德在某一場合曾說: 當我們都在醒覺的狀態時，我們相互之間便有一共同的世界，倘若我們都在作夢，則我們便各有其自己的世界，這最後面的一句話，我們大可以倒過來說: 如果不同的人各有其屬於自己之世界的話，則很可能地，他們都在作夢。」❹康德這一番話的立場十分明顯: 哲學的任務與數學有最根本的不同。數學可以隨意構作或「界定」其自身之領域，而哲學所要處理的是一對全人類共同生效的一個如實的經驗世界。用海德格的說法: 哲學家好像是被「投擲」於一個世界之中，一個他自身透過一些既定的被給予的主觀範疇所參與決定爲如此的一個

---

❸ 康德於批判前期即常以 Weltweisheit 爲哲學之代稱。最典型的例子是 1764年的 "Unteruchung über die Deutlichkeit der Grundsätze der natürlichen Theologie und der Moral" 和1763年的 "Versuch den Begriff der negativen Grössen in die Weltweisheit einzuführen„ 參見《康德全集》KGS, Band II, (Berlin: 1905/1968), S. 273ff; 165ff. 這一種用法在《純粹理性之批判》和繼後的其他著作中繼續維持。就第一批判而言，可參見 KRV, A15/B29; A325/B382; A464/B492。然而由於Kemp-Smith與Meiklejohn等英譯於碰到Weltweiheit 一字時，均或譯爲 Philosophy，或譯爲 Sicence，更或輕輕漏譯帶過，使英譯讀者常常忽略了康德把哲學視爲「世界智慧」這一種基本態度。

❹ 參見康德批判前期著作 Träume eines Geistersehers erläutert durch Träume der Metaphysik，編入《康德全集》，KGS, Band II, S. 342。引文中康德本以爲所引者爲亞里士多德之語，但康德未指明出處，只言「在某一場合 (irgendwo)」。到底亞里士多德是否曾有此一說，由於亞氏典籍繁浩，作者目下無法斷定，然而康德所引之語在亞里士多德以前赫利克利特斯 (Herakleitos) 已經說過，這卻十分明顯。可參見 Hermaun Diels/Walther Kranz: Die Fragmente der Vorsokratiker 中收錄 Herakleitos 斷簡第八十九條。見 Diels 書，5. Auflage，第一卷，(Berlin: Weidmannsche Buchhandlung, 1934), S. 171。

「世界」之中。這裏，康德承受了亞里士多德實在論的基本精神，卽肯定當下置於吾人之前的世界之地位。由這裏出發，我們當較容易領略下面要論及的所謂「世界概念」意義之哲學。康德更進於亞里士多德者，在於他並不把其所肯定的世界自傳統意義的實在論去了解。正如他把實體化作範疇之一種一般，所謂實在世界，只是作爲經驗意義地實在 (Empirically Real)。而所謂經驗，最終而言乃是「吾人」之經驗。用 Friedrich Kaulbach 的表述方法，經驗之爲經驗，在於其爲「對吾人而言之事物」(Dinge für uns) 而非「物自身」(Dinge an sich) ⑮。也就是說康德當下肯定的世界，固非可隨意杜撰之世界，而且嚴格地說，實指屬於人類的世界。於是哲學除了對世界有所指涉外，更指涉於人類自身。

三、哲學之「學院概念」與「世界概念」

在說明了康德心目中數學與哲學之分別，和在透過這一對揚而把哲學之特性初步顯示之後，我們進一步要接觸到康德就整個哲學本質問題的一項中心討論，這就是哲學之學院概念 (Schulbegriff) 與哲學之世界概念 (Weltbegriff)。

康德把哲學分別爲兩個層面。第一個層面是所謂哲學之學院概念，有時康德稱之爲「學院意義的」(in Sensu Scholastico) 哲學。首先康德所謂 in Sensu Scholastico，與哲學史上的經院哲學或士林哲學無關，其所指的乃是「哲學知識」的一系統整合要求。康德一貫地以如下的方式去界定哲學之學院概念：「⋯⋯ 哲學乃是哲學知識或

---

⑮ 參見Friedrich Kaulbach, *Immanuel Kant*, (Berlin: de Gruyter, 1969), S. 129。

出自概念的理性知識之系統。」⑯「在學院意義之下，哲學乃是出自概念的哲學的理性知識之系統。」⑰由此可見，康德所謂的學院意義之哲學主要指哲學知識之「系統」。《純粹理性之批判》中，康德講得更為明白：「我們以上所涉及的哲學之概念，只純然是一學院概念，也即作為一科學 (Wissenschaft) 而被尋求的知識之系統 (System) 這一概念，其旨歸只在乎那適合於科學的這些知識的系統統一性 (Systematische Einheit)，也即是知識的邏輯完整性 (Logische Vollkommenheit, Logical Perfection)，此外無他。」⑱在學院意義的哲學的系統化要求之下，哲學成就高下之判準，不外是思想組織的嚴密性與完整性，換言之，其所關心者，完全是觀念理論層次的「機巧性」(Geschicklichkeit) 而已⑲。所謂「機巧性」實指純智層面之發用，觀念之精闢與理論之嚴密而言。誠然，在哲學理論能力之培養過程中，觀念之精闢機巧 (Geschick) 與議論之圓熟無礙當然是一重要的長處。但是當康德引進哲學學院概念與世界概念之對分時，他實在是希望透過這一對比提出疑問：哲學之為哲學，是否在於掌握到純智層面之機巧性之後，便可稱滿足？在智性之機巧之外，哲學是否有更重要的使命要待完滿？上面引述《純粹理性批判‧方法論》(*Architektonik*) 一段話中，康德於指出學院意義的哲學之特長 ── 系統統一性和邏輯完整性 ── 之餘，特別指稱「此外無他」

---

⑯ *Logik*, S. 23.

⑰ *Metaphysik L2*, S. 532.

⑱ 參見 *K. d. r. V.*, A838/B866，此段引文中，康德言學院哲學時，強調其 System 與 Wissenschaft 之性格，而日後德意志觀念論哲學，尤其是黑格爾哲學中，System 與 Wissenschaft 即成為了關鍵語，由此可以間接窺見康德如目睹日後德意志觀念論，他會以那一種態度去判定其地位！

⑲ 參見 *Metaphysik L2*, S. 532。

(Ohne Etwas Mehr als…)。康德在這裏其實是在暗示哲學之為哲學，其使命並不止於此而已，而是更有另一境域的。這一純智機巧以外的另一境域即涉及康德所謂的哲學的「世界概念」。

康德把哲學之世界概念 (Weltbegriff) 有時稱為 Philosophie in Sensu Cosmico。正如上面曾經指出，對康德而言，哲學之為哲學在於其對「吾人」之「世界」有所指涉。因此在言及學院層面之哲學之後，康德終於指出哲學之真正本質建立於其世界之指涉上。康德說：「然而尚有一個所謂『哲學的』世界概念(Conceptus Cosmicus)，它任何情況下都是『哲學』這一稱謂之基礎，尤其是如果我們把它人格化，把哲學家這一理想構想為一原型典範的話。」❷⓪ 對康德來說，世界概念之哲學不同於學院概念之哲學者，在於後者只涉及純智運作之「機巧性」，而前者則涉及所謂「受用性」(Nützlichkeit) ❷① 。所謂「受用」與「機巧」，最大不同處乃是：機巧是純理層面之事，而「受用」卻必相對於「受用者」而言。換言之，有「對誰受用？」之問題。對於康德言，當我們說哲學之世界意義涉及「受用性」之時，我們所指之「用處」並非功利層面之實效或實用，而是說，對人類生命存在本身的意義而言。換言之，哲學之真正指涉，是人類自身之命運。這一對人類自身命運之終極性關懷與悲願，不是可有可無的，而是「必然地對所有人都有意義的」(der das betrifft, was jedermann

---

⓴ *K. d. r. V.*, A838-9/B866-7.

㉑ *Metaphysik L2*, S. 532. 康德言「世界意義之哲學」不止於「機巧性」而有「受用性」這一說法寓意極深。牟宗三先生於一九八三年年初於東海大學學辦之「中國文化研討會」中有演講名「哲學的用處」。內中若干論點與康德所言之 Nützlichkeit 一說許多地方有異曲同工之妙。參見《中國文化月刊》，第四十二期，(東海大學編，民國72年4月)，pp. 2-17。其中牟先生提到儒家「仁者安仁，智者利仁」或「德潤身，智潤思」等觀念，最足以和康德的 Weltbegriff 與 Schulbegriff 之辨互相呼應。

notwendig interessiert)❷，基於這個原因，康德有時便會把世界
意義之哲學稱爲「世界人意義的」(in Sensu Cosmopolitico)❸，
以強調哲學這對人類命運之關懷的普遍有效性。這一關懷的內容是什
麼呢？康德的回答是：「人類理性之最終目的」(Teleologia Rationis
Humanae, die letzte Zwecke der menschlichen Vernunft)
❹。透過了這項終極之關懷，哲學方獲得其作爲哲學應有之「尊崇」
(Würde) 或「絕對價值」(absoluter Wert)。只有通過這一途
徑，哲學方能踰越學院哲學之純智機巧，而成爲一「崇高意義」之哲
學 (in Sensu Eminenti)❺。

四、學院概念哲學與世界概念哲學之共濟

　康德於「哲學」這一概念下分別出「世界概念」與「學院概念」，
一方面固然要藉以指出哲學有上述兩個截然不同的層面。然而，康德
的討論並不終止於此。他於分別了哲學這兩個層面之後，跟著指出
學院意義的哲學與世界意義的哲學是互相包容共濟的。這種共濟之特
色，用佛家所謂的「悲智雙運」最足以闡明不過。
　學院哲學之重點固然在「純智」之圓熟。康德把學院哲學之進路
歸納爲兩大項目：「一：充分貯備理性知識，二：將這些知識組織成
一系統性之聯繫 (Systematischer Zusammenhang) 或把這些知
識於一整全體之觀念之下連結起來。」❻在純智層面之系統性整合之

❷　參見 *K. d. r. V.*, A840/B868。
❸　參見 *Metaphysik L2*, S. 532。
❹　參見 *K. d. r. V.*, A839/B867。
❺　參見 *Metaphysik L2*, S. 534。
❻　參見 *Logik*, S. 24。

下，哲學實在已經顯出其至為獨特之貢獻了。康德認為「只有唯一具足一系統性繫絡之科學，而且只能透過哲學，所有其他科學方能被系統化起來。」❷ 就這一點而言，學院意義的哲學的最高成就已經展露無遺。但是這裏馬上產生一問題：哲學之系統聯繫是否能解決人類可能碰到的所有難題呢？或者說，系統中被安立的許多知識，固然是因系統而得到適當的安立。但是，假如學院式的系統只是純智的構作（Gebilde）的話，則一切知識便只有理論意義，而不能成為「對吾人」為有意義。康德所以強調哲學之世界意義，是因為世界意義的哲學不把哲學了解為只是純理之構作，而肯定一切理論必透過其對人類終極問題之導向性而得到意義。換言之，如果哲學之「悲願」不發用，則孤懸之「純智」永遠只是「機巧」，而不能為人類自身「受用」，不能得到真正的意義。因此康德乃指出：「……在世界人之意義下，它「哲學」乃是關乎人類理性之最終目的。這為哲學賦予了尊崇，亦即絕對價值；而且有尊崇才有內在價值，只有它才足以為所有其他科學賦予價值。」❷ 自一目的論的觀點看，康德指出，自歷史性知識開始的一切知識之構成皆導向某一目的（Zweck），而每一目的復又是役從於（Subordiniert）一較高之目的之下作為其手段。因為任意一手段之意義皆導自其直接之目的，而一切價值最後之能成立，皆視乎各層次的目的是否能導源於「人類理性之終極目的」(teleologia rationis humanae)。由是觀之，哲學之世界意義實乃一切價值的總根源。一切「智」性之運作都應歸返到「悲」而得到其一定價值之分位。

隨著康德「學院哲學」與「世界哲學」之兩分，我們立刻可以看到康德於哲學這兩個層面中作了一主從關係之決定。前者若是孤懸，

---

❷ *Metaphysik L2*, S. 533.

❷ 同❷, S. 522。

則只有「機巧性」而無法觸及眞正的價値問題，或者可以說，其「究竟意義」無法透顯。至於所謂「世界意義的哲學」，其最終之關懷爲 teleologia rationis humanae，也就是所謂 Endzweck，此一人類之終極目的之掌握對康德來說乃是「人類之根本職份 (die ganze Bestimmung des Menschen)，而處理這一目的的哲學可稱爲道德哲學。」❷ 這裏康德言及之「道德哲學」是取一非常廣泛之意義，與一般所謂的道德哲學不一不異。它並不單單指謂一般所謂的實踐道德行爲的領域。而實在是一種處處求將各層面的理論知見攝入「人類之爲人類之最終目的爲何」這一廣義的道德哲學領域之要求。狹義的道德實踐根本上可以只守於一道德之實踐原則而不涉任何客觀之認知與理論。而康德所謂的「世界意義的哲學」所透露出的所謂廣義的道德哲學，卻是一切認知的和理論的知見得以透過人類切身的回省而得顯其究竟意義的途徑。《大學》言「仁者安仁，智者利仁」❸，其中「仁者安仁」卽說明了純粹道德行爲之踐行本身爲一自足的目的。然而「智之能利仁」很難單憑一般定義之「道德良心」去成全，而要透過所謂「攝智歸『德』」的途徑。康德所謂「世界意義之哲學」，其大用卽在於一攝收之功能，使智、德乃至信仰的領域得以一貫徹的機會，讓一切役從之目的 (Subordinate ends) 與區域性意義 (Regional meaning) 能透過對人之終極目的之反溯 (Rückbezug) 而得到顯本立根之通道。

康德在 *Logik* 與 *Metaphysik L2* 談到「世界意義」或「世界人意義」的哲學所可能涉及的具體問題時，於提出前三項他常常提到的問題之餘，提出了耐人尋味的「第四項問題」：

❷　參見 *K. d. r. V.*, A840/B868。
❸　參見❷。

世界人意義的哲學可被化約為如下問題:

> 1. 我可以知道什麼?
> 2. 我應該做什麼?
> 3. 我能夠希望什麼?
> 4. 人是什麼? ㉛

此中第四項問題明顯地並非與前三項問題 (廣義的「形上學」, 狹義的「道德哲學」、「宗教」) 同層並列的「第四項」問題。它涉及了哲學中一最基本的層面 ——「哲學人類學」(Philosophical Anthropology) 的問題。這一有關人類之根本意義與命運之「第四項」問題, 其實於層次上是「最先的」和「最基源性的」。康德解釋說:「基本上, 這一切都可列入人類學的範圍中, 因為前三項問題都關係於最後一項問題。」㉜

康德「學院意義」的哲學與「世界意義」的哲學, 最大分別處在於前者孤立了哲學理論與人類自身之關係, 而後者求把一切理論學說反溯於人類生命本身而顯其根本意義。康德對於哲學這一番慧解, 後來海德格自另外一角度再次觸及。在其早年 (1916) 的教授升等論文

㉛ 參見 *Logik*, S. 25, *Metaphysik L2*, S. 533-534 (例如《純粹理性之批判》A804f/B832)。康德許多時候只提到前三項問題, 第一項問題對應於廣義的「形上學」, 第二項問題對應於「道德哲學」, 而第三項問題則對應於「宗教」, 然而在上引 *Logik* (S. 25) 和 *Metaphysik L2* 之中, 康德強調第四項問題, 而這第四項問題導向對「人」這一基本問題之關懷。顯示出康德哲學之終極旨趣指向「哲學人類學」之領域。此二問題可參見 Martin Heidegger, *Kant und das Problem der Metaphysik*, 4. Aulflage, (Frankfurt/Main: Klostermann, 1973), S. 199ff。

㉜ 參見 *Logik*, S. 25。

的〈後序〉中，海德格便曾經精闢地說:「哲學作為一些與生命割離的理性的構作乃是缺乏力量的……」(Philosophie als vom Leben abgelöstes, rationalistisches Gebilde ist machtlos…)❸。由此可見，海德格不自理論學說之建立這一面了解哲學之本質。對於海德格而言，哲學之真正場合正好產生於生命存在之場合中。這一生命之存在，是先於理論層面，它其實就是生命之展開本身。順著這一基本了解，海德格很少再說什麼「哲學」，他底思想中的主要課題如 Existenz, Transzendenz, Ontologische Differenz, Zeitigung der Zeitlichkeit, Welteingang 等都是自不同的角度環繞著人類生命存在之展開去作討論。這些討論之終極關懷最後皆導向海德格所謂的 Human Dasein, 或嚴格言之，是導向 Human Dasein 於「存有」中之地位問題。這涉及海德格思想中許多專門的討論，實在無法在此短文中作詳細交待。然而康德論哲學之本質時以哲學之最終指涉為世界，而「世界」復又指涉於「人」之世界，這一根本態度在海德格思想中是同樣明顯的❸。

---

❸ 參見 Martin Heidgger: *Die Kategorien-und Bedeutungslehre des Duns Scotus,* in *Frühe Schriften,* (Frankfurt/Main: Klostermann, 1972), S.352.

❸ 最明顯的例子就是海德格的所謂「世界」(Welt) 這一概念。海德格於《存有與時間》(*Sein und Zeit*) 中分辨了「世界」的各種意義後，把「世界」的最終意義歸結為「關涉整全體」(Bewandtnisganzheit, totality of involvement)。「世界」之最原始意義非傳統所了解的「事物的總和」，而是一串交互相隨的「關涉」(Bewandtnis), 所有關涉皆涉及一「為××之故」(Worum-willen) 之結構，而這所有「關涉」最後導向一最原始的「為 Dasein 之故」(Umwillen des Daseins, For the Sake of the Dasein)。參見 Heidegger, *Sein und Zeit,* Tübingen. Niemeyer, 1972, S. 86.

以上我們曾借用佛家悲智雙運一觀念去說明康德構想下學院義哲學與世界義哲學之共濟。然而我們當然要澄清，佛家言「悲」，基本上是假定了「世界」爲一幻妄之生死海，假定了人類一切於世間求建樹之努力爲無意義。所謂「悲」是相對於「智」而言，佛法之終極關懷不在於理論之闡明，而在於要解衆生之困惑。康德所謂哲學之世界意義或崇高意義，當然沒有佛家言「悲」時的種種假定。然而，就兩者把理論學說與終極關懷異別爲兩個層面，和指出哲學之終極關懷終要導向於人類自身之命運這一點而言，康德哲學與佛學是有共通之處的。

五、論「哲學」之學習

綜合以上幾項討論，我們可以把康德對於哲學之本質之看法總結如下：哲學並非以資料爲旨歸之歷史性認知，而是出自原則的認知，然而其原則（或基本言，其概念）卻不可隨意杜撰，哲學之原則與概念最後必指涉於當下實在之經驗世界，就學院意義一層面而言，哲學爲一切涉及此經驗世界之知識作系統整合，就世界意義而言，使一切哲學之理性知識回應人類之命運這一終極關懷。由此可知，「哲學」雖然產生出理論、學說或系統，但是，這些學說、理論與系統都只是人類尋求某一意義之「自我認知」這一漫長過程中的一些果實。換言之，可表諸文字的學說或理論不是哲學的第一義。它們只是人類智思過程的一些表徵，這些表徵作爲一些文化成果而言，雖然有一定的價值，但是卻不可以用以取代其所表徵的哲學生命之過程自身。哲學理論不是「哲學」之全部，正如一部憲法不是一個國家之全體一般。如此看，康德對哲學本質的討論暗示了一很重要的課題。哲學之眞正處

所（Topos）不在於已紀諸文獻的理論；終極意義的「哲學」是一些植根於人類生命遞嬗過程中的一些有目的有悲願的智性過程。要表明這一立場，康德鑄造了一經典性的字彙——哲學思慮（Philosophieren, to philosophize）。

對康德而言，哲學「學說」之研習並不等於「哲學」之眞正開展。這一問題我們可自回顧上面有關人類之各種「認知」談起。康德所謂「理性的與歷史性的認知」這項對分，嚴格而言，是就知識或認知之主觀根源（Nach ihrem subjectiven Ursprunge）而言的，亦卽就這些知識如何被吾人獲得而言的。而就這些認知或知識之「客觀根源」（Nach ihrem objectiven Ursprunge）而言，卽就知識藉以成爲可能之根源而言，乃又可有「理性的與經驗的」之對分❸。康德這一雙重之兩分法（Double Bifurcation）背後掩藏著一問題：是否經驗知識都是歷史性的而哲學知識都是理性的？康德對這一問題的上半截沒有直接回答❸，他主要是要針對問題的下半截。他指出，客觀地本爲理性的（Rational）哲學知識在主觀獲取途徑上可能是「歷史性」的。見下圖：

---

❸ *Logik*, S. 22.

❸ 關於「經驗知識是否只爲歷史性（資料性）」一問題，自康德之立場看，當然爲否定，因爲經驗之獲得雖然涉及一資料貯存之程序（也卽某一意義的歷史程序），但是獲得經驗知識通常不止於資料之貯存，而會進一步以理性之綜合能力去處理所獲之資料。換言之，正如潛在運作層面之「經驗」之構成是需要感性與理解的合作一般，自覺層面的知識增進過程也可以涉及一類似的「經驗—理性」之協作。當然，自康德的一貫立場去看，潛在層面所涉及的直覺與理解之協作是超驗地必然的，而自覺層面所涉及經驗與理性之協作則非必然的。

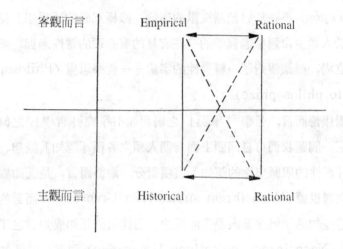

這種情況，我們於生活上屢見不鮮。康德舉例說航海和司法本來於客觀根源上看都是理性知識，但是行使應用這些知識的人 —— 如水手、法官，很可能根本上忽略了這些知識背後之理性決定原則，而只從習慣、傳誦等「歷史性」途徑去掌握這些知識。於是這些知識之理性成素便被貶低至歷史的（亦即資料的）層次去了。而此中引出的後果和責任，是可大可小的❸。這情況同時發生於哲學之上，如上所述，一哲學理論系統學說之可貴之處，最終不在於作為系統的這一系統自身，而在於它反映了一哲學思維探索的過程。在這一過程中「每一哲學家都在別人的殘垣中樹立其自身之學說（Werk），但是，從來沒有一個學說於所有部分能稱完備的。」❸因此，我們如果把哲學了

---

❸ *Logik*, S. 22. 借用康德的例子：一名水手或甚至大副或船長若果對他份內的知識中的理性原則不能深刻領會，而只靠經驗應付一切，這當然是一憾事，但是只要不碰到極端的情況，他們日常的操作未嘗不可以如樣進行。但如果一個法官對於執法過程的理性知識如自由、責任、權限……等關鍵問題沒有真正的預會，而「按章行事」的話，則此一法官判案時疏漏之處必定很多了。

❸ *Metaphysik L2*, S. 534.

解爲一套套的學說系統，要以之爲學習對象時，則我們當認清楚，根本上沒有一套「眞的哲學」（wahre Philosophie）❸讓我們去認識。「而卽使這樣一套哲學眞的存在，則沒有一個去學習它的人能夠自稱爲一哲學家，因爲他對於這一套哲學的知識，主觀上言始終只是歷史性的。」❹

由於康德認爲歷史上根本沒有一套完美的「哲學」，所以，卽使我們要以學說作爲學習對象，也是無從入手。於是康德乃說：「哲學是永遠不可學習的，卽使只是以歷史性之方式；就理性方面而言，我們最多能學習去從事哲學思慮。」❹ 對康德來說，擁有許多哲學知識當然是一美事，但是如果我們不能使這些知識關聯於人類之終極關懷的話，則我們永遠只是止於純智之運作，只止於「機巧性」。我們只是一學者(Gelehrter)❹，一「好意見者」(Philodox)❹，或一「理智匠人」(Vernunftkünstler)❹，而非一眞正的哲學家或一「智慧之追求者」(Weisheitsforscher)❹。

康德雖然不接受歷史性的哲學學說爲哲學之基礎，但是在學習「哲學思慮」這一過程中，康德卻認爲一定程度的學養上之掌握是有其價值的。康德論及如何學習「哲學思慮」時，提到兩個步驟。哲學

---

❸ 同❸。

❹ *Logik*, S. 25.

❹ *K. d. r. V.*, A837/B865.

❹ 參見康德: *Anthropologie in Pragmatischer Hinsicht*,《康德全集》，卷七, *KGS*, Band Ⅶ, (Berlin, de Gnuyter 1968), S. 138, 280。

❹ *Logik*, S. 24; 又參看《純粹理性之批判》第二版序言，*K. d. r. V.*, BXXXVII。

❹ *Logik*, S. 24; *K. d. r. V.*, A717/B745, A839/B867.

❹ *Anthropologie*, 見❹, S. 280。

思慮的第一步，就是理論機巧性方面之「才能」（Talent）之貯備與培養，從而導致「哲學思慮」的第二步：「隨時足以運用各種媒介去處理任意之目的」❹。此中第一步驟之意實指康德所謂的學院義的哲學，而第二步驟之最終極目標，康德認為是要使吾人「洞察一切知識之符合人類理性之最高目的」，換言之，這第二步驟實指向他所謂的世界義或崇高義之哲學，這兩步驟必須緊密的結合在一起。對康德來說，任何一步驟之缺少都會導致缺憾。只會彙集學識而不知道把這些知識自由運作以導向於與回應於人類的終極關懷時，則我們將永遠止於「奴性的模傚」（sklavisch nachahmen）❹這一層面。相反地，只惘莽言智慧而不求學養（Weisheit ohne Wissenschaft）也是不可能的，康德認為這有如「一完美性的剪影」（Schattenriss von einer Vollkommenheit）一般，是吾人永遠無法達到的。這一種出於學養之「空洞」而生的「浮誇」（Eitelkeit）及反智精神（Misologie）❹與「奴性之模傚」都是過於極端的，都是不足取法的。孔子曾說「學而不思則罔，思而不學則殆」，康德這裏大概卽觸及此一問題。

康德就「哲學」應如何學習一問題態度非常明顯。哲學之真正處所雖然不在於「理論學說」，但是「理論學說」畢竟是他人哲思搏動之成果，「理論學說」之研究，有助於吾人概念世界之開展與智性機巧之養成。然而根本意義的哲學不能止於這一個層面，而應進一步把所有「歷史性」之學說作為概念工具（Mittel）❹去自由地回應於吾

❹ *Metaphysik L2*, S. 534.

❹ *Logik*, S. 26.

❹ 這一組問題參見 *Metaphysik L2*, S. 535; *Logik*, S. 26。

❹ 見次頁。

人生命存在中，乃至社會環境中隨時萌發的問題。在「哲學思慮」開展的過程中，我們應把一切概念層面之討論回導於人類這些終極關懷之中，使概念世界不致抽空，讓哲學思慮所開啓出來的概念世界能回頭植根於人類自身之生命存在和社會現實中，以從中獲取其「力量」。

---

❹⓽ 康德自己卽曾多次說明哲學中許多思想概念具有 Mittel 之地位（參見*Metaphysik L2,* S. 534）。Mittel 一字在德語中卽工具之意或媒介之意，其用途極廣，如洗衣粉是 Waschmittel，食品是 Lebensmittel（直譯「生命工具」），除了這些傳統之構字方式外，現代文化界甚至以 -mittel 作字尾構成Denkmittel(思想工具)，Problemmittel（問題工具）和Begriffs-mittel（概念工具）等字辭，此中所涉及之意義與康德此間所指者實在一致。

本體現象權實辯解

一、引　言

本體與現象之對分，乃是哲學史上一項悠久的課題。巴門尼底斯 (Parmenides) 於「眞理」($\dot{\alpha}\lambda\dot{\eta}\theta\epsilon\iota\alpha$) 與「俗見」($\delta\acute{o}\xi\alpha\iota\ \beta\rho o\tau\tilde{\omega}\nu$) 之間所作之分別❶，和柏拉圖於感官世界與睿智世界之區分❷，可算是一些最早的而且同時是最經典性的例子。誠然，幾乎每一位談及這一類區分的哲學家都對他們所作的「分野」有着不同的構想，而這些不同構想下所樹立之區分，誠然地分別對應於各哲學家所要面對的不同的哲學問題。然而，幾無例外地，這種種區分都涉及了兩項重要的功能。第一乃是「存有論」上的，有關存有之爲眞實抑虛假之裁定，第二乃是「價值論」上的，有關存有之價值高下之裁定。這兩種功能，在上述巴門尼底斯與柏拉圖兩例子中，其眉目均甚明晰。二氏影響之下，西方哲學史裏，形成了一股求把世界二分之傳統，這一傳統基本上依循着一個特定之二分模式：卽把世界劃分爲一旣眞實且具有

---

❶ 參見 Hermaun Diels/Walther Kranz (hrsg.), *Die Fragmente der Vorsokratiker*, 5. Auflage, 1. Band, (Berlin: Weidmannsche Buchhandlung, 1934) 中所載的巴門尼底斯殘篇 BI 29-30。

❷ 參見柏拉圖《理想國》, *Republic*, Bk. VI, 508C, 509D, $\nu oo\acute{\upsilon}\mu\epsilon\nu o\nu$ 有時稱作 $\kappa\acute{o}\sigma\mu o\varsigma\ \nu o\eta\tau\acute{o}\nu$。

完美性 (perfectio) 之「本體界」和一相對地較為不眞實的和較不完美的「感官界」。這一種傳統所代表的世界觀，當代甚至有人稱之為一「兩領域定理」(Zweisphärentheorem) ❸，其影響之深遠實不言而喻。

　　本文之撰寫，並不是要直接處理巴門尼底斯和柏拉圖一脈相承下的二分模式，但卻是被這一種二分模式所激發而寫成的。本文主要將討論康德於其「批判時期」為「本體」和「現象」所作的一種區分。而康德此中之區分模式，大異於巴門尼底斯與柏拉圖以降以「本體」同時為眞實與完美而以「現象」同時為相對地虛妄與不完美的這一種模式。總括而言，在廣義的存有論問題（卽康德自己「謙稱」下的所謂「超驗分析」或「純粹理解底純然之分析」❹）下，康德一反巴門尼底斯與柏拉圖一系之傳統，把現象界裁定為「實在」，而把「本體界」「貶」為一「權宜」之領域（當然地，此中所謂「實在」與「權宜」之確實意涵到底如何，便正是本文要交代之重點）。此外，在價值實踐之問題上，康德卻復把於存有論上被貶為「權宜」之「本體」擢升為「眞實」，此一轉折，對康德哲學而言，乃一重要之轉捩，但由於篇幅有限，此中涉及之哲學問題只能於本文結束之前略作申明。

---

❸　參見 Hans Wagner, "Kritische Betrachtungen zu Husserls Nachlass," in: *Philosophische Rundschau.* 1. Jg., (Tübingen: Mohr, 1953/54), p. 18。

❹　參見康德著:《純粹理性之批判》，A247/B303。本文以下所徵引之康德原文，均由作者據德文原本直接翻譯，所引之頁數分別為 *Kritik der reinen Vernunft* 原本1781年第一版（A）與1787年第二版（B）之原頁碼。

二、現象實在辯解

（一）「現象－E」與「現象－φ」（Erscheinung und Phaenomenon）

一般談論到康德哲學中所謂的「現象」，所指者固爲一些於感性經驗中爲吾人所感知之內容。然而，康德原典中，在談及這一所謂「現象」領域時，分別使用 Erscheinung（Appearance）與 Phaenomenon 兩個不同的術語。這兩個術語，康德有時似乎在等同地交換使用，有時卻顯得要作出一定之分別❺。就康德常常兩者交替使用這一點而言，這兩個術語顯然觸及同一組問題；而就這兩術語之間時而作出一定之分別這一點而言，這顯示出，這一關乎廣義的所謂「現象」的同一組問題涉及了兩個不同的層面。爲求顧及 Erscheinung 與 Phaenomenon 之間底不一不異之關係，在以下的討論裏，我們將把 Erscheinung 譯爲「現象－E」，而把 Phaenomenon 譯爲「現象－φ」❻。現在先就「現象－E」與「現象－φ」同異兩面稍作說明。

---

❺ 參見 Norman Kemp Smith, *A Commentary to Kant's 'Critique of Pure Reason'*, (New York: Humanity Press, 1962), p. 83。

❻ 牟宗三先生於處理 Phaenomenon 一字時，譯之爲「法定象」。「法定象」一詞，用於解說康德嚴格使用 Phaenomenon 一字之意涵時，固然頗合乎康德之用意。但一哲學語詞之「詮釋」卻不能取代該詞之「翻譯」。查 Phaenomenon 於希臘文 φαινόμενον 之原本意義實與 Erscheinung, Apparentia, Appearance 等字大同小異，均是廣義言之所謂「現象」，換言之，Phaenomenon 之「字面」意義，並不給予「法定象」一「譯」以

所謂「現象—E」與「現象—φ」底「同」之一面，其實卽指「現象」一般之基本特性。正如上面已指出，廣義言之所謂現象，在康德哲學中，是指一些藉着感性 (Sinnlichkeit, Sensibility) 途徑顯現於吾人意識之中之經驗內容，而這基本上適用於「現象—E」和「現象—φ」，這一廣義言的所謂現象，康德有時稱之爲「感知物」(Sinnenwesen, Sensible Entities)❼，有時稱之爲「經驗對象」(Empirischer Gegenstand)❽。由此可推求而知，這一廣義言之所謂「現象」，主要具有以下特點：壹：不離吾人之經驗，和貳：不離吾人之感性能力。而這兩個特點背後其實有一更基本之假定，就是叁：所謂現象是就其對應於「吾人」而言者。

康德所謂之經驗，是一本亞里士多德所謂的 ἐμπειρία 之傳統，其所指者，既不包括所謂的神秘經驗，也不包括黑格爾和狄爾泰

任何根據（當然地，康德使用 Phaenomenon 這一希臘外來語時，是希望爲之賦給一「法定象」之解釋）。因此，於翻譯原則下，竊以爲應保留「現象」之譯名，以顯該問題之根源性，乃譯爲「現象—φ」，至於我們是否要把「現象—φ」詮釋爲「法定象」，則是另一問題。

此外，Phaenomenon 一詞其實並非一孤立的和獨見於康德系統中的問題，而是與整個西方哲學史的問題息息相關的。其實希臘傳統，尤其是亞里士多德早就討論了 φαινόμενον 的問題（參見 Aristoteles, *An. Pr.* I 30; *Eth. Nic.* VII 1），到了康德以後興起的黑格爾，Phänomen, Erscheinung, Phänomenologie 等觀念之重要性更是衆所週知的了（參見 Hegel: *Phänomenologie des Geistes*, Vorrede/Einleitng，Suhrkamp-Ausgabe, pp. 31, 40, 46, 72）。至於當代哲學中復又有現象學之產生。康德有關 Phaenomenon 之討論，實在必須在與這種種哲學史上的問題相對比之下，方顯其獨特之處，而若吾人一旦以「法定象」權充爲 Phaenomenon 之譯名，則上述的哲學史上之關連亦將無法顯出。

❼ 《純粹理性之批判》，B 306。
❽ 《純粹理性之批判》，A46/B63。

(Dilthey) 以來所謂的心靈底歷驗 (Erlebnis) ❾, 而單純地指以感性爲基礎之認知內容。對康德來說, 感性乃是「吾人」獲取經驗知識的必然孔道, 一旦離開感性, 吾人終將無法獲取知識對象❿。因此, 現象之作爲現象, 必指透過感性途徑而顯現於人類意識之中之一些表象。倘若我們要談論一些超出了以吾人感性爲基礎之可能經驗範圍以外的事物的話, 則這些事物便其實早已踰出了現象之領域, 卽踰出了「對吾人而言」爲可決定之領域, 而涉及一「在其自身」(an sich, in itself) 之領域。由此可見, 現象之爲現象, 固然指其爲基於感性和依於經驗而言, 但歸根結底而言,「現象」之最大特徵, 卽在其 「對人類之相關性」, 以德語表達之, 我們不妨可說是一種 Menschenbezug。而事實上, 康德哲學中所謂的現象與物自身之對分, 或現象一φ與本體之對分, 實皆建立在「事物之是否對應於人類之認知或意識」這一分判標準而言的。德國著名康德哲學學者寇爾柏 (Friedrich Kaulbach) 卽曾嘗試把一般所謂「現象與物自身」之對分, 稍加更改而輕巧地表述爲「對吾人而言之事物與在其自身之事物 (物自身)」(Dinge für uns/Dinge an sich) ⓫之對分, 其用意很明顯地是爲求顯出, 所謂「現象」者, 必須具有 Menschenbezug

---

❾ 有關 Erlebnis, 可參見 Hans-Georg Gadamer, *Wahrheit und Methode,* (Tübingen: Mohr, 1975), 4. Auflage, pp. 56-66。

❿ 參見《純粹理性之批判》, A19/B33。

⓫ Friedrich Kaulbach, *Immanuel Kant,* (Berlin: de Gruyter, 1969), p. 129. Kaulbach把現象詮釋爲「對吾人而言之事物」(Dinge fur uns) 這一種想法, 其實在康德原典中有一定程度之根據。查康德《純粹理性之批判》原文中, 在談論到現象一領域的問題時, 常常使用「我們的」(Unser (e)),「對我們而言」(für uns), 和「對我們人類而言」(Unsere Menschliche…) 等表式。參見《純粹理性之批判》, A34-35/B50-52。

也。

以現象爲「依於人類而立」這一構想，嚴格而言，並非康德所首創。事實上，當巴門尼底斯使「俗見」或「意見」與「眞理」相對揚之時，其所謂 $\delta\acute{o}\xi\alpha\iota$ 是指 $\delta\acute{o}\xi\alpha\iota\ \beta\rho o\tau\omega\nu$, 也卽是 der Sterblichen Schein-Meinungen (Illusive Opinions of the Mortals) ⓬。此中, $\delta\acute{o}\xi\alpha$ 一領域之關涉於人類是十分明顯的。然而，在這一個共同點上，康德談論「現象」時的哲學用心，卻與巴門尼底斯大相逕庭，對於巴門尼底斯來說，基於人類感官的 $\delta\acute{o}\xi\alpha$ 是一切幻妄的根源⓭，是具有反價值的，但是對於康德而言，「現象」不但不是虛幻，而且具有一特殊意義的實在眞確性。在這一點上，康德一定程度上承受了亞里士多德的實在論精神，當然，他所繼承的，並非亞氏底自然主義色彩的實在論，而是要提出一於哲學史上最富於革新性的「經驗的實在性」(Empirische Reality) 理論。

上面藉着對「現象」一般特性所作之解說，我們實已說明了「現象—E」與「現象—ϕ」同的一面。現稍分析康德於「現象—E」與「現象—ϕ」之間所作之分別。首先，康德於「超驗感性論」開始之處對「現象—E」作了如下之定義:「一對象對於象表能力所生之後果，就吾人乃被它『對象』所影響者而言，乃是感覺 (Empfindung, Sensation)。那一透過感覺而與對象產生關係之直覺，可稱爲經驗的『直

⓬ 參見❶。

⓭ 巴門尼底斯的六步韻詩＜論自然＞中曾有以下的一番話:「……汝當遠離這一種省察路途; 你們不應因積習之故而任由那視而不見的眼睛，那轟鳴的耳朵，和那一張舌頭把你駕御於這一路途之上。」參見 Diels/Kranz: *Die Fragmente der Vorsokratiker, op. cit.*, B VII, 上引的中譯譯文，同時參考了 Jaap Mansfeld 1983 年出版的 *Die Vorsokratiker I* (希臘／德文對照本) (Stuttgart: Reclam, 1983), Frag. 10, p. 319。

覺』。那經驗的直覺底未決定的對象 (Unbestimmter Gegenstand) 可稱之爲現象—E (Erscheinung)。」❶這一定義的前一部分再一次爲我們說清楚了，所謂現象，終於不離經驗領域和終不離感覺或感性。然而，定義的後半段提到「現象—E」乃經驗直覺底「未決定的對象」，這到底所指者何？ 事實上，康德在此一場合言「未決定的對象」，用意實頗含糊，因而引出許多可能之誤會。首先我們可以指出的: 這裏所說的「現象」作爲「未決定之對象」不能指所謂的「雜多」 (das Mannigfaltige)，亦不能指所謂的「對象一般」(Gegenstand überhaupt)，因爲以上兩概念皆不可能成爲吾人所經驗到之「現象」，換言之,「雜多」與「對象一般」都不能呈現於吾人之感性經驗中當下被吾人所感知， 它們其實都不外是吾人於超驗哲學反省 (transzendental-philosophische Reflexion) 之下， 或所謂「孤立分析」❶之下的一些方法學上的表象而已。「現象—E」作爲一 「未決定的對象」， 其實是指當下呈顯於某人知覺中之內容而言，這些現象之爲「未決定」，依 Prauss氏之申論，乃指現象—E於呈現於某人之意識中時，對該「某人」來說， 是「私有的」(privat) 和某一意義地爲「主觀的」❶。現象—E之所以爲「私有的」 和「主觀的」的理

<hr/>

❶　《純粹理性之批判》，A19-20/B33-34。

❶　「孤立分析, 統一運行」乃勞思光先生處理《純粹理性之批判》時的「口訣」。這一種想法，其實康德本人亦明確地指出:「在超驗感性裏，我們將首先要把感性孤立 (isolieren)，我們的造法就是先把一切由理解藉概念而思想之內容分離出來 (absondern)，俾使只餘下經驗直覺。其次，我們將再要自此一剩餘之經驗直覺中把一切屬於感覺 (Empfindung) 的內容剔除 (abtrennen)，以便只餘下那唯一可由感性先驗地予以提供的純粹的現象之形式。」(A22/B36) 此中, isolieren, absondern 和 abtrennen 都很明顯的表達了「孤立分析」的意涵。

❶　參見 Gerold Prauss, *Erscheinung bei Kant: Ein Problem der "Kirtik der reinen Vernunft"*, (Berlin: de Gruyter, 1971), p. 17。

由， 是因為吾人於獲取經驗的具體過程中， 根本不會去反省吾人所獲得之經驗內容之客觀成立基礎， 也因此不能指這些經驗具有知識上對人類普遍而言之「客觀有效性」(Objektive Gültigkeit)， 而只能就這些經驗之顯現於當事之我之意識， 而言其為 「對我而言」 和「私有」的「現象—E」。這一意義的「現象」Prauss 喚之為「經驗之現象」⑰ 。 這一意義下的 「現象—E」 其實就是康德偶爾所謂的Apparentia⑱或 Apparenz ⑲。「現象—E」 在未經過超驗哲學之反省整理而純粹在具體經驗層面下的這一種上述的「私有性」之份位，其實正好解釋了因何歷古以來， 許多哲學家們都不約而同地懷疑那對我顯示出來的事物 (that which appears to me) 為一些幻象(Schein, Illusion)。當然， 這一問題康德是同樣要面對的。只是，康德處理這一問題時， 配備了一種傳統哲學家所不懂使用的武器 ——這就是他底「超驗哲學之反省」。 換言之， 在處理「現象—E」問題時， 康德得以藉着超驗哲學獨特的 「逆求」 ⑳之反省方式， 在不「向前」(vorwärts) 竄改其所要處理的「現象」之餘， 為「現象」賦予「超驗反省」 下的一嶄新的意涵。在這一反省途徑下， 康德乃可以把

⑰　指 Empirische Erscheinung, 同⑯, p. 18。

⑱　參見 Kant: *De Mundi Sensibilis Atque Intelligibilis Forma et Principiis* (1770). § 5, in *Vorkritische Schriften II, Kant's Gesammelte Schriften* (*KGS*), Band II, p. 394。

⑲　Apparentia 與 Apparenz 最大不同處乃前者為拉丁文， 而後者則為拉丁化的德文。在使用 Apparenz 的場合，康德本應可簡單地使用 Erscheinung 一字，但當他捨 Erscheinung 而用 Apparenz 時，是要強調現象被視為幻象一點而言。參見 Kant, *Preisschrift über die Fortschritte der Metaphysik, KGS*, Band XX, p. 269; 此外，參看 Prauss, *op. cit.*, p. 19。

⑳　參見㉙。

「現象」(或現象—E) 了解爲一些「現象—φ」。

(二)「現象—E」與「現象—φ」之辯證統一

康德就「現象—φ」問題有如下的一項重要的說明:「那顯現的事物 (Erscheinungen＝現象—E), 就其依據範疇之統一性被構想爲對象而言, 可稱爲現象—φ (Phaenomena)。」❷ 這一段說話固然指明了康德於使用 Erscheinung 與 Phaenomenon 兩概念時, 分別賦予之以稍爲不同層次之意涵, 但這一項說明也同時暗示了「現象—E」與「現象—φ」兩者所指涉之「外範」實在是相同的。因爲, 只要我們自覺地自一超驗哲學反省之立場下構想「現象—E」, 以認明其作爲人類知識之普遍合法基礎的話, 則「現象—E」便可被了解爲「現象—φ」了❷。由此可見所謂「現象—E」與「現象—φ」實屬不一不異之理。然而, 上面引文中提到,「現象—φ」之構成, 得經過「範疇之統一性」這一孔道。這一種說法, 驟看似十分輕描淡寫, 但其實是以一很簡略的方式去綜攝了康德知識理論中最爲複雜的「圖式程序論」和「超驗推述」問題。

查康德哲學中, 範疇本應被了解爲「理解之純粹概念」, 而康德又常指出理解與感性乃知識底兩個不可互相歸化的, 構成知識的最基本的兩個根源。那麼, 若言「現象—φ」得依據範疇之統一性被構想, 則這是否與上面所指出的「現象最後必要依於感性」一點有所違

---

❷ 《純粹理性之批判》, A249。

❷ 基於這一個理由, Gerold Prauss 乃甚至認爲 Phaenomena 可被了解爲「超驗哲學意義的現象」(Transzendental-Philosophische Erscheinungen)。參見 Prauss, *Erscheinung bei Kant, op. cit.*, p. 20。Prauss 這一說法其實卽是說現象—φ 乃經過超驗哲學反省後的現象。

悖呢？我們若果明白康德知識理論的根本構想的話，則這問題是很容易解釋的。現象之構成，基本上是涉及「質料」（Materie）與「形式」（Form）㉓，吾人底容受性之感性乃是一切知識就質料內容而言之唯一來源，而感性質料若要呈現，一方面要透過時空兩種感性形式，而另一方面，更要於範疇所提供之「形式」之協作之下方得以完成。因爲感性固爲知識內容（質料）之唯一來源，但是若無概念之統一功能，則這些感性與料根本不能形成有統一意義的對象而爲吾人所知覺。正如康德一句名言所謂：「無概念的直覺是瞎的」㉔。然而，自範疇一方觀察，範疇若果作爲純粹爲原發性的（spontan）思想形式而言，本來不一定能決定本透過容受（rezeptiv）而得之感性與料，並使之服從其統一性的。爲要克服這個困難，康德竭精殫力地寫出了《純粹理性之批判》的中心部分——「超驗推述」。然而，要說明範疇之統一性確能具體地決定感性經驗對象，康德又得進一步構作「圖式程序論」（Schematismus），以說明範疇之能應用於經驗世界，是因爲理解藉着想像力把範疇圖式化爲一定之圖式（schemata），而這些圖式一方面是一切感性經驗之內感（innerer Sinn）得以呈現爲吾人之內感之形式條件，而另一方面也同時限定了（restringiert）範疇唯一能有所使用之所在㉕。換言之，經過「圖式程序論」之申明，康德乃可以逆求得一結論：範疇唯一能構成知識之途徑，就是在於其先驗地決定感性與料所得以呈現之種種統一形式。若果一旦離開此一 Schematismus 之過程（亦卽離開感性而孤立運行），則範疇便根本不能構成眞正之對象知識。於是，歸根結底而言，在「超驗哲學

㉓ 參見《純粹理性之批判》，A20/B34。
㉔ 《純粹理性之批判》，A51/B75。
㉕ 《純粹理性之批判》，A140/B179。

反省」之下，「現象—φ」雖然是要依據「範疇之統一性」而成立，但由於範疇之使用（Gebrauch）自身本來卽得接受一定之限制（限於使用於感性之上），因此，現象—φ 終究而言亦是不離感性與料者。

　　經過上述「超驗哲學」層面之反省後，我們乃可以進一步詳細地說明現象—E 與現象—φ 之間的關係了。如上所述，兩者之外範和指涉本來是沒有嚴格差別的。換言之，並非於現象—E 以外另有一些具有別種性質的現象—φ。兩者之指涉其實基本上是一致的，兩者底「分別」之產生，其實不過是同樣的一些「現象」分別於當下之「經驗意識」中和於「超驗哲學反省」中所分別產生的兩種不同的「分位」或兩種不同的「有效性」（Gültigkeit）而已❷。我們上面已經說過，經驗意識下之「現象—E」，基本上是一些「對當下的我而言的」和「私有的」，卽 "as it Appears to me" 的經驗內容。相對之下，在經歷了超驗哲學上層面之反省，「現象—E」於知識論上之客觀有效性和基礎再不是「未經決定」，而是已經被「決定」了。也卽某一意義地成爲一具有客觀和普遍意義的經驗內容。也因爲這個緣故，現象—φ 之有效性再不限於「對我而言的」（für mich），再不是「私有的」，而是名副其實地爲「對吾人而言的」（für uns）和是「共有的」（Gemeinsam）。

---

❷　康德《純粹理性之批判》中曾有下面一番話:「因此，超驗的與經驗的之間之分別其實只不過是就知識之批判而言者，而不涉及知識與其對象之關係。」（A57/B81）。這一番話正好說明了: 所謂超驗反省下之現象與經驗觀察下之現象根本不是兩種不同的對象，而只是對同一些對象所作的不同的定位方式而已。也正由於這一原因，Gerold Prauss 乃可以把現象—E 與現象—φ 分別定義爲 Empirische Erscheinung 與 Transzendental-philoso-phische Erscheinung。

(三)現象之「共有性」

現象（從其就是現象—φ這一點而言）之具有跨個體的和共通於人際的有效性這一點，在康德哲學中是一項基本立場。這種「共有性」我們上面固然已經透過對現象 — φ 作超驗哲學底詮釋顯示出來了。然而，我們很容易會生一種誤解，以為經驗必先待超驗之反省證立之為現象—φ以後方具有「共有性」，而經驗作為現象—E則不具有「共有性」或根本上並非「共有」者云。嚴格而言，這一種說法是頗有語病的，我們以前說「現象—E」為「私有」，只是說現象—E首先地 (in erster Linie) 具有對「我」而言之關聯性，而此中康德並不是指其「只屬於我」，更不是說其「非共有」。對康德來說，如果我們如此地去構想現象，這便正是吾人以現象為幻妄之根源。對康德而言，現象—E和現象—φ其實都是同一般的現象，即使有時說現象—E為「未決定」，亦不過指其「有待超驗地被決定」為一些吾人所共有之現象—φ而已。因此，當康德說現象（即使是自現象—E一面言）有待被決定為「共有」時，其實已表示康德對現象一般之「共有性」有一最基本而且最單純之認定了。這一種以經驗世界為共有之原始認定，其實不必等到「批判」時期才被康德所堅持。事實上，康德早在1766年的一篇名為〈從形而上學之夢看靈媒之夢〉的論文中便即指出：「亞里士多德在某一場合曾說：當我們都在醒覺的狀態時，我們相互之間便有一共同的世界，倘若我們都在作夢，則我們便各有其自己的世界，這最後面的一句話，我們大可以倒過來說：如果不同的人各有其屬於自己的世界的話，則很可能地，他們都在作夢。」❷❼換言之，康德自始至終皆不曾對現象一般或經驗一般之「共有性」予

❷❼ 見次頁。

以褫奪。相反地，他根本地肯定經驗現象爲共有，然後再謀求進一步地於超驗反省中揭視這一種有效性。

(四)現象之「實在性」

在這一問題上，康德的所謂超驗哲學之進路，是與笛卡兒底懷疑方法和與後來胡塞爾（尤其是 *"Ideen I"* 以後的胡塞爾）的所謂超驗還原法 (transzendentale Reduktion) 迴異的。首先，康德從來不曾對經驗世界中之對象加以懷疑或存疑……當然，康德也從不隨便接受傳統思辯形上學對世界所作之任何詮釋，但對於經驗現象之爲一些如如地 (als solch)爲吾人共同所感所知之對象的這一種「事實」 (Tatsache)，康德從不懷疑。而康德的超驗哲學之精神，其實正是先站在這一項涉及吾人之「所知」之領域，去「逆求」這一「所知」之可能條件而已。康德晚年在其有名的柏林皇家科學院應徵論文中，即就這一問題指出：「超驗哲學之最高職責乃是：經驗如何可能？」❷⓼

---

❷⓻ 參看康德批判前期著作 "Träume eines Geistersehers, erläutert durch Träume der Metaphysik" 編入 *Vorkritische Schriften II, KGS,* Band II, p. 342。引文中康德本以爲所引者爲亞里士多德之語，但康德未指明出處，只言「在某一場合」(Irgendwo)。到底亞里士多德是否曾有此一說，筆者目前無法確定，然而康德所引一段話早已爲赫利克利特斯 (Herakleitos)說過了。可參見 Diels/Kranz (hrsg.), *Die Fragmente der Vorsokratiker* 中所收錄的 Herakleitos 斷簡第八十九條。Diels/Kranz, *op.cit.,* Band 1, p. 171。

❷⓼ 參見 *Preisschrift über die Fortschritte der Metaphysik, KGS,* Band XX, p. 275。如衆週知，康德於第一批判的導言裏，提出了「先驗綜合判斷如何可能？」一問題去綜攝「純粹數學如何可能？」「純粹自然科學如何可能？」「形而上學作爲自然傾向如何可能？」和「形而上學作爲科學如何可能？」(B20-22) 四項問題。這一說法固然與第一批判之組織有很大的關連，但是今引 Preisschrift 中的一句話卻顯然更能把康德當下認定經驗然後求安立經驗（最廣義而言）這一種基本態度表露無遺。

關於「逆所求能」，我們於康德的「遺稿」裏，可以找到如下一段有力之佐證：在收錄於 *Reflexionen zur Metaphysik* 中的一些筆記裏，康德曾說：「在超驗科學裏，我們再不在乎向前走，而是要向後退。」㉙ 然而，康德這一句話正好和「逆所求能」一句言簡意賅的話一般地容易引人誤解。康德此間絕對不是要像笛卡兒或後期的胡塞爾一般地要逆「所知」而退到具有某一種實在意義的「能知」主體裏的意思。更沒有所謂由此一「主體」去「建構」(Konstituieren) 對象㉚ (胡塞爾)，或主體「異化」而為對象 (黑格爾) 之說法。康德所言之主體，除了於實踐領域所言者有別之外，於知識理論層面所指者，皆非一實體義之主體，而最多可稱為一「邏輯主體」、一「不確

㉙ "In der transcendentalen Wissenschaft ist nicht mehr darum zu tun, vorwärts, sondern zurück zu gehn." Kant, *Reflexionen zur Metaphysik*, Zweiter Theil, *KGS*, Band XVIII, Refl. 5075, p. 80.

㉚ 康德自己雖然也常使用「建構」一概念，但康德根本不肯定一實義之 Subject，因此，即使言建構，亦只側重象表底客觀的構成 (konstitutiv) 一面之意義，而不談一由「主體」策動之建構 (Konstituieren)；雖然就文法上之需要，有時康德亦間中以動詞形式去使用 Konstituieren 一字。相反地，胡塞爾的 Konstitution 理論則很明顯地自早期對 Konstituiertsein 之偏重漸漸發展為晚期確立了「主體」以後對 Konstituieren 之偏重。這一問題可參見 Eugen Fink, "Operative Begriffe in Husserls Phänomenologie" in: *Zeitschrift für philosophische Forschung*, 11, (1957), pp. 321-337; Ludwig Landgrebe, "Reflexionen zu Husserls Konstitutionslehre," in: *Tijdschrift voor Filosofie*, 36, (1974), pp. 466-482; 最後尚可參見 Martin Heidegger, *Prolegomena zur Geschichte des Zeitbegriffs* (Vorlesung SS 1925), (hrsg. von) Petra Jaeger, (Frankfurt/Main: Klostermann, 1979)，特別請參考這本書前半論胡塞爾 Intentionalität 理論一部分。

定主體」⑪ 或一「主體之假定」⑫ 。

　　承接上面有關康德 「逆所求能」 立場之說明， 我們可進一步指出， 康德此一超驗哲學之 「返歸性」(rückwärts) 要求不一定要建立在一如笛卡兒一般的主客對立 (Subjekt-Objekt Spaltung) 的格調之上， 也不一定要走向一以「主」去「攝收」「客」或以「主」為存有地優位於「客」的局面之上。 在康德的知識理論之上， 他肯定的既非一絕對之知識客體（即不肯定一絕對之物自身，詳後）， 一切真確的認知對象， 其實都是如如的「吾人」的「所」知。而此一如如地為實在之經驗本身固然「經驗地」為實在， 但若果吾人進一步反省或「批判」其超驗上之根據， 則順着經驗之「所」知， 我們復可以構想其功能上之可能條件 (Möglichkeitsbedingungen)。 這一組條件（包括時空形式， 範疇（即理解之先驗概念和先驗原則）)可總稱為一「超驗」之領域。如上所說， 這一「超驗之能力」又並非一卓然獨立之「我」或「實體義的主體」， 而正正只「不過」是經驗之可能條件而已。換言之， 一旦離開了其相對於「經驗」以作為「經驗」之可能條件這一種關係之後， 此一「超驗之領域」便是Nothing。 由此， 我們可以觀察得知，「經驗」 與 「超驗」兩領域有一彼此依存之關係。經驗本身雖為「實在」， 但吾人一旦惑於其實在性時， 則於反省上（當然地， 超驗反省不是所有人類都必需的， 一個農夫是可以很踏實地活在一個對他來說是如如地實在的世界中的）便有待一「超驗」之領域以明其可能條件， 相對地，「超驗」之領域卻又不能離開作為「經驗」

------

⑪　這是康德當代一位波蘭籍猶太哲學天才 Salomon Maimon (1754-1800) 所提出的見解。引見 Nicolai Hartmann, *Die Philosophie des deutschen Idealismus,* 3. Auflage, (Berlin: de Gruyter, 1974), p. 23。

⑫　參見 Hartmann, *ibid*。

之根據而有獨立意義。康德超驗哲學中這一種「經驗」與「超驗」彼此依存之特性，海德格是剖析得淋漓盡致的。他把這一特性稱爲一論證上之循環 (Kreisgang der Beweisführung) ❸。

　　總而言之，康德超驗哲學中這一種能所依存關係所要表達的，乃是「主」「客」兩方都沒法作絕對確立之情況下的人類的一種「中性的」經驗意識之呈現。在一個傳統哲學所謂「主」「客」兩方都無法作絕對實有上之決定的世界裏，此一「能所」之依存，正好反映了人類認知之有限和人類自身底存在處境之有限 (Endlich, Finite)。然而當人類這一種有限處境一旦被闡明之後，換言之，當吾人再不必耿耿於有無絕對的「主」或絕對的「客」之後，則一切呈現於吾人底有限認知能力之前的經驗內容，反而顯出其如如地爲「經驗地眞實」(Empirically Real) 的一面。

　　上面引述康德早期著作《靈媒之夢》中的比喩除了說明康德所謂現象之「共有」性之外，最重要的，就是直接說明了康德對「現象」爲實在的基本立場。然而由於「實在」(Real) 一詞於哲學史中委實被使用得過於廣泛了，因此，若非對此中的所謂「實在」作一進一步之釐定，則徒言「現象」爲「實在」，只有增加混亂而已。

　　康德無論在使用 Real 或 Wirklich 概念時，當然是會意識到這些概念在西洋哲學傳統中有一定之使用方法者。而康德提出的「現象實在論」中的「實在」，基本上用意是十分特殊的，而且是與哲學史中各種傳統的使用方法都有不同者。首先，例如柏拉圖的理型論，亞

---

❸ 參見 Martin Heidegger, *Die Frage nach dem Ding: Zur Kants Lehre von den transzendentalen Grundsätzen* (1935/36), (Tübingen: Niemeyer, 1962), p. 62, 174, 187. 此中, Heidegger 稱經驗與超驗之關係爲 Kreisgang 和 ein offenkundiger Zirkel。

里士多德的自然哲學中的實在論，乃至中古的唯實論等等理論雖然基本興趣各自不同，但是其皆可於不同意義下稱為實在論，而它們之所謂「實在」，總括言，都有「客觀地」和離開人類之意識而能存在之意味。今康德的「經驗實在論」在這一基本關鍵上，即與傳統一切「實在論」迴異。當傳統主要的「實在論」皆強調其為「不待於」人類意識的當兒，康德所謂的「經驗實在論」正恰好認為一切所謂「實在」的皆就其「與人類之關聯性」而言者。換言之，「實在」對康德而言，是指那些「如其所如地」呈現於人類之經驗能力範圍中之可能經驗。而這些經驗對象底對吾人 (für uns) 之相關性乃至其如如之呈現本身，即便是它們底「實在性」之充足基礎。而「經驗實在論」欲為現象所申言之「實在」亦於此而止。因為此中康德為經驗要求之「實在」根本非傳統所謂之客觀獨立實有。相反地所謂客觀獨立的實有，或康德偶而所指稱的「絕對的與超越的實在性」(absolute und transzendentale Realität) ❸❹ 本身其實根本無任何基礎可言。由是可得一結論：康德言現象為實在時，所謂「實在」，本即不離經驗相對於吾人如如之呈現一點而言的。而所謂「經驗實在性」一說法，一方面地，固然以「實在」去規定經驗為並不虛妄，而相對地，所謂「實在」亦必定回頭被「作為吾人之經驗」這一性質所限定。總言之，此中之「實在」，並非客觀地為絕對之獨立實有，而正為「如其顯示於吾人」(wie sie uns erscheinen) 這一意義之「實在」。

在這一問題上，康德顯然與巴門尼底斯和柏拉圖這一傳統站在完全對立的地位上的。正如以上曾經指出，康德的所謂現象，最終是不能離開感性的。事實上，康德亦曾把現象稱為「感知事物」(Sin-

---

❸❹ 《純粹理性之批判》，A36/B53。此中，"Transzendental" 一字之用法與大部分其他場合中之用法迴異，依文理而言，實指Transzendent之意。

nenwesen, Sensible Entities)，以與稱爲「智思事物」(Verstan-
deswesen, Intelligible Entities) 的所謂本體 (Noumenon) 相對
揚❸。如衆所皆知，在巴柏一傳統中，感官經驗或現象事物不但絕對
無實在性可言，甚至一定程度上都被稱爲幻妄。巴門尼底斯不是教訓
我們說如果要追求眞理時，不應讓吾人「那視而不見的眼睛，那轟鳴
的耳朵，和那一張舌頭」所駕御嗎❸? 在柏拉圖《理想國》中著名的
四層存在分野中，所謂的「可見世界」($\delta\rho\acute{\omega}\mu\varepsilon\nu o\nu, \kappa\acute{o}\sigma\mu o\varsigma \ \delta\rho\alpha\tau\acute{o}\nu$)
❸ (一般譯作爲「感官世界」(World of Appearance)) 不是被安
放到所謂的「智思世界」($\nu oo\acute{\upsilon}\mu\varepsilon\nu o\nu$) 之下嗎? 換言之，就對感性經
驗現象之存有地位一點而言，康德是要爲現象「平反」的。

在巴門尼底斯和柏拉圖所建立的傳統中，感官現象往往被貶爲幻
妄(Trügerisch, Illusive)。現象(Erscheinung)往往就被等同於幻
象 (Schein, Illusion)。當然的，巴柏二氏之所以把感官現象判爲幻
妄，顯然因爲他們心目中的所謂眞理早另有所屬了。此中，孰眞孰幻
之判定，其所涉及的，往往並不只是一些單純的理論性問題，而牽涉
及基本立場上之大取向與大肯定。舉例說，亞里士多德卽從不把經驗
($\dot{\varepsilon}\mu\pi\varepsilon\iota\rho\acute{\iota}\alpha$) 或自然事物視爲幻妄。亞里士多德不單只不像柏拉圖或
巴門尼底斯一般地因爲經驗現象有變異性 (Change, Veränderung)
而言其爲幻妄，相反地，於肯定一切經驗事物之實在意義之餘，尙
求進一步說明，一切經驗事象所涉及之「變化」本身亦爲一些實在的
「實化過程」(Energeia, Actualization)。以變異中的現象爲虛妄，
而假立一超離的、與之相對而爲恒常靜止不變的理型世界這種構想，

❸　《純粹理性之批判》，B 306。

❸　參見❸。

❸　參見❷。

本質上其實是一種「實在之重覆」(Verdoppelung der Wirklich-
keit) 的做法❸。結果，柏拉圖所一直不予重視和到晚年才稍涉及的
有關感性世界之描述工作❸，竟然便成爲亞里士多德畢生殫精竭力的
所在。亞里士多德建立了範疇論，好去爲現象之種種語言上之陳述
可能作一準備❹，復提出種種理論角度去解釋現象中不同層面的運動
(κίνησις) 或變化 (μεταβολή)。亞里士多德這一種「拯救」或「護
理」現象❹ 的要求，其實是巴柏一傳統形成以後第一個最有力的反

---

❸ 「實在之重覆」一說法是陳康先生治柏拉圖與亞里士多德哲學時所最爲強調
的概念之一。陳康的立場卻認爲這一本來根植於柏拉圖 (*Phaidon, Soph-
istes*) 中的理論困難一方面固爲亞里士多德所察覺，然而亞里士多德於提出
種種求超克此一困難之嘗試（包括陳康所最強調的「普遍的複合物」(uni-
versales Konkretum) 問題）之餘，依然未能完全克服某一意義的「實
在之重覆」與「分離」之困難。參見陳康 1940 年於柏林發表的博士論文，
Chung-Hwan Chen, *Das Chorismos-Problem bei Aristoteles,*
(Berlin: Albert Limbach Verlag, 1940)，特別參看 §46, §71, §81,
§83。

❸ 參見 Plato, *Timaeus* ―《對話錄》。

❹ 關於亞里士多德範疇理論之語言學基礎一問題可參見①David Ross, *Aris-
totle,* (London: Methuen, 1923/66), p. 21; ②Hermann Bonitz,
Über die Kategorien des Aristoteles, (Wien: Hof- und Stadtsdr-
uckerei, 1853), p. 4 (Bonitz 引述 Trendelenburg); ③C. M.
Gillespie, "The Aristotelian Categories" *Classical Quarterly,*
19, (1925), (Gillespie 引述 Apelt); ④Émile Benveniste, "Catego-
ries of Thought and Language" in: *Problems in General
Linguistics,* Trans. by M. E. Meek, (Coral Gables: University
of Miami Press, 1971), pp. 55-64。

❹ 參見陳康譯著《柏拉圖巴曼尼得斯篇》附錄,(臺北，先知出版社，1973年再
版)，p. 325。這一篇附錄經重校後，收輯於陳康:《陳康哲學論文集》(江
日新、關子尹編)，〔編者按: 此書已於一九八五年秋出版〕此外，參看 G.
E. L. Owen, "Tithenai ta Phainomena," in: *Articles on Aristotle,*
Part 1, Science, (ed.) Jonathan Barnes, Malcolm Schofield,
Richard Sorabji, (London: Duckworth, 1975), pp. 113-126。

擊。撇開了亞里士多德仍以一「客觀實在論」的態度去處理經驗這一點與康德仍有重要分別不談，亞氏從柏拉圖一傳統回頭爲感性經驗爭回其某一種實在性這一點，是正正與康德的基本精神脗合的。

如上所言，現象與超現象（物自身）或感性與超感性之間孰眞孰幻之判定，往往是一理論之最後立場。這一判定往往出了各該系統中理論所能解釋之範圍，而反而成爲各個別理論要努力說明之桎梏。在這一關鍵上，康德在他的〈論形而上學底進展〉這一篇 Preisschrift（1791）中卽很明確的指出，「現象」一概念（按：在這裏康德原文是Erscheinungen（Phaenomena）兩字並列使用的）絕對非一般人所謂的「看來如此的幻象」（Apparenz, oder Schein）❷。在《純粹理性之批判》中「感性論」末後一段於1787年第二版增訂的文字中，康德更就有關問題有如下一段一針見血的申明：「對外在對象之直覺和對心靈自我之直覺都是把對象與心靈於空間和於時間中就其影響吾人之感官而予以象表，也卽就其所顯示而予以象表；當我這樣說的時候，我並不是要指稱這些對象爲一純然之幻相(ein bloßer Schein, a mere Illusion)。因爲，在現象中，對象乃至於那些我們附置於其上之性質，於任何情況下都是被視爲實在地被給予的（als etwas wirklich Gegebenes angesehen）。」❸ 隨著不久，康德面對著柏拉圖傳統，爲現象作了最有力的爭辯:「若果我把那些我本應要歸入現象之列的東西，指稱之爲幻象的話，則這便是我自己的罪過而已。」(Es wäre meine eigene Schuld, wenn ich aus dem was ich zur Erscheinung zählen sollte, bloßen Schein machte.) ❹ 那

　　參見❶。
❸　《純粹理性之批判》，B 69。
❹　同❸。

就讓我們以康德這一句話去結束我們有關「現象實在辯解」這一部分
的討論吧!

三、本體權宜辯解

(一)意義問題與指涉問題

　　自古以來，不知有幾許哲學家朝夕夢想有某一種客觀的「終極實
在」(Objective, Ultimate Reality) 有待他們去發見、去掌握。只
不過，到底有沒有一「終極實有」之領域? 倘若有，則此一領域之具
體內容是什麼? 這一堆問題應如何回答，亦自古以來，衆說紛云，莫
衷一是。許多人談到康德所謂「物自身」或「本體」概念，總免不了
要把這一概念與所謂的「終極實在」一問題聯想在一起。這一種聯想
之產生，其實是十分可以理解的。因爲「物自身」(Ding an sich)
一概念，顧名思義，是指「在其自身而言」(an sich, in itself) 之
事物解。而所謂 an sich，其實亦非康德所首創。亞里士多德所謂的
ἐν αὐτῷ ἣ αὐτό❹，中古時大阿爾培和阿奎那斯所謂 per se❹，或
所謂 perseitas❹，後來笛卡兒 per se 一概念之沿用❹，Spinoza

---

❹　參見 Aristotle, *Metaphysica Bk VIII*, 1049 b10-11。
❹　參見 Etienne Gilson, *History of Christian Philosophy in the Middle Ages,* (New York: Random House, 1954), p. 393。
❹　引見 Ernst Bloch, *Zwischenwelten in der Philosophiegeschichte,* (Frankfurt/Main: Suhrkamp, 1977), p. 116。
❹　參見 René Descartes, Reply to Objections I, in: *The Philosophical Works of Descartes,* Transl. by E. Haldane and Q. R. T. Ross, Vol II, (New York: Dover, 1955), p. 14-15。

的 Causa sui❹等，皆可說是 an sich 一想法之濫觴。然則爲什麼有需要強調事物有「在其自身」的一面呢？此中的道理其實十分簡單：是因爲人們對人類自身之認知能力缺乏信心，耿耿以爲「終極實在」是不能爲吾人有限之能力所掌握者，所以當構想所謂「終極實在」時，乃強調其爲「在其自身」，而不是「依其顯示於吾人」(as They Appear to Us)。換言之，在一般富於傳統形而上學興趣的哲學家眼中，物自身與現象之間的關係就是 Reality 與 Mere Appearance 之關係。柏拉圖捨現象世界而認定一非感官所能及之理型世界爲一自如的眞實世界，卽是哲學史上最好的例證。

於引言中，我們已指出，康德的現象與物自身之分辨與上述所謂 Appearance and Reality 之分辨迥異。事實上，在本文前段，我們早已指出了，康德不但不以現象爲虛妄，反而一反柏氏之傳統，對現象之經驗眞實性予以一徹底的肯定。然則相應於康德哲學中「現象」之肯定，到底「物自身」和「本體」之存有份位又如何被安置呢？

正如本文前半指出康德於廣義言之現象之下，基於理論之需要，再區別了 Erscheinung（我們所謂的「現象—E」）與 Phaenomenon（我們所謂「現象—φ」）。同樣地，我們發覺康德於廣義的「物自身」問題下區別了 Ding an sich（一般譯爲「物自身」）和 Noumenon（一般譯爲「本體 (sic)」或「智思物」）；而且，在大部分的場合中，以 Ding an sich 與 Erscheinung 對揚，而以 Noumenon 與 Phaenomenon 對揚。正如「現象—E」和「現象—φ」之意涵是「不一不異」一般，所謂「物自身」和「本體／智思物」其實亦涉及一同一的問題領域。只是當我們現在要談論「物自身」和「本

❹ Baruch de Spinoza, *Ethica*, Part I. Def. 1.

體」的時候，我們首先要說清楚，我們只可以討論其「意涵（義）」（Meaning），而不能討論其「指涉」(Reference)。換言之，物自身或本體這兩個語詞是「有義無指」的。當然，此中所謂「無指」，是指「沒有經驗指涉」而言，此中原因十分簡單，因爲無論「物自身」或「本體」就其意涵而論，本來即指一些不能由經驗認知ostensively決定，而是「自如」地存在的事物❺⓿。結果，以下我們要關心的問題乃是：在康德哲學中，現象既被認定爲「眞實」，和被認定爲一切理論探討之眞正歸宗的領域，則所有有關「物自身」或「本體」等既無經驗指涉可言的語詞的討論到底還有何意旨可言呢？

(二)物自身或本體之反面意涵與正面意涵

既然無法從指涉入手，讓我們安份地先看看所謂 Ding an sich 和 Noumenon 在康德哲學中之意涵若何。我們首先從「物自身」一概念入手。

在《純粹理性之批判》中疏解所謂二律背反的一些篇章裏，康德在申論過程中，於重申了經驗之「實在性」之餘特別指出：「因此，經驗之對象是絕對不會在其自身 (an sich selbst)，而只在經驗之中被給予……只要它們與我底實在的意識產生一經驗上的聯繫的話，它們便即足以成爲實在的 (wirklich) 了，雖然它們並不因此便在其自身地 (an sich) 爲實在……」❺❶由此，我們已可見到，對康德來說，所謂「在其自身」，其實即是「對我而言」之相反。康德順上文馬上就這一點提出了「物自身」一詞的經典性定義：「……倘若要談

---

❺⓿ 很明顯地，沒有「經驗指涉」是不能排除某一義的「絕對客觀指涉」的邏輯可能性的，有關「物自身」或「本體」之邏輯可能性問題，參見以下討論。

❺❶ 《純粹理性之批判》，A 492-493/B 521。

論的是一物自身的話，則我們大可說，它是在其自身地，『也卽』沒有與吾人之感官和沒有與可能經驗產生關係地存在。」❷ 從這一段引文中，我們可以清楚的看到「物自身」確具有上述所謂「感官能力以外之客觀獨立實有」之意涵。

　　進一步我們再省察 Noumenon 之意涵。所謂 Noumenon，漢譯大都譯爲「本體」。然而，細察之下，此一翻譯就字面意義而言，並不算太準確。「本體」中之「本」，其實不外就是「物自身」中之所謂「自身」；此外，「體」、「物」又明顯地是相近似之用語，由是可見，所謂「本體」之譯，其實是借取「物自身」之內涵意義而另作一類近語詞之結果。我們本已承認了 Ding an sich 和 Noumenon 在康德哲學中是指向同一組問題，然而，這卻不表示兩者所涵攝之意義可以完全被等同。正好像我們不能因爲「《人間詞話》的作者」和「《觀堂集林》的作者」這兩個語詞之指涉相同而說上述兩個語詞之意涵相等一般。一旦犯上這一錯誤，則許多本來很複雜和富有多向度的問題便很容易陷入被簡化的危險。基於這一原因，我們乃得再仔細查察一下所謂 Noumenon 一概念之根本意涵。看看能否自另一個向度對廣義的物自身或本體問題，作一定程度的釐清。

　　無論從字源的角度或自歷史的角度看起來，Noumenon 一詞都不是康德所首創的。哲學史上最早使用這個概念的大概是柏拉圖。我們上面已經簡單地提到，柏拉圖在其《理想國》一對話錄中，曾以「線條比喻」(Liniengleichnis) 去說明他的「理型論」和「四重存在說」。其中，上層的兩個領域一般被合稱之爲一「智性（或睿智）世界」(Intelligible World)，而使與下兩層合組而成的所謂「感性

世界」(Sensible World) 相對揚。如果我們找出《理想國》的希臘文原本查看的話，則我們當可發現，所謂「智性世界」乃即就是 νοούμενον (Nooumenon)❸；而所謂「感性世界」乃即是 Όρώμενον (horōmenon)。前者源出於 νοϑς (心靈) 或 νοϵῖν (思想)，在柏拉圖理論中，所指的乃是一得以純智觀照 (θεωρία) 方式去掌握的客觀理型世界；後者源出於 Όράω (看)，所指的是一藉肉眼，或廣泛言，藉感官所掌握的經驗領域。總言之，νοούμενον 在柏拉圖理論中乃一非感官性的，只可藉純粹智性思維 (觀照) 去掌握的領域。這一領域對於柏拉圖來說，乃是一客觀獨立實有之形上眞理。此外，柏拉圖又藉著「愛」(ἔρος) 一概念之闡揚，提出了一套人類得以自感官之幻覺層面逐漸自我提升使臻於「純智」領域之途徑❹。而這一途徑，對柏拉圖而言，乃是一自幻相 (經驗) 臻於客觀實有 (純智) 之途徑。只不過，柏拉圖這一種以當下之世界爲幻妄，而以一「他世界」 (other world) 爲眞實的態度當然是不能被康德所接受的。這樣看來，康德又因何在他底哲學中的關鍵處套用了柏拉圖 Noumenon 這個觀念呢？Noumenon 這一個觀念落入康德的理論系統中到底有何新意呢？

康德討論 Noumenon 一概念最詳盡的，要數《純粹理性之批判》一書中的「成素論」中的第一部分「超驗邏輯」中的第一分部「超驗分析」中的最後一章，該章名爲「論把對象一般區別爲現象 (Phaenomena) 和本體 (Noumena) 之基礎」。此外，緊接上述這一章的就是「超驗分析」這一分部的「附錄」(Anhang)，該附錄一般簡稱爲「論反省性概念之誤用」(Von der Amphibolie der

❸ 同❷。
❹ 參見 Plato, *Symposium, Phaedrus*《兩對話錄》。

Reflexionsbegriffe），內中亦有一些有關 Noumenon 的重要討論。茲綜合上述這兩部分作一申論。

在第一批判首版的 Phaenomena und Noumena 這章裏，康德把 Phaenomena 與 Noumena 合論以顯出其彼此之分際（請注意以下引文之上半部已於本文前面討論過了）：

> 「現象—E(Erscheinung)，就其依據範疇之統一性被構想為對象而言，可稱為現象—φ(Phaenomena)。但是，如果我假設有一些事物是純然的理解對象 (Gegenstände des Verstandes)，而這些對象卻又同時可以被給予於一種直覺 (Anschauung)，雖然這一種直覺不是感性的直覺而是一智性的直覺 (Calso Coram Intuitu Intellectuali)；這樣的一些事物乃可以被稱為 Noumena (Intelligibilia)。」[55]

此中我們又再可以看到，正如談 Ding an sich 必須與Erscheinung 相對而談一般，康德談 Noumenon 亦要與 Phaenomenon 相對而論。如果我們說 Ding an sich 之所以為 Ding an sich 是在於其不涉及感性直覺而為「自如」的話，則如今在確定 Noumena一概念之意涵的過程中，我們發覺康德加進了一「新項」作為Noumena 意涵上之「後援」。康德一方面如常地指 Noumena 不能被給予於感性直覺之餘，忽然提到吾人可構想 Noumena得以被給予於另一種直覺——智性的直覺。於是「本體」(Noumena) 乃由此而引出一新的意涵。康德把這一新的意涵表之為 Intelligibilia，又稱之為「智思

---

[55] 《純粹理性之批判》，A248-249。

物」(Verstandeswesen **⑤** , Kemp Smith 譯爲 intelligible entities)。

爲着強調 Noumena一概念底意涵的這一另一面，康德於第二版的申論中乃明確地提出 Noumenon (a) 一觀念涉及反面的與正面的兩重意義這一說法了。

> 「倘若 (wenn) 我們把 Noumenon 了解爲一個事物，而此一事物並不是吾人底感性直覺之對象者……則這乃是一反面意義的 Noumenon。然而 (aber) 假如我們把 Noumenon 了解爲一非感性直覺 (nichtsinnliche Anschauung) 之對象的話，則我們便在假定一種特定的直覺模式，換言之，一種智性的直覺模式，只不過這種智性直覺却不是屬於吾人所有的，並且是吾人甚至無法設想其爲可能的；在這種情況下，這將便是 (wäre, Would) 自正面意義去了解 Noumenon。」**⑤**

在說明康德這一番辨別以前，我們得一再指出，康德一方面既不是在以一「反面義」之 Noumenon 去否定客觀實有之指涉，另一方又不是要以一「正面義」的 Noumenon 去肯定一客觀實有領域。康德此中要談的不是客觀存有指涉之有與無，而只在談 Noumenon 可有

---

⑤ 當然地，我們當要知道， Verstandeswesen 中的所謂 Verstand，並非康德一般所指的「人類的理解」，而是指如上帝一般的一超越心靈而言者。「智思物」中的所謂「智」(Verstand)，實卽指與「智性直覺」(Intellektuelle Anschauung)相表裏的「直觀之智」(Intuitiver Verstand)。此一所謂「智」，勞思光先生曾提出可以「靈覺」一類字眼去使與「理解」辨別。參見勞著：《康德知識論要義》(臺北：河洛出版社影印版，1974)，pp. 195-197。此外，「智思物」一譯，可參考牟宗三先生《純粹理論之批判》中譯，上册，(臺北：學生書局，1983)，p. 475,490。

⑤ 《純粹理性之批判》，B307。

反正兩面之意涵。這從上引文前後兩段都以假設語態，如 wenn,
aber, wäre 等表達便卽明瞭。此外要指出的：旣然此中談論的不
是存有指涉的問題，則 Noumenon 的反面和正面「意涵」之反覆交
替申明，便形成一就有關 Noumenon 此一課題的一項「辯證式」的
解說了。讓我們首先自 Noumenon 之正面意涵開始申辯。

　　正面意涵下的 Noumenon，其實主要在於強調可有某一些「物
自身」雖不能是感性直覺之對象，但卻可以是一非感性直覺（或智性
直覺）之對象。就形式上看，這一「正面意義」下的 Noumenon 其
實與柏拉圖的 νοούμενον 十分接近。我們上面已經指出，對柏拉圖來
說,這一意義的 νοούμενον 雖然不能假感官之途去獲取,然而柏氏卻認
爲吾人可以循一定的途徑（Eros）逐步摒棄感官之約束和限制而臻於
一純粹思維（Theōria）的境界，以便於此一境界中去觀賞 νοούμενον
的世界。然而，對於康德來說，由於一切人類知識絕不能踰越以感性
直覺爲基礎的可能經驗領域，因此吾人卽使有正面的 Noumenon 之
意涵，但是這一假定中的領域卽使存在，亦不可能對吾人之知識產生
任何正面的關聯或意義的，而大不了只能對一假定中的（卻與吾人無
緣的）智性直覺具有意義而已。換言之，對康德來說，自人類有限的
認知條件去「正面」地談論什麼事物「自身」（an sich）是於理有悖
的；因此，如果人類眞的非要「正面」談「物之在其自身」，則此一
正面意義要成立，也非得假借一某一義的「非人」的「智性直覺」去
申說不可，當然地，此中的「智性直覺」本身亦不過是一項「權宜」
（Problema）❺❾而已。

---

❺❽　有關「權宜」與 Problema 問題之討論，請詳見下文。

(三)本體概念之正面意涵──本體之「可能性」問題

當然地，康德是很清楚明白，卽使「物自身」或「本體」不可能成爲吾人知識之部分，但是，其存在之邏輯可能性是不能被排除的，正有如我們雖無緣於「智性直覺」，但「智性直覺」存在之邏輯可能性並不被排除一樣。然而，這一「可能性」對吾人類而言代表了一些什麼呢？

康德無疑問地承認說：「Noumenon 這一概念 —— 也卽是說，一個並不能被構想作爲感官之對象，而只能透過一個純粹睿智 (durch einen reinen Verstand) 而被構想作爲一物自身的東西 —— 在任何情況下都是絕不矛盾的。」❺❾ 然而，這一種「可能性」到底有多少分量呢？

依理看來，Noumenon 旣然不矛盾，當然是邏輯地爲可能了！然而，我們發覺康德就此一問題突生一異議，且嚴厲地指出這些「可能性」在某一意義下復又是「不可能」的。在「反省性概念之誤用」這一附錄結尾論及「無」之種類時，康德舉出四種不同意義的「無」(Nichts)。其中第一項卽是指一些概念，而這些概念之「對象」根本找不到相應之直覺者。由於根本無直覺內容的緣故，這些概念其實便根本無對象可言，康德把這一意義的「無」稱爲「無對象之空洞概念」(Leerer Begriff ohne Gegenstand)❻⓿。（這卽就是我們前面所說的「有義無指」）由於這一種空洞概念乃不假於直覺之參與而爲純粹思想所構成者，康德乃又稱之爲「思維事物」(拉丁: Ens rationis, 德: Gedankending)。在舉例說明這一關鍵時，康德一下

---

❺❾ 《純粹理性之批判》，A254/B310。

❻⓿ 《純粹理性之批判》，A292/B348。

子便舉出了 Noumenon 出來了，並且還說:「……一個沒有對象的概
念，例如 Noumena，是不可以被算入一些可能性 (Möglichkeiten)
之列的，雖然同時地我們不應該因此而把它們（按: 指 Noumena）
視為不可能。」 **⑥** 此外康德在同一章較早的段落亦曾以同樣口吻說
Noumenon「既不能被吾人說為可能，又不能說為不可能」**⑥**。

驟眼看起來，康德這一番話的用意頗令人費解，然而，只要我們
明白，所謂「可能性」(Möglichkeit) 哲學史自古卽涉及一雙重意
義，則康德上述態度之用意是十分明顯的。自亞里士多德以來，「可
能性」($\delta \acute{v} \nu \alpha \mu \iota \varsigma$, $\tau \grave{o}$ $\delta v \nu \alpha \tau \acute{o} v$) 本來卽有「邏輯可能性」和「實在可
能性」之分別**⑥**。前者乃是指純粹概念中不矛盾的，或如亞里士多德
所謂「其反面不是必然地為假 ($\psi \epsilon \acute{v} \delta o \varsigma$) 的」**⑥**；而後者乃是指「依
於某一本已實現了的事物而言其為可能; 正如因為某人實在地在走路
而我們說他可能（以）走路。」**⑥** 到了理性主義勃興的時期，重要哲
學家如萊布尼茲 (Leibniz)、吳爾夫(Wolff) 等雖然並非不知道「可
能性」可以有兩種不同的了解**⑥**，然而，由於理性主義整體而言有着
自概念或理性一領域出發去探討存在這一種欲求（上帝之存有論論證

⑥ 同⑥，A290/B347。

⑥ 同⑥，A286-287/B343。

⑥ 有關「邏輯可能性」可參見 Aristotle, *Met.*, △12, 1019 b23-30。至於所
謂「實在可能性」一問題，可參看*Poetica*, IX, 1451 b7; *De int.*, XIII,
22b7-23a27。此外，可參看 Chung-Hwan Chen (陳康), *Sophia, The
Science Aristotle Sought*, (Hildesheim: Olms, 1976), Appendix A.

⑥ Aristotle, *Met.*, △12, 1019 b28-29.

⑥ Aristotle, *De Int.*, XIII, 22 b8-10.

⑥ 以萊布尼茲為例，可參看 Leibniz, *Philosophical Papers and Letters*,
transl. by Leroy E. Loemker, 2nd Edition, (Dordrecht: Reidel,
1976), p. 513, 329。

即爲一最好例子)， 於是往往把兩種意義的可能性混淆使用。再進而
基於一已混淆了的「可能性」概念去自一「不矛盾的」和「可想像的」
領域去求談論一些「想當然」的「存在領域」。 例如萊布尼茲曾說:
「……可能的事物就是那些不涉及一矛盾的 (按: 此中之「可能」是指
Logische Möglichkeit) ; 而實在的事物乃不外就是可能的事物中
最好的一些……」[67] 此外, 吳爾夫又順着萊布尼茲這一種想法而提出
說: 「一事物之實在性乃是其可能性的一項補充 (Ergänzung Seiner
Möglichkeit, Complementum Possibilitatis)。」[68] 換言之, 在
理性主義的觀點之下, 概念思維中之可能性是知識最明晰 (Distinct)
的基礎, 相反地經驗的給予只能構成一些模糊 (Confused) 的知識。
於是焉, 概念中有上帝完美之概念, 上帝乃必定存在, 概念中上帝既
是至善, 則世界的善惡果報乃必定要有一先在和諧者云……。

就這一問題而言, 康德早在批判前期便已形成了一種與理性主義
大異其趣的態度。在 1763 年 Der einzig mögliche Beweisgrund
zu einer Demonstration des Daseins Gottes 一文中, 康德卽對
吳爾夫所謂「一事物之實在性『只不過』乃是其可能性的一項補充」
一想法大加鞭韃, 並已指出「一切事物之內在可能性得假定事物先存
在」一觀點[69], 在《純粹理性之批判》裏, 康德終於就這一問題提出
了一非常明確的分判標準了。

「假如一概念並不是自相矛盾的話, 它當然便是可能的……。然

---

[67] 同[66], p. 513。

[68] Christian Wolff, 引見於 Martin Heidegger, *Die Grundprobleme
der Phänomenologie*, (Vorlesung, SS1927), Hrsg. von F. -W. von
Herrmann, (Frankfurt/Main: Klostermann, 1975), p. 43。

[69] 參見 Kant, *Vorkritische Schriften II, KGS,* Band II, p. 76。

而，假使該概念藉以產生的綜合之客觀實在性並無特別的證明（dargetan）的話，則該概念大有可能是一空洞的概念。而正有如上面所曾指出一般，這些證明在任何情況下都是建基於可能經驗底原則之上，而不是建基於分析的原則（即矛盾律）之上的。這乃是一項警告，叫我們不要自概念之可能性（邏輯的）立刻便要推論到事物的可能性（實在的）上去。」⓻

此中，康德明確地區別了邏輯可能性與實在可能性，並把這一區分表達爲概念可能性（Möglichkeit der Begriffe）與事物可能性（Möglichkeit der Dinge）之間的區分。如果把這一分別應用到較早引述康德認爲 Noumena 作爲一「思想事物」之概念雖然不矛盾，但仍「不能算入一些可能性之列」這一主張的話，則道理便非常清楚了。康德其實不外是說：邏輯上「並非不可能」不等如說事實上爲「可能」。用康德斬釘截鐵的一句話表之：「一事物之可能性永遠不能單單透過其概念並非自相矛盾這一事實去獲得證明，而只能藉着某一些相應的直覺之支撐而獲得證明。」⓼

綜合以上的申論，我們乃可以就 Noumenon 一概念之正面意涵作如下總結：我們固然可有所謂 Noumenon 一概念，並於此一概念中構想其爲「在其自身」。就其並不涉於邏輯矛盾而言，這樣的一個概念當然地是可能（邏輯地）的。然而，我們並不能由此概念中的「自如性」而證明 Noumenon 有事實上之可能性。如果我們或以爲可以辯駁說：「啊，Noumenon 於概念定義上本來就有不能由感性直覺所掌握之意涵。我們卻大可以設想此一 Noumenon 的領域可以爲一非人所有的而是屬於智性的直覺所掌握！」面對這種駁議，我們只要仔細

⓻ 《純粹理性之批判》，A597/B625。

⓼ 同⓻，B308。

設想一下，則情況其實依然無大改善：正如概念上的 Noumenon 並
非邏輯矛盾一般，智性直覺之存在或一具有智性直覺能力之存有（上
帝）之存在當然亦同樣是邏輯地爲「可能」的。只不過，無論我們再
如何努力地從正面去設想 Noumenon 之意涵，我們始終都只不過是
「想當然」地在概念世界中去努力而已。而概念世界中之可能性永遠
只能在概念世界中生效。只要一朝未有感性直覺的印證，我們將一直
不得肯定概念中之任何可能內容爲存在的。人類誠然可藉其想像力自
由地組織概念，這些概念構作固然在許多方面可以對吾人而言有豐富
的意義。然而存在永遠是不能由概念決定的。若果吾人罔顧於這一個
基本原則，營役於概念世界而自以爲對存在有任何掌握的話，「則我
們似乎取得了勝利，但事實上等於什麼都沒有說。」❷

(四)本體概念之反面意涵

1.本體作爲一「界限概念」（Grenzbegriff）

綜上所述，Noumenon 雖然於概念上可以作一正面的考慮，然
而，由於此一正面意涵早已離開了人類的認知範圍之外，乃只是「有
義無指」的。於是經過這一淘汰之後，康德 Noumenon 的反面與正
面兩種意涵中，需要考慮是否對應於吾人知識的，便只剩下「反面」
意涵一項了。所謂「反面」意義的 Noumenon 乃是指「Noumenon
並不是吾人底感性直覺之對象」這一態度。 在康德立場下，「去思想
（denken）一對象」與去「認識 （erkennen）一對象」是完全兩
回事❸，前者只純屬概念中的事，只要一對象不至成爲一個自相矛盾

---

❷ 同❷，A597/B625。
❸ 同❷，B146, B165。

或自我否定的「非物」(nihil negativum, Unding) ❼的話，此一
「對象」便即能被思想，然而，當我們談論的，並不是此一較鬆散意
義的「思想對象」，而是要談論嚴格意義的對象 ——「認知對象」❼ ——
的話，則康德的態度是：我們不能單倚賴思想或理解，而得同時徵信
於兩大認知要素中的另一個關鍵性的部分 —— 感性直覺。從這一角度
看來，顯然地，所謂 Noumenon 之「反面」意義其實完全是從人類
認知之角度出發而構想的。此一「反面」意涵之所以為「反面」，正
因為它並不指定 Noumenon「是」什麼，而只指定其「不是」什
麼。

　　然而這一反面之約定到底對吾人之經驗知識而言有何意義可言
呢？此中的答覆是非常富於辯證色彩的：當康德指定 Noumenon
不是經驗感性直覺之對象時，其實即同時表示經驗感性直覺不能以
Noumenon 為對象。然而，我們已指出 Noumenon 正面的意涵雖
非邏輯不可能，但卻絕不能對於經驗（經驗實在性）之認識有任何正
面的關連。於是康德乃終於逼出一重要的結論：第一：「Noumenon
只能以一反面意涵被了解」❼。第二：Noumenon 此一「反面」意涵
的唯一功用乃是要回頭限定感性直覺經驗所「不可能是」之「領域」。
如果我們留意 Ding an sich 一概念在第一批判中的用法時，我們便
可以發現，康德從不正面說 Ding an sich 是什麼，而大都是在談到
「經驗實有」時，說 only as they appear to us and not as
they are in themselves, 或 only as appearances and not as

Things in Themselves……。換言之，廣義言之 Ding an sich 或 Noumenon永遠不能於認知上有任何正面內容，而永遠只能「反面」被使用，但透過 Noumenon 或 Ding an sich 此一「反面」之使用，那一對康德而言爲經驗地爲實在 (empirically real) 的感性經驗領域卻獲得了一「限制」。這一「限制」之施行，結果便成爲了本身爲「空洞」的 Noumenon 概念的唯一效用了。

基於這一原因，康德乃把 Noumenon 指定爲一「界限（限制）概念」(Grenzbegriff, 英譯 limiting concept〔sic〕)。在「現象與本體」一章裏，康德指出:「Noumenon 乃因此只是一界限概念，而其功能乃是在於對感性之無理僭越予以限制約束，因而只能作反面之使用 (Noumenon ist also bloß ein Grenzbegriff, um die Ammaßung der Sinnlichkeit einzuschränken, und also nur von negativem Gebrauche.)」**❼**。在「反省性概念之誤用」一章，康德又說:「由是觀之，理解爲感性劃定界限 (Begrenzt)，而本身卻不因此而把它自己的場域予以拓展，並且……它警告 (warnt) 了後者（按: 指感性），讓後者不要自我僭越地涉足於物自身，而只純然踏足於現象之上……」**❽**。

經過以上申論，物自身或本體等概念之所以被稱爲一「界限概念」和此一「反面」意義下的物自身或本體相對於人類知識的約束功能均顯露無遺了。但是，我們仍要對康德就Noumenon一概念所作之另一說法作一交待。這就是以 Noumenon 作爲一 Problematischer Begriff 這一問題了。

---

❼ 同❻，A255/B310-311。
❽ 同❻，A288/B344。

2.本體作爲一「權宜概念」(Problematischer Begriff)

Problematischer Begriff 乃是康德哲學整體而言的一個極重要的方法學術語，它不但於第一批判中重要關鍵上被使用了三十餘次 [79]，而且於第二批判以後的討論中，繼續發揮了極重要的理論功用。面對一個如此重要的術語，我們最好暫時先不要透過任何中譯去作反省及討論，而只務求從第一批判原典中康德以 Noumenon 爲一 Problemstischer Begriff 這一態度入手去掌握所謂 Problematischer Begriff 的網絡意義 (Contextual Meaning)；經過此一意義之掌握後，才回顧考慮應如何以漢語去表達此一艱澀的用語。

其實，當我們一旦掌握了 Noumenon 作爲一「界限概念」之後，Problematischer Begriff 的意義便已經呼之欲出，或甚至早已經躍現於當前了。簡單地說，Problematischer Begriff 與「界限概念」(Grenzbegriff) 不單只涉及同一個問題領域，而且甚至可以說是兩個同義詞。

首先，讓我們從字源學 (Etymology) 上察看。"Problematic" 一字爲導源於 Problem 固然是很明顯的。一般西方語文中的 Problem（英法德三種主要歐洲語文皆然），我們大都把它了解爲「問題」。然而，「問題」這一了解其實只是 "Problem" 的一個導生 (Derivative) 意義。Problem 一字本出自希臘文中的 πρόβλημα；而 πρόβλημα 又可分解爲兩個更基本的根 πρό 和 βάλλειν, πρό 解作「前」或「向前」之意，βάλλειν 則是「投擲」之意。兩字拼合成爲 προβάλλειν 這

---

[79] 可參見 Gottfried Martin, (hrsg.) *Sachindex zu Kants Kritik der reinen Vernunft*, (Berlin: de Gruyter, 1967), p. 217. Problematisch 條。

一動詞便已具有許多豐富的意涵（其中如攻擊、責難等等），然而這些意涵都來自「向前投擲」這一基礎意義。當 $\pi\rho\sigma\beta\acute{a}\lambda\lambda\varepsilon\iota\nu$ 一動詞變爲 $\pi\rho\acute{o}\beta\lambda\eta\mu\alpha$（problema）一名詞以後，意義便更顯複雜。$\pi\rho\acute{o}\beta\lambda\eta\mu\alpha$ 的許多解釋中包括了傘、防禦力、防禦工事、矛、責難、headland、promontary（山岬）；此外還解作籬笆、欄干、屏障、屏風等[80]。總括而言，$\pi\rho\acute{o}\beta\lambda\eta\mu\alpha$ 一名詞是順着「前投」之原義而解①一些向前突出的東西，和②一些被置於吾人當前的東西。所謂籬笆、欄干、屏障等當然是指第二個意思（現代歐洲語文 Problem 一字解作「問題」，亦不外指其爲一些「置於吾人當前而有待解決的東西」而言者）。而無論籬笆、欄干、屏障，乃至防禦工事（ Bollwerk ）等「被置於吾人當前的東西」實皆是某一意義的「界限」。於是 Problema 與 Grenzbegriff 中的 Grenze（即「界限」解）於意義上之通貫性乃便十分明顯了。也因這一原故，最低限度我們於字源學上可以申明：Problematischer Begriff 與 Grenzbegriff 實乃爲同義詞。

再進一步，我們又可以自康德理論網絡中看看所謂 Problematischer Begriff 與 Grenzbegriff 到底是否處理同一些課題。在康德的用語裏，Problematische 本來是「判斷表」中的三種模態判斷中的第一項[81]。然而以 Problematischer Begriff 作爲一種概念去使用卻是自「本體與現象」一章開始的。在提出了 Noumenon 具有

---

[80] 參見下列幾本字典：①*Langenscheidts Taschenwörterbuch der griechischen und deutschen Sprache*, Erster Teil, Griechisch-Deutsch, hrsg. von Hermann Menge,（Berlin: Langenscheidt, 1910/1956）；②*Griechischdeutsches Schulwörterbuch*, Hrsg. von Karl Schenkl,（Wien: Carl Gerold's Sohn, 1897）；③*Greek English Lexicon*, (ed.) Liddell and Scott,（Oxford: Clarendon, 1889/1972）。

前述反正兩面意涵以後，康德忽提出了Problematischer Begriff，並以之加入疏解 Noumenon 問題之行列之中，康德說：「我所謂的 Problematischer Begriff，是指一個『本身』不涉及矛盾的概念，此一概念爲著要對某一些給予的概念作出限制約束 (Begrenzung) 而得與另外的一些認知 (Erkenntnisse) 相關聯，而這一概念之客觀實在性又卻無任何方法得以被認識者。」⑧ 在這一界定中，康德謂其所期待的 Problematischer Begriff 之客觀實在性不能被認識，那麼，在比較之下，Noumenon 當然也是不能被認識的；所謂自身並不矛盾，然則，依較早的討論，Noumenon 當然也是邏輯地不矛盾的；所謂要對給予的概念予以限制，此中所謂給予的概念是指「範疇」（這從這一段話Ａ、Ｂ兩版前後比對可以決定），對範疇去約束也同時即是對經驗知覺之約束〔我們千萬不能忘記，在康德哲學中，感性知識 (Sinnliche Erkenntniß) 乃同時由感性直覺與範疇於一統一運作的圖式程序中所共同決定的。所以，說對「範疇」約束和說對感性 (Sinnlichkeit) 或對感性知識約束，其意義都是一樣的。〕於是，所謂 Problematischer Begriff 要對「範疇」約束，其實與作爲 Grenzbegriff 的 Noumenon 之對感性經驗約束實亦同一回事；

---

⑧ 在《純粹理性之批判》裏，Problematische 本與 Assertorische 和 Apodiktische 合而構成「判斷表」中的三種模態判斷 (A70/B95)，這三種判斷分別對應於「範疇表」中「可能性」、「實在性」和「必然性」這三個模態範疇 (A80/B106)，這三種判斷和這三個範疇，因爲是屬於「模態」(Modalität) 方面的，因此皆不涉及判斷內容，而只涉及判斷如何關聯於廣義而言的思想。它們其實分別涉及「投射思維」、「經驗知覺」和「邏輯推理」這三個心智運作領域。

⑧ 《純粹理性之批判》，B310，這一段文字德文原句之結構極爲艱澀難譯，大概Kemp Smith 的譯文亦有誤譯之虞，所以，如讀者覺得文意與一般英譯有出入，均應以德文爲準。

至於上引文所謂「因要行使限制作用而得要與一些認知相關聯」，此中所謂「一些認知」，似應指那些不屬於人類所有的，而屬「智性」的直覺，而這又是Noumenon一概念所最符合的。由是觀之，康德在此場合談論 Problematischer Begriff 時，乃指作爲 Grenzbegriff 的 Noumenon，其理甚明也。

康德跟著又說:「Noumenon 這一概念，倘若予以 Problematisch 地了解的話……不單只是可被容許的 (zulässig)，而且，它作爲一個對感性予以約束限制的概念而言，乃是不可避免的 （Unvermeidlich)⑧。但是，在這一情況中，Noumenon乃並不是吾人底理解 (Verstand) 的一個獨特的智性對象 (Intelligibeler Gegenstand)。因爲，Noumenon 所屬的那一個心智（理解）本身卽就是一個 Problema ⑧，換言之，這一個理解並不是曲行地 (discursiv) ⑧ 透過範疇，而是直觀地 （intuitiv） 於一非感性的直覺之中去認

---

⑧ Unvermeidlich乃「不可避免」解, Kemp Smith譯爲 indispensible，牟宗三譯「不可缺少」，均誤。

⑧ 請注意，德文原文作 Problema，而非 Problem。Kemp Smith, Meiklejohn, Max Müller 三英譯均譯作 Problem，牟譯爲「問題」，均未能與原義盡符，理由詳後。

⑧ Discursive (德文: Diskursiv)是康德用語中最爲奧晦難懂的辭彙之一。加上 Discursive 一概念尚涉及許多康德哲學之外而與康德之用意有密切關連的問題，結果更增此一概念之奧晦。此一觀念底全面的處理，本當另文詳細申述，但由於此一概念涉及若干重要的基本了解，現在且就其梗概作一最簡要之說明。

㈠先就康德經典中 Discursive 之用法而論。康德《純粹理性之批判》中多次用 Discursive 一字時，皆使之與 Intuitive 相對。康德特別指出: 吾人之理解所獲得之知識皆爲 Discursive 的。又常強調: 理解知識之所以爲 Discursive，是因爲這些都是「透過概念 (Durch Begriffe) 而生」的知識 (A717/B745ff; A68/B93)。然則康德在那一意義下把概念知識稱爲 Discursive 呢? 在其《理則學》中康德有很明白之說明:「人

類知識自理解一面看是 discursive 的，這即是說，它是透過一些象表而產生 (geschieht) 的，這些象表透過如如的特徵 (Merkmale, Char-acters) 把衆多事物間之共通性變作爲知識之基礎 (Erkenntnisgrun-de)。」(參見 *Logik, KGS*, Band IX, p. 58) 康德又指出:「吾人一切概念皆是一些特徵，而一切思想皆不外是透過特徵而進行之象表活動。」(同上)，而作爲「知識基礎」之「特徵」(也即概念) 又復可以有兩種「使用」，一爲「內在的」「導生」(Ableitung)，另一爲「外在的」依於同異規則的「比較」(Vergleichung)。前者大底相等於概念 (範疇) 之超驗使用，後者則等於一般性概念之經驗使用。這個意義之下，可見 discursive 實即理解之運作方式。順這一意思，牟宗三譯 discursive 爲「辨解的」實有某一程度之依據。

㈠然而，以「辨解」去譯 discursive 雖然並不違背康德使用 Discursive 一觀念時的基本立場，但是卻不能解釋康德因何不用其它字而獨用 discur-sive 一字。換言之，說不定 discursive 一字還有更根本的涵義，而所謂「透過特徵」而達成之「辨解」乃要建立在 discursive 這更深刻根本之涵義之上的。就這一角度而言，勞思光譯 discursive 爲「曲行的」實較爲恰當(參見勞著《康德知識論要義》，香港友聯出版社)，此外，參見勞著〈卡西勒爾文化哲學述要〉，見《民主評論》卷五，二十四期，p. 24。查 discursive 一字是與 intuitiv(直觀的)相對者，discursive 來自拉丁文中的 discursivus, 和 discurrere, 牛津字典解作"Running Hither and Thither"，即往返而行之意，因此「曲行」極爲切合原義。然而，作爲 discursive 的根本義的「曲行」，到底與概念思維或「辨解」有何關連。蓋「曲行」是相對於「直行 (觀)」而言，它可以表一種「間接性」(Mittelbarkeit)，即指思想之不克直接產生對象，而只「間接地」(曲行地)作用於某一意義的「被給予」之上而構成對象。這些被給予的，一般言，就指「雜多」，這些「雜多」並不直接出於吾人，蓋雜多之最後源出問題對吾人而言是不可決定的 (B145)。也正因爲這原因，康德乃把「思想」所作之「判斷」活動稱爲「對一對象之間接知識 (Mediate Knowledge)」(A68/B93)。——然而，「曲行」一觀念除了康德用語中所指的涉及理解之概念知識活動一意義外，其實尚涉及許多更爲重要的哲學問題。其中最重要者如下:「曲行」其實不單只爲理解之活動模式，而且更是思想一般之基本模式。而所謂「曲行性」，應同時可說明 Discourse, Dialegesthai/Dialectic, Reflection 等觀念，蓋上述這些觀念於開展之時，都或多或少地涉及某一意義之「曲行性」的。康德談論人類理性之

超驗辯證時所列出之一切辯證方式均可歸納爲一些 Syllogistic 的方式，而這卽就是某一意義的「曲行」的方式。不單康德系統中是如此，卽使在康德以前古希臘的各種「辯證法」，乃至康德以後黑格爾之辯證法，無論這些「辯證法」是只有「破壞性」(Tollere) 用途（例如 Zeno 的 Reductio ad Absurdum 和一般辯士學派的 Elenchos）抑或兼具「提升性」(Elevere) 用途（例如柏拉圖晚期的和黑格爾的辯證法），然而各種出於人類理性之辯證法之皆爲「曲行的」卻十分明顯。

㈢以上說明了概念思維之辯證乃至思想一般之辯證皆具有某一義之「曲行性」，然而我們又可進一步追問：思想之「曲行性」到底代表了什麼意義？要回答這一問題，我們當要接觸一更基本之課題。總括言之，所謂「曲行」是根種於「人類」之意識活動乃至人類自身之「有限性」之上的。正因爲人之「有限」，「人知」乃不能如一假想中的「神知」一般無往不利地和「直接」地施行，而只能在一定之「限制」之中開展。從知性（理解）之辯解活動一面看，知性理解只能順着一些非由知性直接產生之雜多而「間接地」建立對象；從理性之思維活動一面看，理性只能「反省地」(Reflectively) 轉折於種種片面之理解之中尋求一思想內部之調配 (Regulation)，因此可言人類之意識活動之所謂曲行，皆就此意識活動之被限制一面而言。因此，對康德來說：人類之理解必定是一曲行之理解 (Diskursiver Verstand) 而不可能是一直行（觀）之理解(Intuitiver verstand)。朝着這一方面考慮，我們不難發現，儘管康德屢次使 Discursive 之思想與Intuitive之直覺（觀）相對揚，但是，這並不表示「直觀」卽就可以無條件地能直接決定對象者。尤其是當我們談的是「人類」的直覺的話，則更應指出，「直覺」相對於「思想」雖然在某一意義上較爲「直接」，但是就其乃人之直覺而言，它同樣地是處於限制之中的。人類直覺之限制卽在於其只能使用於能夠呈現於感性之時空格度之予料之上，而「不是原生的 (not Original)，卽是說，不是一種本身卽能提供其對象之存在的直覺」(*K. d. r. V.*, B72)。因爲顧及「人」之有限性問題，康德乃特別提出「導生的直覺」(Intuitus Derivativus) 與「原生的直覺」(Intuitus Originarius) 之分別。這兩種直覺分別對應於「依待之存有」(Abhängiges Wesen) 與一「原始之存有」(Urwesen)。前者指人，而後者卽指上帝。只有上帝能夠單憑智思而「直接地」構成對象之存在（只有上帝可有所謂的智的直覺，Intellektuale Anschauung），人之所謂「直覺」在這一比較下，卻絕對不「直」，而只能「間接地」透過感性之被「影響」(Affiziert) 而「委曲地」展開。由此看人之「直覺」，實在「直中有曲」，而此一切之原委，皆在於人之「有限」與人之必要認定其自身之限制之故也。

識其對象的。這樣的一個心智（理解）（按：卽與 Intellektuelle Anschauung 互爲表裏的 Intuitiver Verstand）是吾人所絕對無法想像得以企及爲可能的。」⑧

在這一段引文中，有興趣的問題有三點，第一：康德再度申明了 Noumenon 概念乃一 Problematischer Begriff，和再提出了此一概念之反面的限制功能。第二：康德於言及感性之限制之同時，於引文後半段其實同時透過另一種非感性的，直觀的理解（姑稱之爲「直觀性理解（心智）」(Intuitiver Verstand) ⑧對那屬吾人所有的，得曲行地使用範疇去與本爲異源的感性直覺共同構成知識的「人類理解」予以限制。這說明了不久前我們所謂的，對範疇（人類理解）限制與對感性知識限制乃同一回事之理。第三，也是最饒有興味和最令人費解的：Problematischer Begriff 或「界限概念」本來固然是 Noumenon（本體）概念的一反面使用。上引文中於闡論此一反面意涵的 Noumenon 時，忽然又提出一與「智性直覺」相表裏的「直觀理解」；我們應知道，所謂「智性直覺」或此中的「直觀理解」本乃Noumenon一概念底「正面」意涵所暗示之感知者。然而，最奇怪的，是康德於自「反面」意涵引出其「正面」意涵之餘，立刻又再指出「直觀理解」本身也是一 Problema，換言之，再以一「反面」意涵去把自「反面」導出的「正面」意涵擊返。總而言之，Noumenon 自其反面言，只爲一 Problematischer Begriff 或限制概念，它只負責限制感性經驗之「不是什麼」；在正面言，我們可於概念上構想 Noumenon 可以是「智性直覺」或「直觀理解」之對象，然而，這一項構想之立足點本身亦是一 Problema。若要眞正徹底洞悉康德此

⑧　參見《純粹理性之批判》，A256/B311。

⑧　參見⑯。

中之所說的一切，我們必須再對 Problema 和 problematischer Begriff 作最後的說明。

如上所言，Problem 一般解作「問題」乃一導生的用法。「問題」這一解釋於一般場合當然是可以成立的，但在哲學反省討論中，以一導生的意涵去作基礎，當然往往不能盡達原意。事實上，康德於《純粹理性之批判》，尤其是在「超驗辯證」中多次用 Problem 一字，無論對英語或對德語讀者來說都是十分費解的，然而由於 Problem 一字本來有一希臘原字之根據，則讀者是否能自 Problem 一字讀出其絃外之意乃是讀者本身之責任。但如果我們於譯成中文時把 Problem 都一律譯為「問題」，則那些只能倚賴漢譯的讀者便從此與原字原義絕緣了。

更有甚者，上文康德所用的甚至不是 Problem 一字，而是 Problema，則康德便更明顯地不希望讀者只從 Problem 的現代用法去了解其中的意旨了[⑱]。連帶而言，出自 Problema ($\pi\rho\acuteο\beta\lambda\eta\mu\alpha$) 的 problematischer Begriff 亦不應以「有問題的概念」之類的方式去翻譯和理解了[⑲]。在這一類困難的翻譯問題面前，除了字面上的依據外，最好能把字源上和理論網絡上的依據同時參考。基於多種考慮，我們以下可以提出以「權宜」去譯 Problem 或 Problema，而以「權宜的」去譯 problematisch。這一項提議，或許不單只能局

---

⑱ 很可惜地，Kemp Smith, Meiklejohn, 和 Max Müller 三個主要英譯本在處理《純粹理性之批判》中這個絕無僅有，只出現一次的 Problema 一字時，一律譯為 Problem。牟宗三的漢譯裏，當然 Problem 或 Problema 一律譯作「問題」。

⑲ 勞思光先生《康德知識論要義》，p. 163，譯作「成問題的概念」。牟宗三先生中譯本則把 problematischer Begriff 一律譯為「或然的概念」，大概很容易誤導以為是英文裏的 probable。合更正。

部地解決一個個別的翻譯問題，而甚或可以對本文全文主題，也卽對康德於「現象」與「本體」之間所作之對揚之眞正意旨作出基本的釐清。

什麼是「權宜」或簡稱的「權」呢？此中所謂「權」當然不是「權力」之「權」，而是佛家所謂「權實（二敎）」、「權方便」、「權巧」、「權敎」、「權智」、「權謀」等術語中之所謂「權」。佛家中的「權」，在一般情況下均是與「實」對揚使用的。我們不妨先自《佛學大辭典》中，節錄一些與「權實」問題直接或間接有關的條目作一省察：

「權」（術語）對於實之語。方便之異名。暫用之而終廢之者。

「權實」（術語）適於一時機宜之法名爲權，究竟不變之法名爲實。止觀三下曰：「權謂權謀。暫用還廢。實謂實錄。究竟旨歸。」……

「權謀」（雜語）方便之異名。應於便宜而假施設事物也……

「權智」（術語）達於諸法之實相，爲如來之實智，達於諸種之差別，爲如來之權智。實智者體，權智者用也。如來成佛之本體，在於實智，一代敎化之妙用，存於權智❾⓿。

當然，我們引用了佛學中「權」一概念，並不是說「權」與康德的 problematischer Begriff 爲完全等同。康德哲學無論在精神上與方法乃至境域上都與佛學有異是不待言的。此外，最重要的，佛學所言之「實」與康德所言之「實」亦明顯地大異其趣。佛學之「實」乃一空靈的「覺悟」境界，其與康德作爲「經驗實在性」之「實」很明顯地是迥異的。然而，從類比（per analogiam）的觀點看來，我們卻很明顯地看到「權」與 Problema 足以彼此印證。首先：佛家與

❾⓿ 參見丁福保《佛學大辭典》各有關條目。

康德都強調「權」「實」對揚。其次撤離具體理論細節中雙方的「權」
與「實」都不盡相同這一點不談，最低限度，雙方都同意「實」才是
根本，而「權」只是暫用的方便設施。其三，雙方都賦予「權」（或
problematischer Begriff）一定的「教導」意義。例如佛學有上引
的「敎化妙用」，康德亦曾把 Problematisch 的理性概念稱爲一些
「啓導性的杜撰」（heuristische Fictionen）❾。而其作用皆在於
藉着「差別」（或「界限」）去把某一意義的實在的領域拱托出來。基
於種種原因，在沒有更好的選擇的情況下，和最重要的，在掌握了康
德現象本體對揚之眞正理論網絡以後，我們乃可說：在康德哲學中，
由人類有限的直覺和有限的理解所共同決定的可能知識領域（也卽現
象）乃是一「實在」的領域，也是對吾人而言唯一眞正爲實在之領
域（雖然，此中之實在並非終極實在而正正只是那如如地屬於吾人之
經驗實在）。至於「物自身」或「本體」一「領域」，嚴格言，根本不
是一眞正的領域，而是有義無指的一項「權宜」概念，並且根本沒有
其假想以爲然的「實在性」可供正面談論的。事實上，康德在《純粹
理性之批判》裏甚至指出，不但 Noumenon 一概念本身是一個「權
宜」的概念，而且，甚至所謂現象與本體這一項「區分」本身，亦因
爲不過是一項權宜之舉，而根本不應「正面」地被了解。康德說：「把
對象辨別爲現象與本體，和把世界辨別爲一感性世界與一智性世界這
一項區分（Einteilung）乃因此根本不能以正面之意義被容許……
（kann daher in positiver Bedeutung nicht zugelassen
werden…）」❾。換言之，整個區別其實不能增加吾人「知識」於分

<hr>

❾　《純粹理性之批判》，A771/B799。
❾　《純粹理性之批判》，A255/B311，其中「以正面之意義（in Positiver
　　Bedeutung）」幾個字於A版中闕如，B版出版時由康德增插句中。

毫，而其實只能權宜地逐步顯出對吾人而言之唯一實相——有限的經驗現象。難怪康德在談「正面」意涵的 Noumenon 時，提出了某一意義爲具有無限的或不待緣的「智性直覺」或「直觀理智」時，還是反咬一口，說此一「直觀理智」（也卽某一意義的「上帝」）本身還不過亦是一項「權宜」（Problema）了。無疑地，一切吾人所謂的「無限」都是自「有限」出發去企待的！而因此之故，人之有限境域才是對人類而言之唯一「實相」！

四、結　語

在引言中，我們舉出了巴門尼底斯和柏拉圖的「兩世界觀」作爲討論的起點。經過多層討論，我們已經很清楚看到，巴門尼底斯爲肇始的一個形上學傳統於其二分世界中把現象某一義地了解爲虛妄，而以一在其自身之「他世界」爲實在。討論亦清楚地顯出，康德直認爲當下屬於吾人所有和呈現於吾人意識中的經驗現象世界本卽就是「眞實不虛的」。而如果吾人（有如柏拉圖一般）硬要把這一世界弄得變爲虛幻，則這是「自作孽」（selbst schuldig）❾。對於康德而言，那所謂客觀地在其自身的「他世界」，歸根究竟而言，反皆都爲權宜而設立者而已，而皆無實相可言。

然而，理旣如此，人類卻又何以要用一堆又一堆本來只有權宜作用的語言去顯示實相呢？又何以有許多人活於權宜之中，卻把權宜當成實在，而倒把實在指爲虛幻呢？是否因爲有人把當下的實在否定，而迷執於一他世界之自如的實在，才有必要由有慧識者去辨別和辯明權實之本末或末本關係呢！一旦有慧識者辯明了權實之後，是否迷執

❾　參見❹。

便從此可以消滅呢？透過這許多「問題」的提出，我們大概會猛然醒覺，這許多許多問題其實都是由「人」產生出來的問題，都是廣義言的「哲學人類學」的問題❹。

在「現象與本體」一章開始的一段中，康德舉了一個為眾人熟悉的「海島的比喻」。他把海島和島上的陸地喻作現象，而把島外波濤洶湧的大海比喻作本體。並把前者稱為「眞理之國度」而把後者稱為「幻相之泉源」。但「海島之喻」最重要之隱喻焦點其實並不在於海島或大海，而是在於「那一羣永遠懷抱着空洞的希望的，於無法完成其工作之餘又永遠無法撒手的冒險的航海者」❺身上。

佛學權實之辨中，固有以權為「暫用終廢」之說。所謂暫用終廢，大概是指一旦假以權宜之為用，而得覺悟實相之後，權宜便可廢除之意。然而，佛學亦有「一念三千」、「念念生滅」之議論。「權智」能否眞正「終廢」，其實是頗存疑問的。把這問題放諸康德哲學中看，我們亦同樣可見到，康德根本不認為作為理性幻相之形而上衝動是可以根絕的。在《純粹理性之批判》接近尾聲的一刻，康德以罕見的感人筆觸道出了這一番感慨：「……人類的理性，基於其辯證的本性，是永遠無法遺棄這樣的一門科學（指形上學）的。……我們終將要一再地回到形而上學的懷抱中，正好像我們之終將要投入一個與我們離異了的愛人的懷抱一般。」❻

---

❹ 關於康德哲學中的「哲學人類學」這一基本面相，近年已日益受到重視。可參看 Martin Heidegger, *Kant und das Problem der Metaphysik* 一書的第四部分；此外英語界有一本很淺近入門的書可供參考：Frederick P. van de Pitte, *Kant as Philosophical Anthropologist*, (The Hague: Nijhoff, 1971)。

❺ 《純粹理性之批判》，A235-236/B294-295。

❻ 同❺，A850-851/B877-878。

　　再者，當康德的權實辯解完成以後，是否一切「權宜」的便被貶為虛幻呢？換言之，康德是否把柏拉圖二分世界之價值分配單純地顛倒過來而已呢？這問題的答案亦是否定的。「權宜」的本體雖然並不「真實」，而只是「實在」的現象之「權」，但這表示了一些什麼呢？本體現象之權實區別是一終極判斷嗎？

　　在察看本體與現象有權實之辨之餘，我們千萬不能忘記，現象雖為「實在」，卻還有一些東西比它更為實在的，這就是「人」了。我們不是說過，現象之所以為實在，最重要的關鍵是因為其「與人之相關性」（Menschenbezug）嗎？由是觀之，一切權宜性的觀念活動，就其乃是出於人類的某一種向度的活動而言，便都具有不可抹煞的價值了。在《純粹理性之批判》後半部的討論中，康德把權宜概念之使用與人類思維底軌約性（regulativ）功能❾，與人類思維的「系統統一性」或「投射統一性」（projektierte Einheit）❾，和與構成人類世界觀之「啓導性杜撰」（heuristische Fictionen）❾相提並論，即就是一些很好的顯示。

　　到了「實踐理性之批判」以後的階段時，由於康德處理的已不再只是客觀經驗知識的問題，而是一人類得以自律自決的行為領域的問題，康德乃轉而把人類之行為實踐上的自由視為 Ding an sich 或 Noumenon。並提出說：在實踐的場合上，本為「權宜」的概念得以成為「確斷的」（assertorisch）。一基於自由而於行為上自律的人成為了「本體人」（homo noumenon），相反地一只追逐於感性與官能現象刺激的人乃成了「現象人」（homo phaenomenon）

---

❾　同❾，A647/B675。

❾　同❾，A644/B675。

❾　同❾。

⑩。權實之份位乃又再劇變。這種種問題當然不是於一篇文章的結語中能詳細交待的。 然而, 這些問題的舉列, 畢竟顯出了最重要的一點: 一切有關本體與現象, 有關權宜與實在之討論, 其最終之旨歸, 皆在於人類之種種生命活動之上。早年的海德格的一句說話, 或許可以充當本文最恰當的結語:

「哲學如果只是一些自生命抽離的理論構作的話, 則它是無力的……。」⑩

---

⑩ 參見 Kant, *Metaphysik der Sitten,* in *KGS,* Band VI, p. 295。

⑩ "Philosophie als vom Leben abgelöstes, rationalistisches Gebilde ist machtlos.", 參見 Martin Heidegger, *Die Kategorien- und Bedeutungslehre des Duns Scotus* (1916), 是書被編入 *Frühe Schriften,* (hrsg.) F. W. von Herrmann, (Frankfurt/Main: Klostermann, 1972), p. 352。

論歷史心魂

——《思光少作集》代序

一

中國是一個具有悠久歷史的國家，這一點作爲中國人的我們相信鮮有懷疑者。說不定我們之中有許多人還曾經爲自己國族之悠遠而感到某一程度的自豪。誠然，自有記載以還，中華民族少說也有幾千年歷史了。然而，怎樣才算是歷史呢？是否幾千個寒暑無間地歷過便卽能構成所謂歷史呢？這是一個很值得深省的問題。

許多年前的一天，我偶然在野外看到一塊顏色斑爛的石頭，檢視良久之餘，竟發爲冥想：這樣的一塊石頭，在自然界中本來最不足道，但是卽使這區區的一塊石頭大概亦曾經歷過不少歲月，而其所歷歲月之久，相信絕不讓於中國所號稱之悠遠。然而，我們能說這塊石頭有它的歷史嗎？我認爲答案是要分兩方面說的。作爲山野中的一塊石頭，由於極偶然的機緣，一旦落在我手中，藉着我的觀察，這塊石頭確可以顯示其有一定的「歷史」。例如，我可以按照這石塊所處之地理位置和氣候環境推想其可能歷過之滄桑。再假如這一塊乃是喜馬拉雅山上的魚類化石的話，則它一旦被發現，更可參與成爲「大陸飄移」、「板塊學說」，乃至「造山運動」等理論的例證，從而構成地球的「歷史」。然而，從另一角度看，假如上述的石頭從未被發現，則

儘管它確曾飽歷許多風霜，它實在還是沒有所謂歷史可言的。因為，假如它從未被發現，則嚴格而言，它根本不可能構成任何關懷，更遑論「是否具有歷史？」一問題了。一事一物如要構成歷史，必定要加上人底關注這一成素不可。而石頭自己（《石頭記》中那一塊寶玉除外）是永遠不能提供任何對自己關注的成素的。從理論層面看，所謂歷史，乃是許多事物、事件與事態底意義彼此關聯的網絡。試問如果沒有人的成素，則那裏來什麼「意義」？而又更有誰來組織這些意義呢？由此可見，歷史如作為一涉及意義的學問而言，它的根源不在外界之事象，而在於人類自身。

如果「關注」乃是構成歷史的基本成素的話，那麼，人類最關注的，當然不是石頭或其他事物，而是人類自身之種種問題。事實上，只要翻開史冊，其所談的幾乎都是與人類自身之種種活動有關的。換言之，歷史本來可以有許多不同的對象，然而諸多對象中，人類自身的活動乃是最被關注的。由於一切關注皆源出於人類自身，因此歷史作為一門學科而言，主要不外就是人類對自己的存在所作的一些反身的(Reflexive) 省察。十九世紀末一位德國哲學家狄爾泰 (Wilhelm Dilthey) 便曾說：「歷史科學之所以為可能，其首要條件就在於我本身即就是一歷史性的存有 (ein geschichtliches Wesen)。那對歷史進行研究的，同時就是那在創造歷史的。」❶狄爾泰這一番話，寓意甚深。他很清楚的指出了歷史學之可能條件是在於人，而人之本性即是「歷史性」的。然而，什麼叫做「歷史性的存有」呢？這方面的

---

❶ 參見 Wilhelm Dilthey, *Plan der Fortsetzung zum Aufbau der geschichtlichen Welt in den Geisteswissenschaften: Entwürfe zur Kritik der historischen Vernunft,* (Frankfurt/Main: Suhrkamp, 1981), (STW 354), p. 347。

問題，在狄爾泰之後，海德格與葛達瑪先後發爲新論，創意良多。我姑且在此略爲談一談。

　　許多人談到歷史，大都有一種想法，以爲歷史所處理和關心的，乃純粹是一些「過去了的事實」；而歷史學的首要任務，就是把這些已過去了的事實客觀地和規規矩矩地重新組織還原。這就是所謂科學的或客觀的歷史學的態度。面對這一種態度，我們可以提出一連串的問題：歷史學上所謂「求客觀」是什麼一回事？所謂客觀，一般乃就知識對象之嚴格性而言，那麼，歷史知識之嚴格性又是否眞正可能？卽使可能，　則在抽除了歷史鑑閱者底觀點與角度這一「主觀成素」後，客觀的歷史資料數據是否能避免流於零斷支離？如果我們要爲歷史資料予以一定程度的連貫與組織時，是否眞的能完全撤除自己一定的（主觀的）觀點？最重要的問題是：如果治史非要求絕對客觀不可的話，那麼對於治史者作爲一個進行觀察之個體而言，治史之活動本身到底有何必要？

　　爲了要回答這一堆問題，　當代哲學家葛達瑪 （ Hans-Georg Gadamer）乃提出一連串的反省❷。他洞察到「客觀歷史」的想法根本上是把我們上述所謂人底「關注」這一構成歷史的基本因素忽略了的。換言之，卽使科學的歷史或客觀的歷史在某一程度上可以從事，但它顯然不是最根本意義的歷史。葛達瑪呼籲我們應把歷史之工作重新回置於人類的歷史生命中。他指出，人永遠是活在歷史之中，而不能站到歷史之外。吾人當下所使用的觀念、語言，所承受之制度、風尚，莫不是傳統（Tradition）的「傳貽」（Überlieferung）的結果。

---

❷　葛達瑪這方面的反省主要見於他的主要著作《 眞理與方法 》的第二部分。Hans-Georg Gadamer, *Wahrheit und Methode, Grundzüge einer philosophischen Hermeneutik*, (Tübingen: Mohr, 1975), 4. Auflage。

作為一觀察者而言，則人所藉以觀察之識見必因此一傳統之傳貽而囿於某一定的「界域」（Horizont）或「視野」（Gesichtskreis）之中。傳統的這一種歷史的影響作用，葛達瑪稱之為「影響遞嬗歷程」（Wirkungsgeschichte）❸。影響遞嬗歷程有一項主要的特色：傳統一方面無所不在地潛在影響，並一定程度地構成了當下吾人之視野，然而它卻絕對不會永遠把當下之我限制於此一視野界域之中。蓋「界域」只表示吾人自某些條件出發極目之所能見。然而，在一發展的歷程中，界域是絕對不會完全封閉的。相反地，吾人會因應於當前的種種挑戰而把自己原來得自傳統的視野開拓擴寬。在這一視野開拓（Erweiterung des Gesichtskreises）的過程中，吾人實即基於當前挑戰之需求而不斷地檢查自己的歷史。換言之，這種界域之開拓必落實於對當下視野所由出之傳統底批判性的回應之上。這也即是說，傳統一直潛在地塑造了當下，而當下也因此批判地回應傳統，正如葛代瑪所說：「眞正的歷史意識必定同時兼顧自己之當下……由於我們必須不斷地去考驗我們所有原先之所見（Vorurteile），所以，所謂當下之界域乃是處於一逐漸形成的過程中的。而這一考驗的最重要的部分就是與過去的接觸和對我們所由出的傳貽（傳統）的理解。當下之界域的構成，是絕對不能缺少過去的。正如我們根本沒需要把許多過去的界域分離出來一樣，我們也根本沒有必要去分離出一當下的（現在）界域。『歷史的』理解乃是這些似乎是孤立的界域底交融的過程。」❹此中，「界域交融」（Horizontverschmelzung）一觀念可以說把葛達瑪對「歷史」的慧解表現無遺了。由此看，歷史對吾人之為可貴的原因，並不因為它能為吾人提供一些過去的史實，而在於它本即是

---

❸ 參見 Gadamer, *ibid*, p. 284 ff。
❹ 參見 Gadamer, *ibid*, p. 289。

人類爲了面對當下的挑戰而對自己存在的構成條件加以反省與回應的過程。換言之，歷史之效用絕不只是對一些已過去的事跡的揭露，歷史乃是人類從現在的觀點對自己當下之所以然之「回溯」，這一些回溯一方面顯出當下的自己受傳統規限之所在，而另一方面也因而導出對這些限制之突破。換言之，歷史之效用，不只在過去，而更涉及當下。此中所謂當下，嚴格而言，更涉及未來……

葛達瑪對歷史底性質的反省固有其見地，然而，其立說背後其實還涉及更深一層的理論基礎。這一方面的討論，當代西方哲學家中，以乃師海德格發揮得最淋漓盡致。

「歷史」一詞或英文 History 一字其實均涉及幾種不同的意義。海德格（Martin Heidegger）把作爲一門學科而言的歷史叫做 Historie，而一般所謂過往事件之序列這個意義的歷史，海德格稱之爲 Geschichte。當我們說「中國具有悠久的歷史」時，此中所指的乃是第二個意義。而第二個意義的歷史乃是第一個意義的歷史的對象。作爲一門學科而言，Historie 乃是人類心智活動的結果，這是無須置辯的。而作爲歷史學對象的歷史，許多人或會以爲乃是客觀的事件序列。但是依照我們上面的分析，即使作爲事件序列而言的歷史，如果它要具有意義內涵和組織，則還是不能缺少人的參與因素的。如果沒有人的察閱，則過往的事件應如何排列，那些事件是因，那些事件是果等問題都變得是無關宏旨的❺。因爲把事件作一定的因果串連以構想之，本即就是人的工作。因此，海德格乃把 Historie 與

---

❺ 關於歷史中的「因果關係」與科學中的「因果關係」之迥異問題，勞思光先生＜歷史與歷史學＞一文論之甚詳。參見《民主潮》，卷四，第十三期，pp. 9-13。總而言之，歷史中之因果只是特殊事件之因果，以特殊故，故不能構成一普遍規律，而只是史家（人）識見「自認」之結果。

Geschichte 這兩種意義的歷史的最後根據都收入人的「歷史性」(Geschichtlichkeit) 之中。然而，爲何於衆生之中，唯獨只有人具有足以成就歷史之歷史性呢？要回答這一問題，我們便要回溯到海德格有關人的「存活特性」中去解釋。

海德格把人的存活特性確定爲「關注」(Sorge, Care, Latin: Cura)，而又把關注的具體展開樣式了解爲「時間性之時化」；並又指出，人的存在心態可大分爲「眞實自我性」(Eigentlichkeit)與「非眞實自我性」(Uneigentlichkeit) 兩種模式；因此，所謂時間性又可分爲眞實自我的時間性和非眞實自我的時間性。由於「歷史性」是建立在「時間性」之上的，因此，人的歷史性亦相應地可大分爲眞實自我的與非眞實自我的歷史性兩個層面。此中種種名相，在這篇序言中我不好意思說得太詳細❻。但總括來說，海德格所謂的「非眞實自我」乃指人逃避自我抉擇，耽於彼此因循，不能自己，以至於自我迷失 (Selbstverlorenheit) 的一面，而「眞實自我」則指人經過深刻的反省與抉擇後，「愼獨」的和「自我掌握」(Selbsthabe) ❼ 的一面。

❻ 這方面的討論，均見於海德格的主要著作《存有與時間》中，參見 Martin Heidegger, *Sein und Zeit,* 12. Auflage, (Tübingen: Niemeyer, 1972)。上列各種名相，本文作者在一篇叫＜海德格「存有與時間」一書的理論佈局＞的長文中，嘗試作較詳細的交待，該文即將要發表，敬請垂注；此外，亦可參見拙著: Tze-wan Kwan, *Die hermeneutische Phäno- menologie und das tautologische Denken Heideggers,* (Bonn: Bouvier, 1982)，特別是第三章。

❼ Selbstverlorenheit 和 Selbsthabe 兩個概念是海德格同代的現象學夥伴貝克 (Oskar Becker) 提出來解析海氏「非眞實自我」和「眞實自我」兩概念的。請參見 Becker 著 *Dasein und Dawesen: Gesammelte Philo- sophische Aufsätze,* (Pfullingen: Neske, 1963), pp. 89-90。

　　我們上面曾經指出，對許多人來說，歷史不外是一些「過去了的事實」。我們提出這種想法時，本來就抱着一質疑的態度，現在就讓我們從這裏深入的反省一下。

　　所謂過去，英文一般就是 the past (pass 的過去分詞)，而德文一般而言，亦只以 die Vergangenheit 一字去表達。而顧名思義地，它們的意思都指那已經擦身而過了的「不再」(nicht mehr, no longer)。德文中的 Vergangenheit 的由來，是把 vergehen 這一動詞之過去分詞 vergangen 抽象實詞化的結果，而 vergehen 本來就有「走過」的意思。然而，海德格基本上卻認爲眞實自我意義的「過去」及其「歷史」絕非如一般人所想像地爲「往而不返」或「如斯已逝」。他爲求顯出廣義言的「過去」尚有另一層面的意義，乃自創了 Gewesenheit 一字去表達他所謂的眞實自我意義的「過去」。

　　Gewesenheit 一字雖謂是海德格所首創，但其實是來自德文中最爲通行的 gewesen 一字。Gewesen 是 sein 這一動詞（即英文中的 verb "to be"）的過去分詞，因此，就相當於英文中的 been 一字，譯爲中文，就是「曾經」。然而，「曾經」（Gewesenheit）和「過去」（Vergangenheit）的主要分別在那裏呢？海德格認爲後者乃是「非眞實自我」層面的過去，乃代表一些被認爲是「已過去了」(by-gone, vergangen) 的往事。所謂「已過去」即指與當下現在再扯不上什麼關係的意思。而「曾經」則大大不同。「曾經」乃是「眞實自我」掌握中的過去，它的特性就是雖然過去，但並非往而不返。此中深意，我們可以從日常德語的「口語過去式」的使用習慣見其端倪。例如，德語口語中 Ich bin verliebt gewesen 一句話（逐字直譯: I am in-love been; 意譯: I have been in love）固然是表達我「以前的戀愛經歷」的。然而，句中的主動詞卻是由現在式

的 bin (am) 去連接其過去分詞 gewesen (been) 而構成的。於是，很明顯地，此中所談論的以前的戀愛經驗便不是單純地「往而不返」的 by-gone，而是一些我所曾經擁有，而當下還活現著的經歷。換言之，以前的經驗並不被目爲「逝去」，反而時刻被重新提取，置之於當下，以作爲當下之殷鑑。由此，我們可知海德格所謂眞實自我掌握中的過去或「曾經」乃是不失其與「現在」之關聯的。因而，眞實自我掌握中的歷史相應地也不單純地只關係於過往，而更涉及當下之考慮。然而，這還不是海德格對「曾經」或「歷史」底反省的全部。因爲對海德格來說，在眞實自我的生命中，「曾經」固不離當下，然而，「曾經」與「當下（現在）」兩者最後皆得建立於「未來」之上。

海德格把「曾經」、「現在」和「未來」三個眞實自我的時態之時化格式（或稱爲「踰出性向」（Ekstasen））分別稱爲「回省」（Wiederholung）、「當機」（Augenblick）和「〔死亡之〕預計」（Vorlaufen (zum Tode)）❽，並且還指出，在眞實自我掌握的生命情態之下，三個時態中以「未來」居於一主導的地位（Vorrang）❾。海德格的這種想法是如何建立的呢？簡單地說：人於生死幽冥之中，必須先警覺到人的一死乃每個人底最個人性的、最不可代行的和最不可逃避的可能事實。一旦人懂得以嚴肅的態度去正視一己之死亡，便能認識到一己「未來」之可能性底「有時而窮」的一面。這樣吾人方會珍惜未來。未來之「可能性」（Seinkönnen, Möglichkeit）邏輯上雖然可說是無窮，但是在死亡之「預計」之下，未來衆多可能

❽ 參見 Heidegger, *Sein und Zeit, op. cit.*, pp. 336-338; 此外見海德格 1927年馬堡大學夏季學期講稿*Die Grundprobleme der Phänomenologie*, (Frankfurt/Main: Klostermann, 1975), pp. 407-409。

❾ 參見 *Sein und Zeit, ibid*, p. 329。

中，始終只有有限的可能性會變成事實。我們如珍惜未來，就當要把
自己所要爭取成全之價值朝向未來的向度予以安排之或投射之 (Ent-
werfen)，並以此未來之投射為繩墨，去帶動及促使自己於當下作
「當機」的抉擇。而從前所「曾經」經歷的一切，亦當基於未來底投
射之故，得時刻「回省」之，不斷重新提取之❿，以為當下抉斷時之
殷鑑。而由於海德格認為真實自我底歷史性的根源本在於人底真實自
我的時間性之中，今既然真實自我的時間性是以未來為導向，因此，
海德格乃就所謂真實層面的歷史作了如下的判斷：「……歷史的真正
重點既不在於過去，亦不在於現在及其與過去之關聯，而在於『人』
存在底真實自我的開展，而『人』存在此一真實自我之開展乃是發源
自此有 (Dasein, 指人存在) 之未來的。作為此有的存在樣式而言，
歷史的根株於本質上是種植於未來之上的……」❶。

　　由此可見，我們上面就一般以為歷史不外只涉及「過去的事實」
這一態度之質難是確有其道理的。真正的歷史關懷絕非只是對史實的
一些純智性的吸取，而是一些踰越時代的胸襟與懷抱。作為一種對時
代之關注，它所關懷的，既不囿於已然之「過去」，亦不只限於過去
實然之「事實」；真正的歷史心魂必抱有對未來底可能性之期望，必
用心於未來「應該怎樣」的設計與投射。有了這一種「歷史」胸懷，
人類方能有真正肩負過去，察閱其中種種潛伏至今之問題，再勇而當
機地作出當下去向上之選擇，為未來的歷史創造新運。

　　相對之下，非真實自我的生命情態所表現的，是生命完全另外的
一面。海德格把非真實自我之「過去」、「現在」和「未來」三種時態

---

❿　Wiederholung 一字固可譯為「回省」，然而，就字面上解，wieder 乃
　　「再次」，holen 則乃「提取」。

❶　參見 *Sein und Zeit, ibid*, p. 386。

之時化格式分別指稱爲「遺忘／偶記」(Vergessen/Behalten)、「對象呈視」(Gegenwärtigen) 和「觀望」(Gewärtigen) ⓬。他並且認爲在非眞實自我的生命情態下，三個時態中以「現在」居於主導的地位。簡單地說：人只著眼於「今朝」(Heute) 所呈現的一切。人喜歡跟隨時下之潮流，其背後的心態就是要向大家所認同的認同，這一種於社羣中爲衆所認同的「權威」，其實根本不代表某一個獨特的人的立場，因此可以說是「非位格性」(Impersonal) 的。海德格把它稱爲「別人」(das Man, the They) ⓭，這一「別人」之所以爲衆

⓬ 參見 *Sein und Zeit, ibid*, p. 328, 353; 此爲參見海德格 1928 年夏季學期講稿: *Metaphysische Anfangsünde der Logik im Ausgang von Leibniz,* (Frankfurt/Main: Klostermann, 1978), p. 265 ff.。

⓭ Das Man這一個字亦是海德格所首創者，標準德文中只有 der Mann（解「男人」）而無 das Man。此外，小寫的代詞 man 一字，大概相等於英文中，用作爲 Impersonal Pronoun 的 "one"。然而德文 "man" 一字之內涵其實遠比英文中的 one 更爲含蓄曖昧。例如 Schöffler-Weis Deutsch-Englisch 字典就把德文中 "man" 一字同時解析爲 One, We, You, They, People 等多個代名詞。我個人認爲這許多解析中 People 或 They 應該是 "man" 最爲基本的解析，這也即是指中文所謂的「別人」或「人家」；而其他數義均是從「別人」這意義導生的。所謂「別人」乃指我以外不確定的其他別人解。此一「別人」處處對於「我」構成一種無形的威脅。例如當一雙情侶在一個不算太隱私的地方親暱時，女方很可能會講: Vorsicht, man sieht das, 此中的 man, 就是「別人」，也即英文中的 People。然而，比方說，假如在一群人中有人提議去搞一個什麼樣的玩意（如跳舞），則這群人中很可能有許多人隨口「和議」說: Ja, das kann man machen。此中的 "man" 卻變成了「我們」的意思。而在此一場合中，上述這句話的意思與 Ja, das können wir machen是完全相同的；而本來的「別人」之所以會變成爲「我們」，正好顯示出「我」已放棄自行決定的自由而向「別人」認同。又例如某甲做了一件使得某乙很看不順眼的事情，則某乙很可能會講: Ach! das tut man nicht, 此中某乙其實是在說「你不應該這樣子做」；而此中「別人」之所以變成某一意義的「你」，

人所接受，其實顯示了人們怠於向未來遠矚，不願意面對自己抉擇的
自由，而甘願耽於當下彼此之因循，和甘願沉湎於此一彼此因循所確
保之自在與安逸 (das Zuhause) 之中。於是，在一社羣中，大家都
怕遭受「別人」物議，於是大家都向「彼此」因循與認同，此一「別
人」乃得以根本不是一個「人」的姿態而反為駕馭了人羣。在這一種
所謂「別人的獨裁」(Diktatur des Man)之下，一切個體之創造性皆
可被「磨滅」(Einebung, Nivellierung)與「庸化」(Durchschnitt-
lichkeit, averageness)。 人們不用抉擇故， 也因此沒有未來之投
射，人們永遠只站在「今朝」之中， 活一天算一天，所謂未來，不過
是慣性因循下許多個「今朝」積累而成。人們根本不能掌握未來，而
只從今天「觀望」明天的來臨，讓明天的可能性自然而然地埋葬於每
天如是因循的實在性中。至於所謂過去，亦名副其實地眞的已經「過
去」了，已經被「遺忘」了。今天所做的，固無所謂抉擇，更無所謂
方向，今天過後，即成「已往」；如是，無數的今天亦自然而然地成
為被遺忘了的過去，再也沒有責任與承擔，也再也不能對當前的生命
產生任何影響。即使有時候過去的事情再次被想起，亦不過有如某一
天「偶然」於抽屜中找到的一張發黃的照片一樣而已。

　　這一種非眞實自我的時間性所引生的「歷史」，海德格稱之為「世

_____

是因為某乙以「別人」之規範去向某甲責成之所使然者。由是觀之，"man"
之意涵雖多，還是以「別人」作為基本意義較當。標準德文中， man 本來
只是代詞而非實詞，這是因為man根本不是一「個體」，今海德格之所以破
格把 man 實詞化而為 das Man，實即指此一本不代表某一人的 man 潛
在地卻完全駕馭了活生生的衆人。這也就是下文所謂的「別人的獨裁」的意
思。有關 das Man 的討論，可參見 *Sein und Zeit* 一書第二十七節，
p. 126 ff。

界史」(Weltgeschichte)**⑭**。這個名目, 既然與眞實的歷史相對揚,
我們乃有稍詳細談論之必要。我們指出, 眞實自我生命之特色在於瞻
前顧後間處處顯示一展望未來的方向性, 而非眞實自我的生命則只有
「今朝」, 既無展望, 也無回顧, 人生就好像由一些支離破碎, 卻又
漫無止境的「今朝」所堆疊而成一樣, 人們會迷失於當下, 迷失於人
羣之中, 不知「自己」爲何物。非眞實自我生命的主導乃所謂當前的
「對象呈現」, 而當下呈現出來的, 又可大分爲恒在義的「手前存有」
(das Vorhandene) 和器具義的「手邊存有」(das Zuhandene),
此兩者合起來又可稱爲「世中存有」(Innerweltliches Seiendes)**⑮**
或廣義而言的「環境」(Umwelt)。

　　非眞實自我的「現在」是缺乏與「未來」和「曾經」底縱向的關
聯的, 所以, 上述這些當前呈現出來的內容亦最多只有橫向的關聯,
而沒有縱向的關聯。而由於非眞實自我的「歷史」出自非眞實自我的
時間性, 所以, 海德格的所謂「世界史」卽以這些本質上只有橫向關
聯的「世中存有」或「自然環境」作爲其「歷史場合」(geschicht-
licher Boden) **⑯**。剛才我們說「世界史」缺乏一縱向的關聯, 但
是, 我們一般人所了解的「歷史」卻總還是有先有後、有古有今的,
何以說沒有縱向關聯呢? 就這一問題, 海德格乃解釋說: 一般人所謂

---

⑭　有關「世界史」的問題可參見 *Sein und Zeit* 一書第七十三及七十五兩節,
　　p. 372 ff, p. 387 ff。此中,「世界史」一詞乃海德格的專門術語, 專指他
　　所謂「非眞實自我」的或「自我迷失」的歷史。內中或有某一程度之貶義,
　　這其實乃是海氏爲求理論上之對揚而作的方便說。因此, 這並不表示世界上
　　許多治「世界史」的學者都是「自我迷失」的。因爲一位治「世界史」的史
　　家可以同時地也具有自我掌握的歷史心魂的。

⑮　參見 *Sein und Zeit*, p. 389。

⑯　參見 *Sein und Zeit*, p. 381。

的歷史固是有先有後、有古有今，但這不是眞實自我掌握下的縱向關係，而只是一層又一層當前的「世中事」的積疊，這種積疊不顯出一發展性，不展示一歷史之機運 (Schicksal, destiny)。因此，一般世人心目中的「世界史」或「歷史」就正好像他們自己底非眞實自我的生命一般：過一天算一天，過一年算一年。所以「世界史」雖有「年系」，但是和眞實自我掌握中的「歷史」比較起來，它還是「零斷失根」的 (Zerstreung)和「缺乏通貫性」的 (Unzusammenhang)。這就是一種非眞實自我的歷史感。世人不待研習「歷史學」(Historie)亦可有茫茫然覺得自己厠身於一「歷史」或「世界史」之中的感受。然而，這種非眞實自我的歷史感卻最容易使人迷惑或甚至迷失。人們雖覺得自己被糾纏於歷史之中，但卻一方面對自己的由來冷漠，另一方面也渾然不知自己將何去何從。正如人底非眞實自我生命會迷失於「別人」之中一般，海德格也指出世人亦可以迷失於「世界史」之中❼。

　　如果有學者把這種意義的「世界史」主題化加以研究，便產生一般所謂客觀的「史學」研究，也即 Historie 了。然而，從海德格的觀點看，即使「客觀歷史學」有一定的學術性與知識性，但是在一終極關懷之要求下，它始終是零斷的和缺乏通貫性的。康德談哲學之本質時，便曾把哲學分爲學院意義的哲學 (philosophia in sensu scholastico) 和世界意義的哲學 (ph. in sensu cosmico) 兩個層面，前者以智性之「機巧」(Geschicklichkeit) 爲依歸，其價值乃永遠是懸空的；而後者所關心的乃是人類理性之終極目的，因此對於人類之存在而言，乃有眞正終極的「妙用」(Nützlichkeit)

---

❼　參見 *Sein und Zeit*, p. 390。

⑱。康德這種分別其實亦同樣適用於海德格所謂非眞實的與眞實的歷史間之分別。歷史畢竟乃是人的學問。作爲一門科學研究的「歷史學」固有一定之學術意義，然而卻並不是歷史的最終極根源。徒知「科學地」治史，而惑於史學本身之終極所指者，又何嘗不是另外一種迷失呢？

總而言之，對海德格來說，作爲一門學科的歷史，其意義是次元的(sekundär)。從根本上看，歷史的原始意義就是人存活 (human existence) 底心智活動於時間向度的開展 (Geschehen) ⑲，此一心智之開展就是歷史的眞正根源所在。而此一心智之展又可有非眞實的或眞實的兩種可能，前者開出「自我迷失」的「世界史」及一些囿於「世界史」之歷史學。只有後者，透過自我之掌握，才能締造出眞正的歷史心魂。

回到生命中「自我迷失」與「自我掌握」兩種心境而言，海德格認爲「自我迷失」是最爲尋常不過的現象，因大多數人在大多數情況下，某一意義地皆有耽於安樂而甘願放棄自己的抉擇自由的傾向。如要打破這一迷失的局面，人們便必須以憂懼之心境把自己自安逸中抽離，使置之於一「不自在」(das Unheimliche, the uncanny) 之境遇之中，自行磨勵。只有這樣，人方能回頭掌握自己，進而培養出眞正的歷史心魂，去肩負時代的命運。

---

⑱ 參見拙著：〈康德論哲學的本質〉，《中國文化月刊》，第五十一期（臺中，東海大學，73年1月），pp. 61-82。現已收入本書 pp. 1~21。

⑲ 參見 *Sein und Zeit*, p. 388。

二

業師勞思光先生這幾本《少作集》所收錄的，都是三十幾年前的舊文章。按理說，都已成爲歷史陳跡了。今天這些文章重新公諸世人，實乃學界一大盛事。我在校讀之際，心情澎湃，引發了許多感想。適勞先生囑文於我，我就借這個機會，談一談我對先生這些舊稿的一些個人看法。

《思光少作集》預算共出七册，裏面的內容包羅甚廣。其中有一部分是介紹西方重要哲學理論的，先後涉及者包括懷海德、康德、邏輯實證論及現代分析哲學諸家、柯靈伍德、盧騷、拉斯基、以至密爾、托克威勒、許懷側、湯恩比、卡西勒等。先生這種引介西學的工作，可說是繼承了嚴幾道、張東蓀等學人的傳統，然就察閱闡析之精審而言，則先生之成就只有過之。《少作集》另一部分冠以《讀餘散記》與《論學書簡》者，內中大多爲先生與時賢如唐君毅、牟宗三等諸位先生就學術問題之討論與對話。這些文字之將會成爲中國當代哲學的珍貴史料是不待言的。再者，《少作集》甚至包括了如〈留港雜記〉等雜文，這些小品中不乏雋永之作，於「輕閒」中流露了作者許多蕭重的心影，可算是《少作集》談大問題之餘的一些小點綴。

然而，除了上述幾種類別的文章以外，《少作集》的主要內容幾乎都落入兩個主要的範疇之中。其一是關於文化、歷史、政治等理論之反省，其二是就時事與世局的一些議論；一以言理、二以講勢，兩者彼此緊扣，處處顯出了作者對文化與時代擔負的熱忱和脫俗的識見；《少作集》整體而言之獨特價值，即在這一部分中顯出。對於許多只熟知勞先生的其他學術著作的人來說，《少作集》實在是很重要

的補充。

我在這篇序言的前面寫了一大堆談當代德國哲學家海德格關於
「歷史」的討論，是因為我覺得《少作集》與最廣義言的「歷史」有
很重要的關聯。當然，如果從蘭克 (Leopold von Ranke) 的科學
歷史學的觀點去觀察，《少作集》的內容是很難稱得上是歷史的。然
而，海德格的反省卻顯出，科學的歷史學即使能自己劃出一定的研究
範圍，但如果歷史把自己的工作規限於只求掌握「客觀過去事實」這
一個層面的話，則它便永遠不能透顯出歷史作為人底心智活動的意義
根源。實齋嘗謂「千古多文人而少良史」[20]，便卽指所謂「才」、「學」、
「識」三者之中，以「史識」最為難得。而今海德格所謂「眞實自我
的歷史性」，其所指者，旣非史才（所以善其文者），亦非史學（所以
練其事者），而近於史識，或曰是一歷史之心魂。而海氏立說之深，
竊以為更進於實齋者多也。撇開海氏學說中許多特殊的理論問題不一
定為我所贊同（容以後另為文討論了）之外，我覺得整體而言，《少
作集》作者於集中所表現之胸懷，眞的把海氏所講的「眞實自我的歷
史性」體現出來了。

《思光少作集》中有關文化、思想、政治之篇目雖廣，然幾皆為
縈繞於一基本主題而發者。一言以蔽之，就是「因病求藥」。「病」、
「藥」兩概念，可說乃是先生文化理論的兩個主要基本範疇。先生集
中有一句話，很清楚地表明了這一點：「在近代苦難中，中國人得到
反省文化缺陷的機會，但可惜已往反省的努力太不深入，不過覺醒永
遠不會嫌遲的，倘使我們認清自己的病，則不難找到自己的藥。」[21]

---

[20] 章學誠：《文史通義》，卷三，史德篇。

[21] 思光（勞先生筆名一）：〈中國文化之未來與儒學精神之重建〉，《民主評
論》，第三卷，第二十二期，pp. 586-593，特別參見 p. 592。

　　勞先生的文化理論以至他的哲學學說中有一個很基本的構想，就是認爲一文化之基本精神就是一民族「自覺活動」之結果。而「自覺活動」就是意向上之擇定，表現在哲學活動中，就是作者經常強調的所謂主體性之顯現與否的問題。一民族自覺地選擇一定的走向時，此一選擇一般地都會表現而爲一組觀念，而這些觀念無孔不入地支持了該民族就種種事態「應當如何」之信守，使大家普遍地朝向該組觀念所定之方向而實踐。其所形成之社會「秩序」，勞先生認爲就是觀念「客觀化」而得的結果。放之於哲學理論中看，就是所謂「主體性之客觀化」這一問題了。

　　中國歷來觀念系統雖多，然而儒學始終於風雨飄搖中不失其作爲一主導觀念之地位。究其因由，先生歸之於儒學特有的「濃烈現世愛」和於現世中求改造人心、「實現價值」的渴求㉒。然而，先生認爲儒學忽略了「超個人事務境域之獨立性」，而種下中國文化之病源㉓，所謂「超個人事務境域」之忽略，實指中國文化之重德精神只側重談個人之修養，卽使談及要成就或感化他人，亦只從個人的認識觀點出發而行之，這種精神從好的一面看固有其積極的意義，但是過分側重個人主體而未能同時兼顧衆多主體並立的境域，卽逐漸導使中國長久一直未能發展出一完善的政治制度。儒家精神談論政治，往往只把政治視爲道德生活之延長，因而滋生了把個人之道德操守與超個人之政治權限混淆之弊，落到制度上，卽做成當政者以單一的個人之意

㉒　同㉑，p. 588。

㉓　關於「超個人事務境域」所應有之獨立性問題，勞先生在許多場合均論及，而談論得最詳盡的，應數〈國家論〉一文，原載於《民主潮》卷一，第十至第十五期，這篇論文後與朱世龍君之〈論國家主義〉一文合併而成一專集，由民主潮社重刊發行，集名《國家與國家主義》(臺北：民主潮社，民 44 年)，pp. 85-145。

願凌駕於天下之局面。中國傳統政治雖有「相權」與「諫權」，但均非第一義的制衡制度，而只有第二義的或卽很微薄的制衡力量❷，這種制度之弊病，一方面在於眾多個體之知識和智見未能充分上達，對社羣整理而言構成「知識之損失」，而另一方面爲政者若慣以己意度世人之意，乃做成「意願的扭曲」❸。這種內在隱憂，加上了百年以來西方異質的觀念東來攫奪之外患，中國文化之動力便長期不振，其結果就是「觀念失效，秩序崩解」❷，烝民無所信守，是之爲亂世，是之爲病。

　　勞先生對於中國固有之文化精神與政治制度之反省一方面固求揭示其暗病，然而，光是問疾是不夠的。文化既然是一民族所自擇的方向，則如要治病，其所用的藥亦難免是要透過自行「抉擇」之途徑去尋找。若不然，內憂不除，外患不已，要除積弱之病是必屬枉然的。作者因此在許多場合都顯示了一份胸懷，就是要透過觀念與制度之重新建造與重新設計以謀文化自救之道。作者於注意到中國有病之餘，亦看出以霸主姿態臨於東方的西方文明亦有其病。西方人雖重個體權利，然而不諳個人亦可有成全他人之份，因而自限於一己之權利之中，由而導致人與人之間關係之疏離。勞先生卽以此爲西方重智文化「不能上達」之病。因此，東西比觀之下，作者要治中國之病之餘，亦極力呼籲國人要避免因爲對自己的文化失望而「倒向西方」；這種盲目的傾倒，不但不能治自己的病，而且還重蹈他人之病。因此，作

❷　勞思光著：《中國文化要義》，（香港：香港中文大學崇基學院，1965 年 9月油印版），pp. 120-130。

❸　參見＜國家論＞一文，同上，pp. 103-104。

❷　見思光：＜人才與亂世＞，《民主潮》，卷五，第一期，pp. 3-7，特別參見 p. 6。

者所期待的體系重建工作，就是要朝向一「上下通達」的，讓德智兩種精神得以均衡地發展的「通達綜合之文化精神」[27]。此中所謂上通乃指重新振興儒學精神於實有中成就價值、創造價值之傳統，使人羣之社會活動不失精神上之價值方向，所謂下達乃指能發展政治制度之獨立性，以保障複多主體並立下社羣生活之客觀秩序。總而言之，對於作者而言：「未來的努力是一新文化的建立」[28]。

　　一個文化之有病，於道理上說，是最自然不過的事。因爲沒有一套觀念制度能保證具有千古不易的效力的。正如病有內外兩種可能因素，藥在某一意義上講亦可有內外兩個層面之分。一如人體生病，病之方興，固宜奏以藥石。然而治病之要方，卻貴在能使病體自己自內裏強壯起來，克服病源。只倚重外在之藥石畢竟是消極的，這是一點不待言之常理。然而，對我們來說，這樣簡單的道理，放之於文化上的疾病，似亦能起很大的啓示作用。蓋一文化之有病，既表現爲觀念失效和秩序崩解，則最徹底的自救之道實莫過於由該文化自己辯證地、曲行地、自己自內部發展出 (per intussusceptionem) 觀念重組之活力，以求建立新的秩序。所以，眞正的藥必乃是自力而獲得者。若果只倚仗外來的助力便以爲能得救，則便有如一病弱之體只知猛服重藥而卻粗心漠視自己失調之關要。如此內外蹂躪，無論是病體或文化機體都是吃不消的。非洲多國近幾十年來，內事不修，只知無條件接受外界之援助，其害之劇，是任何有識者所共見的。

　　其實「病」本身並不完全是一回「不好」的事。人皆有疾，個人固是，文化亦然。明代一位方士張神峯，在論命理時，便曾倡「有病

[27] 勞思光：＜民主政治價值之衡定＞，見《民主評論》，卷四，第二十三期，p. 662。

[28] 同[27]，p. 663。

方爲貴」之說❷。蓋病乃自然之現象，一生無病，幾是不可思議之事。然而，對於一文化機體而言，最可「貴」的，就是於有病時能斷己病之所在，並因其病而藥之。「因病求藥」乃正就是一文化於艱難中表現其內在活力之場合，也是作爲自覺活動而言的文化精神藉以承擔傳統、展開未來的歷史創造機運所在。

《思光少作集》中有許多論時局的文章。文化有病，其徵狀見於時局本是不必諱言之事實。然而，正如海德格所洞見，時人之病亦最容易由時人彼此之因循而被掩蓋。勞先生在這次《少作集》刊行的序言中提到，自己用現在的觀點看，才覺得以前行文之有狂意。然而，「狂」亦有泰山鴻毛之別，只要用心平正，以大公爲歸，則狂亦何妨。世人之因循怠惰，無疑自織網羅，而「突破網羅所需的是那一份獨立的精神，或狂者氣象……〔而這〕正是我們這個時代最缺乏的。」❸集中所載許多對時情世局的鞭撻與責求，其實都涵蘊了作者對現代中國底無限期待。先生以未屆而立之年，運筆如奏刀，行文之間，或許眞會叫人有辛辣之感。不過，書生報國，捨此艱途，更有何方？

在《歷史之懲罰》一書中，勞先生提出了他的「歷史動態觀」和「歷史的債務與債權」之說❹。先生很清楚的體悟到，中國文化之隱疾，根業遠種，曠日已久，正如一歷史之債務。這些債是不容推卸的，向歷史「賴債」，便如掩耳盜鈴。撥亂反正之樞要，便是首先對自己文化之病深切地體認之、承擔之，並於承擔歷史的苦果之同時，

---

❷ 參見《神峯通考：神峯闢謬命理正宗》，寶慶經綸元記藏板。卷一，pp. 13-14。香港中文大學圖書館藏有善本。

❸ 苞桑（勞先生筆名一）：〈六年心倦島雲低〉，《民主潮》，卷五，第十八期，p. 18。

❹ 勞思光：《歷史之懲罰》，1962年原載於《祖國》週刊。後由香港友聯出版公司出單行本（香港：友聯，1971年）。

不忘針對歷史傳貽到當下之弊病而求破解之，如是不斷自己反省磨鍊，創造有利的因素，去影響歷史未來可能的發展。承擔文化之病痛即去償還歷史之債務，不斷求奮進，以保留對未來的希望即去享有歷史之債權。書中，先生申明了所謂債務與債權實涉及一基本理論關鍵：「人類之歷史永以人類自己的活動爲中心因素」[32]。人之活動可以是主動的，但也可以是被動的，因而人類歷史之發展亦可有主動和被動之別。俗語說：種瓜得瓜，種豆得豆。所謂可「被動」可「主動」，自人的方面看，就是海德格所謂人既可「自我迷失」亦可「自我掌握」；自歷史方面看，就是海氏所指的「非眞實自我的歷史」與「眞實自我的歷史」。勞先生的「動態歷史觀」，最大的貢獻即在於能重新點出人類「自覺活動」之文化創造性。既存歷史條件之形成，固然有一定之理由以使然，然而，歷史卻始終不是命定的。過去的歷史雖然織成今日之羅網，然而，在承認了和承擔了此一歷史包袱之後，未來的方向還是可以由人努力去左右的。正如先生所言：「人是已往歷史之奴隸，卻是未來歷史之主人。」[33]

《少作集》的撰寫畢竟是三十年前的舊事了。三十個寒暑交替，當年的時情世局，今天本應都成爲歷史了。然而，中國三十年前之病是否已除？作者三十年前所揭之弊是否尙在？三十年以來，我們是在償債抑或在賴債？這都成爲我們新一代所要面對的問題。有病最忌拖磨，文化之疾又何嘗不是！海德格曾指出，人之所以因循，爲求安逸而已[34]。在近年社會承平一片的氣氛下，海氏此見，尤足警人。中國之病非一黨一朝之病，因病求藥亦非一黨一朝之事。觀念與制度之重

---

[32] 《歷史之懲罰》，p. 41。

[33] 《歷史之懲罰》，p. 40。

[34] 參見 *Sein und Zeit,* p. 188 f, p. 276。

從雅各布遜對大腦左右半球
不對稱性之討論談起

一、大腦左右半球不對稱問題之背景

　　大腦之於人類，向來就是一個謎。不同民族對於大腦的功用，都作過許多頗為奇特荒誕的揣度。有認為大腦可以產生骨髓的，也有認為大腦能產生精液的。科學漸發達以後，人類漸認識到大腦與生物體的各種智力表現之關係。然而，發展到今天為止，科學家們還沒有能力對大腦之各種具體運作機制作出最終極確實的描述。換言之，大腦之謎還沒有被人類破解。儘管如此，近百多年來的腦科研究卻逐漸積存了許多重要的經驗研究資料，這些資料使人類對心智運作之基礎問題，起碼可以作出一些重要的推想。

　　談到大腦與智力的關係這個問題，一般像我們一樣的醫學門外漢往往只會把「大腦」和「智力」很籠統地當作兩個普遍的概念去處理；至於「大腦」的真正定義是什麼？其內部的結構是如何？而大腦掌握的「智力」又分那些主要層面這些問題，我們很少會去深究。然而，在大腦科學的觀點下，這些問題都是有嚴格區別分類之必要的。在近百多年來解剖學、神經生理學、臨床診療（如失語症「Aphasia」和羊癇症）之研究，再加上語言學等學問的共同交滙下，科學家們漸漸把大腦組織的不同區域與各種不同的智力活動之間之關係建立起

來。「灰質」和「白質」的不同功能的發現,「神經元」彼此聯絡方式
之研究,乃至人類大腦運動皮質之分配比例與其他動物 (如猿類) 大
腦運動皮質分配比例之差別等研究都大大地豐富了人類對大腦功能的
認識。然而,在各種有關大腦功能的研究中,左右腦半球的不對稱性
(Asymmetry) 或偏側性 (Lateralization) 問題可說是最有趣味和
最引起注意的。

所謂大腦左右半球的不對稱性就是指大腦左右兩半於結構及功能
上之不同而言的。十九世紀六〇年代時布羅卡 (Broca)首先於大腦左
半球的Frontal Lobe發現了一個語言區域,這個區域負起語音識別,
和指揮與發音器官有關之運動皮質,以從事具體發音(Articulation)
的職責。過了十幾年,另一科學家韋尼克(Wernicke)又於大腦左半
球的Parietal Temporal Lobe發現了另一個語言區域,這區域直接
涉及了人類的基本語言理解能力。以上兩個區域都顯著地位於左腦。
由於 Broca 區域比 Wernicke 區域位於較前的位置,因此後來科學
家們都把前者叫做前語言區域,而把後者叫做後語言區域。它們如果
那一個受到損害,那麼,隨著相關的語言功能的喪失,病人便將會患
上不同種類的失語症。兩個語區之中,韋尼克語區的地位受到了特別
的重視,因為人們逐漸發現,人類一些較抽象和較高層的智性活動,
如語法之掌握,和各種基本感覺素材 (如視、聽、觸覺之素材) 之編碼
詮釋,乃至長線記憶等工作都是由韋尼克語區負責的。科學家還發現,
左腦的韋尼克語區受到損害的病者如果是兒童,病者尚還可以右腦相
應部分作出補償性替代,一旦過了青春期,韋尼克語區之損傷,對一
個人的智力之傷害便幾乎是無法彌補的。總括而言,儘管這兩個語區
與作為人類高層心智活動而言的語言活動之間的真正運作關係尚有許
多爭論,但統計數字卻顯示了絕大部分患上各種類型失語症的病人都

是與左腦兩語區損傷有關的。

　　自從人們發現語言能力偏處於大腦左半球此一現象後，大腦科學家幾乎馬上便也引發起對右腦的研究興趣。長久以來，一般的想法都認爲右腦並不負責語言信息之處理，而卻職司空間定向、音樂識別和情緒感控等活動。這一個想法於細節上當然又涉及許多有趣的討論。不過，從較爲廣闊的理論層面去觀察，歷來對於大腦左右半球研究時所謂的「不對稱性」的構想，主要還是以兩半球「是否」負責處理語言信息去作爲衡量標準的，換言之，自從學者發現幾個主要語言區域都處於較爲發達的左腦半球以後，便都形成一種傾向：就是把語言信息處理活動作爲「分水嶺」一般，把左腦和右腦兩極化地予以區別。醫學及語言神經學中所謂「偏側性」（Lateralization）這一概念，其實也是就語言信息處理功能偏置於左腦而言的。基於同樣理由，許多腦科學討論乾脆把語區所在的左腦稱爲「主導半球」（Dominant Hemisphere），而相應地把右腦稱爲「次要半球」（Minor Hemisphere）。誠然，在百多年來臨床實驗的觀察和研究支持下，大腦左右半球並非對稱和各有所司這點已是不爭之事實。只是，長久以來，以「語言處理能力」之有無作爲「分水嶺」去把左腦和右腦作嚴格區別和片面地重視左腦的構想是否站得住呢？自從雅各布遜提出他有關左右大腦半球的論文以後，我們就這問題似乎可以獲得一些新的啓示。

二、雅各布遜就大腦左右半球不對稱問題之觀察

　　雅各布遜（Roman Jakobson），1896年生於俄國，自從二〇年代末期與特魯別茨科依（N. Trubetzkoy, 1890-1983）共創布拉格音韻學派以來，爲語言學立下了數不完的豐功偉蹟。雅各布遜一生著

作之豐，涉獵之廣，是令人驚訝的。今天我們卻只打算就他晚年的一篇短短的論文所提出的問題作一番討論。

1980年1月23日，雅各布遜以八十四高齡獲德國魯爾大學(Ruhr-Universität Bochum)頒授榮譽哲學博士學位。這一類的榮譽對雅氏來說大概已記不起是第幾次了。頒授學位期間，魯爾大學爲雅氏安排了一大型研討會，主題叫「語言和大腦」(Sprache und Gehirn)，題目是雅各布遜自己擬定的。會上雅氏自己（於助手 Santilli 的協助下）發表了一篇文章，題目與研討會主題一樣，副題則叫「大腦半球與語言結構之交互透視」(Gehirnhälften und Sprachstruktur in wechselseitiger Beleuchtung)。1980年5月間，雅氏返抵美國，於紐約大學據上述論文再作演講。1981年雅氏會議原文與其他與會論文於德國合訂出版，書名是: *Sprache und Gehirn: Roman Jakobson zu ehren* ❶。至於雅氏於紐約的講稿英文本，則搶先於1980年底於美國以單行本形式發表❷。

在這篇短文裏，雅各布遜於發揮了數十年來就音位學（Phonemics/Phonology）、韻律學(Prosody) 和失語症 (Aphasie) 等研究經驗外，還把世界各地（包括俄國）的神經生理學臨床經驗結合起來。基本上，雅氏肯定了歷來有關大腦左右半球的不對稱性原則，而且亦正視了左腦乃人類語言運作之基礎這一臨床經驗的事實。但是，總的而言，雅各布遜於大腦左右不對稱問題上，於總攬了各家意見之

---

❶ Helmut Schnelle (hrsg.), *Sprache und Gehirn, Roman Jakobson zu ehren*, (Frankfurt/M: Suhrkamp, 1981), 以下簡稱 *SG*。

❷ Roman Jakobson, *Brain and Language: Cerebral Hemispheres and Linguistic Structure in Mutual Light*, (Columbia/Ohio: Slavica Publishers, Inc., 1980), 以下簡稱 *BL*。

餘，卻大幅度地增強了對右腦之關注，他正面地提出了右腦是否於一定程度上有助於人類語言理解和運用這一問題，並就這問題作出了相當肯定之態度。現在讓我們先說明雅氏所採納的各種主要實驗根據，然後再看看雅氏從這些實驗資料中所導出的主要論點。

(一)實驗根據：

有關大腦左右半球不對稱現象之研究資料，主要有四個來源：

1.兩耳歧聽實驗 (Dichotic Hearing)

科學家很早便發現，人體左右兩邊中某一邊的感覺器官獲取之感覺資料，會被傳送到大腦中相反一邊的一個半球去進行處理。而在涉及大腦左右半球的不對稱性研究中，對左腦及右腦作分別測驗乃是一重要實驗環節。特別是有關大腦左右半球與語言的關係的研究上，科學家設計了所謂兩耳歧聽實驗❸，其特點就是透過一些實驗裝置，使受測試者只能使用左耳或右耳去聽取訊息，以便吾人分別對右腦或左腦功能作出判斷。這一實驗方法由於簡單易行，一直為科學研究者樂用，然而，這一種實驗方法對於研究大腦左右不對稱問題有一缺點：就是對於分別判斷左右腦功能而言並不可靠。因為正常的人左右腦功能儘管有異，但卻並非分離獨自運作的。兩個腦半球之間有許多組織如胼胝體 (Corpus Callosum) 和前段接索 (Anterior Commissure) 把兩半球聯繫起來，因此兩耳歧聽實驗中右耳聽取之訊息即使不能直接抵達右腦，但起碼可以藉胼胝分程傳遞模式 (Callosal-

---

❸ 有關「兩歧實驗」之基本原理，可參見王士元 (William S. Y. Wang) 著：〈實驗語音學講座〉載於，《語言學論叢》，第十一輯，(北京：商務印書館，1983)，p. 73。

relay-Model) 送達右腦❹，因此對於判斷左腦單獨地對有關訊息之反應並不準確。然而，此一實驗有一優點，就是可以用健康正常的人從事實驗，而實驗對象也因此不受限制。

2. 腦半球分割手術 (Split-brain Operation)

所謂腦半球分割手術就是把連結病人左右腦半球的胼胝體縱向地割開，使得左右腦失去聯繫。這種自六○年代以來採用的手術本來主要是用來治療患有嚴重羊癇症的病人的。但臨床觀察顯示，接受了這一種手術的病人的語言行為往往與常人有異，於是乃有學者讓這一類病人接受各種兩歧實驗 (Dichotic Experiment)，由於這些病人的大腦再不能從事胼胝分程傳遞，於是，如兩耳歧聽等實驗便能比較準確地反映病人左右腦分別而言之功能。不過卻也有論者（如 Heeschen/Reischies）指出，接受腦半球分割手術的病人既幾乎都是曾長時期患上羊癇症的病人，而神經生理學又指出長期罹患羊癇症是會改變病人左右腦的偏置關係 (Lateralisierungsverhältnis) 的；因此，這方面的經驗觀察除了試驗對象難求外，最大的缺點是試驗的結果不一定能反映正常人左右腦的真正偏置關係❺。

3. 對大腦左右半球中其中一邊受損的病人之觀察

當一個人兩個腦半球中的其中一邊基於任何原因受到損害（如交

---

❹ 參見 A. C. Guyton (ed.), *Textbook of Medical Physiology*, 7th edition, 1986, p. 655f。

❺ Claus Heeschen and Friedel Reischies, "Zur Lateralisierung von Sprache, Argumente gegen eine Überbewertungder rechten Hemisphäre", in Schnelle (ed.), *SG*, p. 46。

通意外、原發性腦溢血等）而不能履行正常功能的時候，餘下的另一半球便將是病者腦活動的唯一基礎。因此，右腦受損的病人便成爲研究左腦半球功能之對象，而左腦受損的病人便成爲研究右腦半球功能之對象。當然，在利用這些觀察資料作出判斷之前，我們得首先確定受試者的大腦的實際受損情況，如所謂「右腦受損病人」的左腦是否完好無缺，而其右腦損害之準確部位是在那一區域等。

4. 對接受腦半球電激療法（ECT, Unilateral Electro-convulsive Therapy）的病人之觀察

單邊腦半球電激療法是六〇年代以來於蘇聯普遍採用作爲醫治精神分裂症和嚴重憂鬱性（Depression）的方法。這方法對於研究左右腦半球不對稱問題之價值是頗有爭論的，有論者認爲，電激療法之生理反應機制尚未澄清之前，吾人很難斷定一邊之電激是否對另一邊全無影響。然而，從實驗的角度看，儘管電激之生理機制不全清楚，但只要電激左腦和電激右腦所引起之結果顯著不同，則起碼在統計學上具有區別意義。雅各布遜自己便特別重視腦半球電激療法資料之價值，他的理由是電激對腦半球通常只能造成一短暫時間的癱瘓。經過一段時間後，被電激的腦半球的機能將會漸漸恢復。由是，對電激後短時間內進行的觀察與復元後的觀察之實驗對照與比較，提供了對腦半球研究前所未有之便利❻。

(二)主要論點

以上四種實驗資料來自不同的設計，經過一番觀察和比較之後，

---

❻ *BL*, p. 13, p. 16. 除了ECT外，學者亦有用選擇性腦血管Sodium Amytal注射，以達成類似效果的。

雅各布遜乃聲言四種資料就左、右兩腦半球功能所能作之判斷是完全一致的。雅氏的主要發現有如下幾點：為了方便起見，我們先從左腦的特點說起，然後再談論有關右腦的問題。

1.左腦半球與語音辨別

　　雅各布遜於論文中首先重申了自布羅卡以來腦神經專家認為左腦半球負責人類語言活動這一基本想法。不過，所謂「語言」其實起碼涉及語音、語法、語義等幾方面的考慮。在論文中，雅各布遜先把重點放在左腦與語音辨別之關係上。他說左腦掌管人類之語音，嚴格而言，並非一純粹的神經生理學判斷。雅各布遜其實嘗試把腦神經的研究和他自二〇年代以來與特魯別茨科依共同締創的音韻學（Phonology, 英美所稱之音位學 Phonemics）結合起來。因此，他在說左腦半球掌管人類語音活動時，其實首先是要說左腦負起了對語言中的音位（Phonemes）及作為其更基本組成成素的「區別性特徵」（Distinctive Features）之辨別和使用之工作。現代語言學中，音韻學與傳統的語音學（Phonetics）是迥然不同的學問。它們廣義而言雖然都研究人類發音器官所發出的聲音；但兩者所處理之角度和方法嚴格而言是不同的。首先，語音學是從一自然科學的角度去觀察人類所能發出的各種聲音。至於這些聲音具有什麼意義，語音學是不感興趣的。相反地，音韻學卻從一社會科學的角度去看語音如何可以構成意義而成為人類社會之溝通工具❼。因此，其所要研究的，必定是

---

❼　有關語音學與音位學／音韻學之基本區別,在當代語言學中已成為一項常識,但最早而且最有系統地提出這一項分別的, 應算 N. Trubetzkoy。參見 N. Trubetzkoy, *Principles of Phonology*, Transl. by Christiane Baltaxe,(Berkely: University of California Press, 1969), p. 7 f。

某一特指的自然語言系統（如英語、漢語等）。 音韻學的最大洞見是發現人類理論上可以發出的音聲雖然很多，但每一語言都必定把其音位系統布置於有限數目的音位之上，而一種語言與另一種語言所使用之有效音位是不同的。 因此某兩個音位（例如／1／和／n／）對於A民族是可辨別的， 但對於B民族可能是無法辨別的。 每一自然語言系統都以經濟而有效率的方式讓其有限的音位透過種種對立關係（Opposition）去完成該語言的意義區別工作（Meaning Discrimination）❽。在綜合了 Balonov 和 Deglin 的研究後，雅各布遜乃指出：倘若左腦功能受到障礙，病者藉以溝通的語言之音位系統對病者而言將形同解體，這即是說，病者無論在聽取方面和發音肌肉控制方面都與其本來熟悉的音位系統部分或全部失調去節配合之可能❾。換言之，病人某一程度地會失去從一串具有編碼結構的語音中析取其所指謂之意義之能力。當然地，他在社會上與他人溝通的機會便受到了嚴重的打擊。

2.左腦半球與語法和語義之關係

雅各布遜並不諱言，晚近許多腦神經研究之重點是放在語音層面的，至於構詞法（Morphology）、句法（Syntax）和語彙（義）（Lexicon）等重要層面的問題，似乎尚無法取得足夠的資料以達成較為確定一點的判斷。不過，綜合了許多初步觀察資料後，雅各布遜還是就左腦與語法（包括詞法和句法）和語義之緊密關係作了一些描

---

❽ 參見 Trubetzkoy, *Ibid*, p. 31 ff, 此外參見 Roman Jakobson, *Six Lectures on Sound and Meaning*, transl. by John Mepham, (Cambridge: MIT Press, 1976), p. 69 ff。

❾ Jakobson, *BL*, pp. 26-27.

述。

首先，許多事例，包括歷來患有各種類型失語症 (Aphasia) 或語言困難 (Dysphasia) 的病人之觀察都顯示，左腦對於構成複雜的語言結構固然是最爲重要的，然而，學者們卻不能完全否定右腦亦有一定程度之語言功能，只是學者一般都認爲右腦只能構成一些比較簡單的語言結構。一些從事 ECT 研究的蘇俄學者便根據實驗指出：左腦受電激後，病人言語表現會變得基本而簡單，而右腦受電激後的病人的言語會傾向於複雜化和多層結構化。在各種語言成素中，動詞（除了一些最簡單的命令式動詞，如 Stop, Come, Help 外）之使用能力最容易因左腦受損而遭鉗制。原因是動詞之運用除了涉及動詞本身之語義外還涉及複雜的語法結構。一個本來出口成章的人如果左腦受到電激，他說出來的言語可能會缺少了許多構詞及句法上的變化項 (Grammatical "Shifters") ❿，例如英語中的名詞衆數失去了 -s，過去式失去了 -ed 等；而語句中的句法次第結構 (Syntactic Subordination) （如子句與主句之連接關係）亦會趨向於貧乏。不過，這種現象，在西方屈折語言的背景與在一些非屈折性的語言如漢語的背景下，其表現之嚴重程度是會有一定偏差的。

相較之下，名詞之掌握和運用於一定程度上是可由右腦分擔的。首先，這是因爲名詞一般而言比較動詞易於從 Context 中游離出來，被當作一簡單而獨立之單元使用。不過話雖如此，各語言中的名詞往往亦有結構 Context 程度之不同。名詞中固然有許多是直接指謂一些「客觀」對象的，這些名詞顯然屬於那些比較可以由右腦處理的。然而，名詞中許多較爲抽象和不具體的，特別是西方語言中的動

---

❿ Jakobson, *BL*, pp. 29-30.

名詞 (Verb-derived Nouns) 卻又當別論，它們一般而言都要由左
腦去處理。此外，儘管右腦可以處理一定數量簡單而具體的單詞，但
是當我們考慮到索緒爾 (Ferdinand de Saussure) 所謂自然語言
系統中語詞與語詞彼此之價位對陣關係的時候，則語詞和語詞之間之
衡量選擇工作還是要由左腦操控的。一些實驗便指出，一旦左腦功能
受到抑制，病人將會有所謂「語詞詞義脫離」(Desemantization of
Words)之經歷。換言之，病人無論在所謂類聚關係軸(Paradigmatic
Axis)或句合關係軸(Syntagmatic Axis)〔按：參見索緒爾及葉門史
列夫 (L. Hjelmslev)之論述〕上都失去了區別同義詞(Synonyms)、
相反詞 (Antonyms)、和同音 (形) 異義詞 (Homonyms) 的能力
❶。

　　總結以上所述，可見語法和語義之掌握雖然主要是在左腦進行，
不過右腦似乎亦有一定程度的處理能力。這一個發現，無疑地是對於
布羅卡以來以爲語言之理解全然由左腦執行的這一種想法的一個重要
修正。如果要算一算左右腦就語法和語義掌握之責任重要性的比例的
話，我們可以借助以下的一個評估。在參加雅各布遜獲授榮譽學位的
紀念硏討會上，一位講者引用了 E. Zaidel 有關右腦功能之估計：人
類的右腦起碼能掌握一個十四歲的兒童所能掌握的語彙，而大概只能

<hr/>

❶ Jakobson, <i>BL</i>, p. 30, 從結構主義語言學的觀點看，語法之基本運作，
　主要涉及 Syntagmatic 層面之言語配置關係，而語義之區別則除了涉及
　Syntagmatic relation 之考慮外，最主要還涉及所謂 Paradigmatic
　Relation層面的考慮。Syntagmatic 和Paradigmatic之區分，最先是由
　Saussure提出的，只不過他把Paradigmatic Relation稱爲Associative
　Relation。後來丹麥的葉門史列夫 (L. Hjelmslev) 把 Associative
　Relation 改稱爲 Paradigmatic Relations。參見 F. de <i>Saussure,
　Course in General Linguistics,</i> (N.Y.: McGraw-Hill, 1966), p. 122 ff。

提供一個二至三歲的小孩所用的語法⓬。這個說法，很生動地把雅各布遜論文中就右腦於語義和語法上的能力刻劃出來。

3.右腦半球與非語言性聲響之識別

右腦和語言之外的其他心智能力之運作有關向來是腦科研究所信取的。然而有關右腦與非語言性音響之緊密關係卻最近才由俄國一些學者揭示。於論文中，雅各布遜首先清楚地引述了非語言性音響 (Non-speech Sound) 聽取與語言聲音(Speech Sound) 聽取之基本分別: 從音韻學的角度看，對於一個懂得語言A的人來說，一句用語言A講出來的語句是具有結構性的，換言之，一句話並非一串無組織的聲音，這一句話中的各個別聲音（乃至區別性特徵）是根據一定的編碼方式(Code) 互相聯繫起來的。因此，所謂聽懂了一句話，並不只是聽到了物理意義的聲音而已，而是指聽者能用同一套 Code 把聽到的聲音 Decode 爲某一些講者要表達的意涵。因此，假如有兩個俄國人在我面前講我所不懂的俄語的話，則對我來說，由於我不具備俄語的解碼能力，我所聽到的根本無異於一些既無意義亦無指涉的雜音。至於非語言性音響的聽取卻大大不同。這些音響的聽取和理解是不必透過編碼過程的（雖然聽取後要以編碼方式進一步對這些刺激進行構思）。它們的聽取涉及的是某些直接經驗刺激之辨認，例如聽到「汪汪」的聲音而知有狗吠。雅各布遜乃指出，許多實驗都證明，辨別這些非語言性音響乃是右腦半球之主要職責。如果一個人的右腦因電激受損而左腦正常的話，在右腦功能恢復之前，他可以用健全的左腦毫無困難地聽解別人的言語，但對於一些平常很容易辨別的聲響卻

⓬ 參見 Heeschen and Reischies. *op. cit.*, *SG*, p. 43。

失去了區別的能力：如鈴聲、水流、馬嘶、獅吼、兒童哭叫、陶器碰撞、雷聲、豬嚎、金屬碰撞、雞啼、狗吠、牛鳴、步履聲、飛機聲……浪濤聲等這些聲響對於右腦受損的人來說可能都是差不多的聲音❸。

在資訊發達的現代社會裏，語言的重要性是無疑的，人們一般都很熱衷於多學一些語言（多掌握一些對不同語言系統之解碼能力）；相對之下，非語言之聲音對人類的重要性卻往往被現代人不自覺地忽略。雅各布遜在這裏很巧妙地重新提醒世人右腦之地位。他說：「右腦處理的，主要是人類日常生活上的，乃至因大自然力量之淵動而被吾人聽取的現象。」❹假若這些往往被我們忽略的音響有一天忽然完全對我們來說不能構成任何分別的話，我們或反而會驚覺其重要之處！

4.右腦半球與語言中感情語調之識別

雅各布遜的論文提及了近代語言學和腦神經學整合研究的一個重要的發現：右腦掌管了語言中帶感情成分的感嘆語調之識別工作。許多實驗顯示，如果一個病人的右腦功能受了損害（而左腦正常），則病人於聽取別人說話時，雖然對說話所報導的知性內容完全明白，但卻不能清楚地掌握別人說話中所帶的情緒和感嘆語調，也更遑論對別人之感情作出適當反應了。而病人自己無論在講什麼話，都只能單調地以中性的（也即完全不帶任何感情偏向的）語調講出來❺。換言之，病人喪失了常人透過調整語音之抑揚緩急輕重以表達自己的情感

---

❸　見 Jakobson, *BL*, pp. 20-21。

❹　見 Jakobson, *BL*, p. 20。

❺　Jakobson, *BL*, pp. 23-24.

愛惡的能力。相反地，一個左腦受損而右腦健全的人，儘管不能理解他人說話之知性內容，但許多時還能區別講話者的感情語調，從而作出一定程度的情感反應。最饒有趣味的發現是：右腦受損病人在語言活動失去感情方面的控制的同時，會反而變得更健談 (Talkative)。由於病人任何情況下都要滔滔不絕地講一些感情中性的話，結果反而使他人更難以理解他真的想表達什麼。就此一現象，雅各布遜作了很特別的判斷，他認為一個健全的右腦負起了平衡和抑制左腦表語活動的責任，透過合理的抑制，正常人所講出來的話才有一定之「可解度」(Verstehbarkeit, Readability) ⓰。他還說：在這個意義之下左右兩個腦半球是彼此協調地運作的。雅各布遜的這番話帶有一個很重要的暗示：單純的知性內容之獲取，往往不能構成真正的理解。因為所謂「理解」特別是人際的「理解」，除了知識內容外，還涉及人類彼此之間許多非知識層面（如情感）之體察的。英文 Understanding, 德文 Verständnis 等字，同時解作「知性理解」和「人際體諒」，是這一問題的最好側證。

5.右腦半球與聽聲辨人

我們都知道每人的聲音都有一定的特點，使得人們在看不見人的情況下可以透過聽聲去辨人。蘇聯許多實驗就這一現象作了測試，結果顯出聽聲辨人的能力與右腦功能有關。在實驗當中，一個右腦功能受制而左腦正常的人，完全失去了透過聲音辨別不同的講話的能力，甚至親人如妻子兒女的聲音也不例外。嚴重的，病者連男聲和女聲也不能辨。 在一個許多人交談的場合中， 病人不能偵察談話從一個講

⓰ Jakobson, *BL*, p. 24, *SG*, p. 27.

者到另一個講者之過渡，甚至連聲音來自那一空間方位亦有辨別困難
⑰。一個這樣的人，在人事複雜的社會中，是否能理解其身處的環境
中事情的發展是很有疑問的。

6.右腦與音樂樂段之識別

　　以前聽到許多有關少數民族的報導，談到少數民族青年男女許多
不善辭令的，在唱起山歌來的時候，卻能把自己的情感意願表達得淋
漓盡致。此中似乎暗示了言語與歌唱乃是兩種不同的能力。在近代許
多有關左右腦半球功能之研究中，上述的推想似乎得到了證實。許多
實驗顯示，一旦大腦右半球受到損害，病人會失去對一些短的樂段和
一些本來耳熟能詳的旋律的辨認能力，當別人為他奏出一個音樂主題
時，他亦無法重複。最有興趣的是，一個人如果左腦受損，固然他的
語言能力會受到損害，但是，病者卻反而會表現出更強的音樂辨認能
力**⑱**。這現象和右腦受損的病人說話反變得滔滔不絕之現象正好鏡面
互補。由此可以解釋，何以語言能力之喪失（Aphasia）和音樂詠唱
能力之喪失（Amusia）絕少在同一人病人身上發生。當然地，在說
明了右腦與音樂之關係之同時，雅各布遜並沒有忘記指出，音樂之聽
取並非與左腦全無關係。實驗顯示，一些對試驗者並不熟悉的音樂之
聽取是要經過左腦的處理的。此中可作如下解釋：人類接觸音樂涉
及兩種不同的方式，一種是把音樂樂段或旋律當作一整體的對象去聽
取，這一方面的聽取是由右腦負責的；另一種接觸音樂的方式卻是把
音樂當做一些有結構的編碼（Code）去分析理解，這一方面的工作卻
得由左腦負責。閱讀樂譜、分析樂段、指揮樂曲等活動很明顯地除了

⑰　Jakobson, *BL*, p. 28.

⑱　Jakobson, *BL*, pp. 32-33.

需要右腦之感受外，還需要左腦的編碼解碼分析能力的。不過，當我們在以音樂舒洩或表達情感時，眞正在作工的，可能是右腦。這一問題，和上述右腦和人類情感控制有關這一論點，似乎互相配合。

7.大腦左右半球之時態取向 (Temporal Orientation)

雅各布遜〈語言與大腦〉一文靠近末段的地方，就大腦左右半球不對稱問題提出了一個頗爲大膽，但卻可能是非常概括性的論點。他引述 Bragina 和 Dobroxotova 的判斷指出：左腦半球是負責較爲抽象的認知和取向於未來時態的；相對之下，右腦半球卻負責一些比較感性的認知和取向於過去時態。這一個有關左右腦功能的判斷，和以上其他判斷比較起來，很明顯地並不全是一經驗之觀察，因此，在嘗試於理論層面就此一判斷作解釋時，雅各布遜援用了著名哲學家皮爾士 (Charles S. Peirce) 的觀點。他指出皮爾士區分了兩種不同的記號 (Signs)。第一種是圖像 (Icon)，而第二種是符號 (Symbol)❶。所謂圖像是指那些曾經以直接印象的方式呈現的感官認知對象內容，因此，是屬於過去經驗的。那麼「符號」指的是什麼呢？雅各布遜指出所謂符號（特別是有如語言系統中的一些語言記號）卻以作爲一普遍規則的方式去運作的。依照皮爾士的看法，「那眞正普遍的，是指向一不確定的未來的……是一些可能性」❷；「而符號之價值即在於使人類之思想與行爲理性化和使人類得以預測未來」❸。

在引述了皮爾士有關符號與未來底預測之關係後，雅各布遜進一

---

❶ 參見Jakobson, *BL*, p. 36, 皮爾士原文出自Charles S. Peirce, *Collected Papers IV*, (ed.) A. W. Burks, (Cambridge), p. 447。皮爾士其實還論及第三種記號—Index，雅各布遜於此並未論及。

❷ 同上，Peirce, *Collected Papers II*, p. 148。

❸ 同上，Peirce, *Collected Papers IV*, p. 448。

步引述了美國學者Geschwind和蘇聯學者 Ivanov等人的一些新近發現：左腦半球受損的病人，特別是因此而患上嚴重失語症的病人有很大傾向罹患焦躁性抑鬱症。研究指出，特別當病人多次嘗試與他人作語言溝通而不果之際，病人的情緒會愈趨惡化。在總述這些現象時，雅各布遜自己作了一句很巧妙的按語：「（左腦損傷的）病人之隱疾，在於失去了用來計劃安排他的未來的那一套結構符號。」㉒

此中，雅各布遜似乎並沒有提出充分的經驗論據去支持左右腦分別取向於未來與過去兩種時態之說法。卽使有這種取向之分別，但是否左腦全然管理未來？而右腦全然管理過去？而當下（現在）又由那一腦半球負責？這些問題，似乎不容易有明確解決之可能。然而，撇開了這些理論上的困難不談，我還是認爲雅各布遜這一論點觸及了大腦左右半球不對稱問題中的最關鍵性的一面。

我認爲，此中涉及的左腦右腦區別，與其說是未來和過去兩種「時態」之間的區別問題，不如說是「符號活動」和「圖像感知」兩種心理活動之間的區別問題。此中，「圖像」是一特殊對象於空間中的全幅報導，而圖像的感知是直接而具體的。圖像的處理，一般而言雖然都與吾人當下直接感知或以前曾經直接感知的對象有關，但這並不是說我們不可以構成未來的圖像。「符號」之不同於圖像，在於符號的運用是間接而抽象的㉓。吾人不能把符號孤立地直接去指謂一對象，每一個符號只能是一個編碼系統中的組合單元，符號的使用必須假定一個符

㉒ Jakobson, *BL*, pp. 36-37.

㉓ 卡西勒在《符號形式的哲學》等書中，把人類界定爲 animal symbolic-um。其最強調的，正是說，符號之運用，使人從單純的感覺與直接反應之間創製出一涉及「意義」的「中間世界」，使得各種高層的心智反省活動成爲可能。參見 E. Cassirer, *An Essay on Man*, (New Haven: Yale U. P., 1962), pp. 32-41。

號系統，必須透過同一系統內各單元的比較和「對立」(Opposition)
才有意義。而邏輯和語言（人類社會中的民族語言）都是符號系統的
一些最好的例子。所謂「符號活動」，具體地說，就是運用邏輯和語
言對種種可能的「事態」作出處理。由於涉及選詞、句法和語氣的運
用等問題，所有經過語言處理的事情都是帶有解釋的。而語言等符
號活動的最可貴處，就是能透過符號的重新排列（如語序和語氣的改
變、語詞的替換等）對同一件事情作多種不同的解釋。符號活動固能
讓吾人對未來的各種可能作出抽象的比較，並爲某一種可能作出期待
或憧憬；但另一方面也使得人類對過去的事情於單純的報導之餘，能
以各種不同可能的觀點去重溫或重新評估。符號之運用使人類眞正成
爲一能從事多元反省(Reflexion)的動物。總而言之，我認爲所謂左
腦負責未來而右腦負責過去的說法，最多只能當作「側重」去理解。
理由是一般人想到未來的事情大都先以語言去「盤算」，而想起過去
卻大部分先記起某些有關的圖像。但整體而言，左腦的「符號活動」
和右腦是「圖像感知」其實都可以對過去、現在和未來作出處理的。

　　經過上面的解釋，「左腦有損而情緒焦燥抑鬱是因爲病人不能計
劃未來」這一判斷有爭議之餘卻漸顯得可以理解了。左腦損害而情緒
不穩這一現象本身是一重要的事實，最重要的是，這一個現象與雅
各布遜論文中引述的所有近世神經生理學發現基本而言都互相脗合。
左腦受損會引致焦燥抑鬱的理由何在呢？我們既知道情緒是右腦控制
的，那麼，一個左腦受損而只能運用右腦的人，在不能對其所接觸的
各種事態作反省（包括未來之計劃），又不能充分以語言和他人溝通
的條件下，偏偏又仍保有情緒之活動反應，如此光景，試問有誰會不
焦燥抑鬱呢？

　　一個左腦受損的人，在語言受到障礙、又復焦燥抑鬱的條件下，

其不能正常參與社羣生活是很明顯的。然而，如果我們回顧一下雅各布遜就有關右腦受損的病人的報導，我們不難發現，右腦受損（而左腦正常）的人和左腦受損（而右腦正常）的人剛好是兩個極端。

右腦受損的病人是怎個的模樣？試設想有一個人，他外表木無表情，內心全無情感，對音樂毫無情感反應。對語言之外的聲音完全不予區別，有時甚至不知道是窗外的鳥在叫抑是自己的兒子在房裏哭。在與人溝通時，他既不懂欣賞別人的幽默，也不察別人的諷刺，更摸不透別人說話中的情緒，他不能區別和他談話的人的聲音和性別，在與一羣人一起談話時，他不辨來話之空間方向，不能察覺話題從一個人到另一個人的轉移，而只知喋喋不休地自說自話……這樣的一個人，在與他人溝通時，儘管別人說話的知性內容他都能接取，但我們能說他眞正「理解」了別人嗎？這樣的一個人是否能正常地參與社羣生活呢！

三、大腦左右半球之「互補」與「整合」

儘管當今的腦神經生理學和解剖研究還不足以對左右半球中每一獨特區域之功能作出總結性的判斷，但是，透過左腦受損病人和右腦受損病人之比較，我們仍然可以肯定地說，人類左右腦半球於功能上大致是不對稱的。然而所謂「不對稱」這一現象到底代表了什麼？大腦左右「不對稱」現象，除卻是一就解剖和生理而作之判斷外，尚顯示了左右腦半球之運作是涉及「分工」和「互補」的。雅各布遜於論文最後一節便指出：「（大腦左右兩半球之功能構成了）兩個性質相異的組別。然而，這兩個異質組別卻構成了一個內部兩極對揚，但又互相補足（Complementary）的、兩歧的中樞系統（ein Dichotomes

Hauptsystem, a Cardinal Dichotomous System)。這一項事實促使正在日漸成長的神經語言學在對一個半球作出描述時非要考慮大腦另一半球不可。」[24]

從解剖的角度看，人體器官除心臟或肝、脾等少數例外，一般都是左右兼具的。然而，卻很少人探求其是否「對稱」。例如，左右兩肺其實有不同數量的肺葉，但似乎從來沒有人關心左肺與右肺是否對稱，原因是我們並不覺得左右兩肺臟分別對人體的健全機能作出那些異質的貢獻。甚至兩肺臟中缺少了哪一個，對於人體機能亦不會有質上之改變（雖然顯然會有量上之改變——如肺活量之減少）。又如腎臟，世界上每約二千人中便有一個人是先天只生有一個腎臟的，這些人除了於身體發生意外時應變量度較低外，其他機能與常人毫無分別，也因此不會有人關心他的腎臟是否對稱。大腦左右半球是否對稱之所以引起世人關注，最大的原因是因為人們已發現大腦兩半球各有所司。

大腦兩半球各有所職司一問題，我們已介紹過許多臨床的觀察報告了。最後我們不妨試從一理論的層面去為兩個腦半球之分工與互補問題作一番構思。

讓我們先從「互補」（Complementarity）一概念說起。所謂左右腦半球互補，其實即意味著左右腦半球一旦一方受損而只剩下另一半孤立運作便將呈現某一種不足。這一點，我們以上從左腦受損及右腦受損病人的觀察已經看得很清楚了。此中，很明顯地，左腦受損病人所表現的不足反映了人類右腦功能的不足，而右腦受損病人所表現之不足則反映了人類左腦功能之不足，而兩種不足之所以稱為不足，是相對於正常人之心智表現而言的。換言之，兩個不足之中介點就是

[24] Jakobson, *BL*, p. 40.

一般左右腦都健全的常人的心智活動了。因此，所謂大腦左右半球之互補，其實根本上是構成我們一般視之爲正常的心智活動的一項必要條件。

　　明白了大腦左右互補之意義，則所謂「分工」之意義便十分明顯了。一般所謂分工，往往是可替代性的，例如甲乙二人「分工」完成一些雜務便是了。因爲假如甲怠工，則乙還是可以費多一點時間把事情做好的。然而，大腦左右半球之「分工」卻是不可替代的。這意味著，大腦左右半球的職責是不可彼此替代，而若一方因任何原因不能履行職責，則對大腦整體之健全操作將產生不可克服的危害。雖然許多腦神經專家一直都有一想法，認爲兒童尚年幼時，若果一個腦半球受損的話，則另一半可以作出替代，這個說法，晚近亦已有人提出反對❷⑤。姑無論如何，當人類心智成長完畢，大腦分化完成以後，大腦兩半球之（不可替代的）分工便已不可逆地成爲定局。而這時候的「分工」的意思，就是指左右腦透過而且只能透過互補關係方能構成完整的心智活動。

　　爲了要表明大腦兩半球之間的這一種微妙關係，雅各布遜紀念研討會上一位與會者 Walter A. Koch 便提出說：大腦左右兩半球之眞正關係固然不是「對稱」（Symmetrie），但也不是單純的「不對稱」（Asymmetrie），而是「整合」（Integration）。而大腦之整合「爲本來是不對稱的兩個夥伴帶來了新的協調，使本來相對的兩極於結構之促進上得以被充分利用。」❷⑥換言之，人類的大腦儘管從解剖

---

❷⑤　見 Heeschen and Reischies (*SG*, pp. 55-56) 引述 Mauray and Whitaker "Language Acquisition Following Hemidecortication", *Brain and Language*, nr. 3, pp. 404-433。

❷⑥　參見 Walter Koch, "Evolution des Kreativen: Symmetrie, Asymmetrie, Integration", in: *SG*, p. 162。

和生理角度看都是不對稱的，但是與其片面強調這不對稱性和停留在這不對稱的層面去解釋人腦之功能，我們應該從人腦的正常狀態是「整合」的這個基點去回頭對大腦兩半球之「不對稱性」重新評估。或曰：上述種種實驗和臨床觀察固然為吾人揭示了左右兩腦個別而言之獨特的和不可替代的功能，然而，我們卻應要知道，這些各自「獨特」的功能只在某一種病態環境下才會彼此分離地被行使的；因此，在我們用一分析（解）的（Analytic）角度去揭示了不對稱的兩個腦半球的兩組功能之後，便應該回頭去看，這兩組功能如何彼此嵌鑲構成人類健全的心智。因為，我們不能因為發現人類有「兩」個功能不對稱的腦半球，而忘記了我們歸根究底而言其實是有「一」副由胼胝體和前端接索連結起來的整合的大腦！只有抱著這種態度，腦神經生理學、腦解剖學和神經語言學等專門研究才能回頭有助於吾人瞭解日常生活中的自己。

四、從大腦功能之整合談到哲學活動之整合

撰寫這篇文章原初的動機，並不是為了談論大腦神經生理學，而是因為我感到大腦研究對「什麼是哲學活動？」這一個問題可以提出一些啟示。

談論哲學，本來有許多「法門」，為什麼要從大腦研究入手呢？誠然，誰也曉得，哲學思考是要使用大腦的，不過這卻不是今天提出這論題的唯一原因，不然，誰也可以很籠統地把涉及人類各種活動的問題也跟大腦扯在一起。真正促成本文撰寫的原因，是筆者察覺到，大腦左右半球之分工互補和大腦之整合運作問題的理解將有助於吾人更深刻地反省和衡量哲學活動對人類之意義。當然，正如上面談到，

哲學活動本來涉及許多不同可能之考慮。因此，當我們現在把「大腦
功能」和「哲學活動」兩組問題連在一起講時，我們並不打算也不斗
膽於兩者之間建立一線性關係之判斷。換言之，我們並不是要把「哲
學活動」完全化約於大腦運作之層次去解釋。我們只希望指出，人類
大腦運作之模式和（用大腦進行的）哲學活動的模式之間有一明顯有
趣的類比關係（Analogy），此一類比關係使到我們可以從大腦功能
之認識回頭反省什麼叫哲學活動。或者說得更明瞭一點：此一類比關
係讓我們藉著認識一個整合的大腦底健康均衡的活動方式，得以回頭
反省：一健康而均衡的哲學活動會是怎樣的！

　　一個健全的和整合的大腦或廣義而言的心靈於運作上涉及兩組不
可替換的功能之分工和互補這一問題，其實早在亞里士多德的作品中
已被初步提出。在《心靈論》(De Anima) 一書中，亞里士多德對
生物的所謂「心靈」(ψυχή) 曾先後作過許多不同層面的界說，他把
各種生物底心靈分別為一系列的功能或能力（Dynamis），而讓各種
高低不同等第的能力（如營養、生殖、移動、感覺⋯⋯）依次分隸於
高低不同等第的生物❷。然而在同書第三篇第九節（Ⅲ 9）以降，亞
里士多德忽然改了一個布局，把生物所有的能力都歸納於兩個大類之
下：「生物的心靈可以大分為兩大主要能力，就是知性判斷能力⋯⋯
和在空間中構成運動之能力⋯⋯」❷ 當然地，在作了這個粗略的二分
之餘，亞里士多德復馬上於兩大項目下進一步細分許多不同的能力。
這些複雜的理論一直影響了日後西方哲學許多重要的心靈哲學理論
（特別是康德），其中細節是我們無法在這裏交代的。不過，上述亞

---

❷　Aristotle, *De Anima,* (Cambridge: Harvard University Press,
　　1975), Book II, Chapter 3, 414a28ff.
❷　Aristotle, *De Anima,* Book Ⅲ, Chapter 9, 432a15-18.

里士多德就人類心靈之能力所作之粗略的二分卻已包含了許多我們現在值得注意的論點。

首先，亞氏認爲其所謂知性判斷能力（包括感覺和理解）實乃一純粹的「計算能力」(logistikon)，作爲一純思考性的能力 (theoretikos) 而言，知性能力本身是不從事實踐 (Praxis) 的。換言之，知性能力本身「並不告訴我們要規避什麼或要追求什麼」❷。就在這個意義下，知性判斷能力本身只會作不投入的觀察，而不會對世界有任何成全和改造。至於第二大類的所謂「在空間中構成運動之能力」主要包括亞里士多德所謂「實踐思維」(dianoia praktike)，和「意欲」(orexis)。亞氏認爲，這兩種能力不同程度的混合，產生人類種種不同的心境 —— 如意願、激情、慾念等❸。總括而言，這第二類別的「能力」是涉及人類種種情感活動的，亞里士多德之所以說其爲「於空間中構成運動」，是要強調這些能力並不好像知性判斷能力一般只顧觀察處理抽象的認知對象，而是直接從一己之角度去關注經驗世界之具體事態，並從而作出回應的。

亞里士多德這種近於玄想式的二分法，在現代大腦科學研究中似乎得到了新的理論意義。右腦受損病人和左腦受損病人之觀察讓人們得以把左腦和右腦兩組不可替代的功能分離出來。正如亞里士多德的知性判斷能力一樣，左腦半球是偏向於純粹知性活動的，更有進者，現代的神經語言學還指出左腦所從事的是一些抽象的認知活動，這些抽象的活動基本上是在一高度結構性的符號編碼系統中進行的，例如音位系統、語法系統等。左腦的「世界」基本上只存在於符號系統中，左腦的認知對象主要是語言單位，如語詞（概念）、語句（命題）

❷ Aristotle, *De Anima*, 432b27.

❸ 見 Aristotle, *De Anima*, Book Ⅲ, Chapter X, 433a10-433b13.

等。由於語言編碼是一有高度結構性的符號系統，左腦乃可以就任何課題作出不同層次的處理和反省。由這些反省而生的所有「概念」和「命題」，無論「抽象」到什麼程度，無論離開人類的生命世界和日常經驗多遠，只要是合於有關的符號系統（語言系統）的構詞法則（Morphology）和造句法則（Syntax）的，便都起碼於符號系統中有其指涉。

至於人類的右腦，它雖然短於抽象的知性活動，雖然缺乏符號化的編碼解碼能力，但是卻管理了人類的情感活動，憑着其喜怒愛惡，它為人類所要追求或排拒的領域作出定向；它具有空間感應的能力；它能夠於人羣中區別不同的個人，並於區別之餘，負起感受每一個它接觸到的人的情感的職責。它是一切人類行為的動力所在。正如亞里士多德說這是一種「在空間中構成運動的能力」一般，雅各布遜亦可以異曲同工地說：「右腦處理了人類……日常生活上的，乃至因大自然力量之湍動而被吾人聽取之現象。」❸換言之，右腦的世界乃是吾人日常經驗到的世界，是具體的自然和具體的人羣社會。

我們在上一節談到，在談論大腦左右半球分工互補之餘要從整合的角度對一個健全的大腦之整體功能作一重審。誠然，左腦受損或右腦受損都是不正常的。正如上述，孤立下的左腦雖然有高度的抽象認知能力和高度的信息編碼 —— 解碼處理能力。但是，很可能其所有對象皆只有符號系統內部之指涉。如果我們希望把左腦的高度智能應用於一些與吾人日常生活世界有對應的界域場合（Horizont）中的話，則右腦是絕對不能缺少的，正如雅各布遜所暗示一般，右腦半球可說是「從語言網絡到語言以外的實在（Extralinguistic Reality）之過

---

❸　參見 ❹。

渡」❷的主要關鍵。反過來看，孤立下的右腦同樣是難以健康地運作
的：孤立下的右腦固是一個有感觸和有喜怒愛惡的「有情」，但是，當
右腦掀起了愛惡之情，但卻只能停留在純粹的愛惡之中，而無法對其
欲愛欲惡之事象作多元的、和多可能的反省性處理的話，則「右腦」
必將無異於一個左腦受損的病人一般地焦燥抑鬱不能自拔。

　　作者在學習哲學的路途上，曾經面對過一個嚴重的「信仰危機」。
大學畢業的前後幾年，作者曾經在哲學本科學業上下過一點功夫，對
自己本來應該感到有所交代的。但是，作者對哲學作爲一門學問愈是
誠懇，書讀得多了，便愈是感到迷惘，愈覺得一套又一套的哲學理論
不知除了供我輩鑽研外，到底還有何眞正的價值可言。坦白說，作者
本來對於純粹技術性的智力遊戲一直都有濃厚的興趣。只是，一論及
哲學，於一旦讀完一本哲學經典，一旦認爲有關的理論困難大致上都
已被克服之後，便總覺得這套哲學理論不應只是一套理論遊戲而已。
經過了足足一年的困惑，在許多機緣下，「信仰危機」過去了。作者
終於能夠對自己說：哲學理論、哲學活動實在並不只是一些智力遊
戲。學者如果覺得哲學只是一些智力遊戲，是未能掌握哲學與人類生
活世界之眞正關係而已。

　　自此以後，作者建立起一個強烈的信念：任何有重要性的哲學理
論都對人類之生活世界與對人之存在處境有所回應。問題是，這些回
應之線索，在高度抽象化之後和經過多重反省以後的哲學理論中，往
往已頗爲轉接、而不爲學者所易見。吾人研習哲學在用心理論結構之
餘，如果不能洞察到這些理論與人類存在實況之關係的話，則便只如
隔靴搔癢。哲學之用處根本無法表現，正如海德格有一句名言：「哲學

---

❷ 參見 Jakobson, *BL*, p. 29-30。

如果只當作一些與生命割離的純智構作的話，則它是沒有力量的。」[33]

　　什麼叫做把哲學當作「純智構作」呢？我們都知道，哲學理論除了卷帙浩繁外，大都是名相林立、論據駁雜的。此中之名相概念、判斷推理，必須彼此掛鈎才能鑲嵌成一套成一家言的理論。這樣的一套理論，就是所謂「純智構作」(Rationalistisches Gebilde)了。作為一套理論而言，論者一般只關心它到底是由那一些句子（上接推論，下接概念）組成，因此，我們可以簡稱之為一個命題系統。世人衡量一套哲學理論之好壞，一般的標準都是從概念、判斷和推理幾個層面看命題系統之內部結構是否緊密。這種觀點下的哲學工作就是康德所謂的「學院意義的哲學」(Philosophy in Scholastic Sense)，而論者所重視的哲學理論之「緊密性」，就是康德所謂的理論的「機巧性」(Geschicklichkeit)。然而，康德卻認為從事哲學活動只追求理論之機巧是不足夠的，他提出，除了作為「學院意義的哲學」外，哲學最重要的是要成為「世界意義的哲學」(Philosophy in Cosmic Sense) [34]。這一意義的哲學之特色是在於要透過對「人類理性之終極目的」的回應而顯出對人類自身之「受用性」(Nützlichkeit) [35]，

[33] 參見 Martin Heidegger, *Die Kategorien- und Bedeutungslehre des Duns Scotus* (1916), in: *Frühe Schriften*, (Frankfurt/M: Klostermann, 1972), p. 348。

[34] 有關康德就「學院意義的哲學」和「世界意義的哲學」之區分，參見拙著：〈康德論哲學之本質〉，見：《中國文化月刊》，第五十一期，（臺中：東海大學，1984），pp. 61-82。現已收入本書 pp.1~21。

[35] 康德「機巧性」與「受用性」之辨於《純粹理性之批判》中言未見詳。康德以此一區分去說明「學院意義的哲學」與「世界意義的哲學」之區分，寓意極深，讀者可參見康德遺著中《形而上學演講集》一部分。I. Kant: Metaphysik L2, Vorlesungen über Metaphysik und Rationaltheologie. in: *Kant's Gesammelte Schriften*, Band XXVIII, hrsg. von der deutschen Akademie der Wissenschaften zu Berlin, (Berlin: de Gruyter, 1970), p. 532f。

康德的意思是說，儘管哲學是有作爲純智構作之一面，但是吾人如果不能指出哲學之理論是要回應那一種與人類之存在處境有關的問題的話，則理論構作之智性「機巧」永不能眞爲人類所受用，哲學之力量也無從顯示。

　　然而，什麼叫做讓哲學理論回應人類之存在處境呢？什麼叫做哲學使人「受用」？ 要說明這一回事，我們是不能只從理論的內部觀察的。很久以來，我一直有一種想法：歷來各民族各傳統提出了許多的哲學理論遺產，而這許多哲學理論遺產對許多人來說，往往以爲只是人類文明的一些奢侈的和可有可無的點綴。然而，我一直覺得，對於提出這些哲學理論的哲學家來說，其所提出的理論並不是可有可無的，而往往是痛癢攸關的。世人接觸哲學時之所以有可有可無之感覺，是因爲只瞭解到哲學作爲一個命題系統的一面。然而，嚴格而言，哲學除了作爲一些可客觀予以表達的理論外，尚有作爲人的一種心智活動的一面。康德說，人嚴格言不能學習「哲學」(Philosophy)，而只能學習去從事「哲學思慮」(Philosophize, Philosophieren) 其實就正指這一點❸。換言之，從哲學根本上是人的心智活動而言，理論只不過是哲學活動的產品，而不是「哲學」之全部。人非草木，人存活於世上與石頭存置於世上的最大分別，是人存活之際會關注環繞自己的一切事象，並且於受到外界刺激時會作出反應。人類受的刺激可以是物理上或生理上的，也可以是心智及情感上的。當人類的形軀受到物理及生理上的刺激時，人類是可以藉着物理及生理上的反應去作平衡，例如下雨人會躱，火燙人會跑。但當人類受到情感上和心智上的打擊時，單純的物理生理反應是不能解決問題的。當人類的心智受

---

❸　見 I. Kant，《純粹理性之批判》，B865。

了打擊而失去平衡時，人類必須經過心智上的回應才可以重新取得失去了的平衡。而所謂宗教、藝術，乃至哲學等人類之文化活動其實都是這一意義的回應。亞里士多德曾說，哲學是起於「驚訝」[37]。後來許多學者如羅馬時的盧卡瑞修斯（Lucretius）[38]，近世的叔本華[39]乃至當代的布洛克（Ernst Bloch）[40] 等人於談到這一點時，都不約而同地指出，所謂「驚訝」並非一些單純的好奇。他們都指出，最能刺激哲學產生的，大都是一些令人類最困惑的，和令人類的情感最受打擊的現象，如生死、疾病，乃至事物盈虧變化之無常等。因此，哲學問題之提出，往往正顯示了人類對一些不解的困惑的一些求取安頓的方向。人類提出一個哲學問題時，往往本就預設了一個可能的回答方向，並且還預設了這一方向之回答能解決原初之心智困惑。就以古希臘的哲學為例，「世界之原質（Arche）是什麼？」這一個問題，看起來很冷酷，但希臘人提出這個問題時，何嘗不寄以感情上之重託厚望！因為，經驗世界一直在變幻無常，人的能力留不住事物變化之步伐，但只要能「提出」並且「回答」「什麼是世界之原質？」此一問題，人類便起碼可以取得一智性之勝利。

希臘哲學發展到德膜克利特（Democritus）時，產生了一個可圈可點的概念 —— 原子。這個「原子」嚴格而言，並非科學經驗觀察

[37] Aristotle, *Metaphysica*, Book 1, 982b12.

[38] 見 Lucretius: *The Nature of the Universe*, (Harmonds-worth: Penguin, 1951), p. 31。

[39] 見 Arthur Schopenhauer, *Die Welt als Wille und Vorstellung*, Ergänzungen, Kapitel 17, "Über das metaphysische Bedürfnis des Menschen", in: *Werke in Zehn Bänden* (Zürcher Ausgabe), Band Ⅲ, (Zürich: Diogenes, 1977), p. 195。

[40] 見 Ernst Bloch, *Zwischenwelten in der Philosophiegeschichte*, (Frankfurt/M: Suhrkamp, 1977), p. 11f。

之結果，而純屬一心智之構想。原子的希臘文叫 a-tomos，原意是「不可分割」。如果我們仔細分析，則所謂「不可分割」之構想其實不外是指事物無論如何被破壞摧毀，總有一個不可再破壞之極限，當我們構想世界是由原子組成，而且事物之變化不外是原子的重新排列的話，則人們起碼於心智上能夠掌握變中之不變原則。一想到這裏，萬事萬物變化到了極限，大不了成為原子，而在此原子的基礎上，新的事物，乃至新的生命又可以被重新組織了……，而正因為這個原因，原子論於羅馬初期的承繼人盧卡瑞修斯便聲稱原子論為人類解釋了事物乃至生死的謎，使人們從此再不用依賴於迷信云❹。對於一些以為原子論只是一個簡單無聊的理論的人來說，盧氏這番話是值得細想的。

總括而言，哲學活動乃是人類受到現實生活世界對心智的刺激，因而激發起的一種心智回應活動。它透過問題之提出去引導心智從某一特別的方向去把困惑「想通」。用柯靈伍德 (Collingwood) 的講法，哲學活動基本上是「問」和「答」之相應❷。某一哲學家的某一套理論嚴格而言，只是對一個「自己」提出的或是承取自前人的問題的一種答案。每一種「答案」代表一套可表之為命題系統之理論。然而，由生「疑」而提「問」而作「答」的這整個哲學活動歷程卻不是某一套理論「答案」所能全面取代涵蓋的。這整個哲學活動歷程，嚴格而言並不存在於某一套理論中，而存在於人類具體的生命歷程中，它並不只是一組命題，而是人類感情與理智整合地共同編織出來的動力網絡。而相反地，一套哲學理論作為理論而言，當然有理論內部結

❹ Lucretius, *The Nature of the Universe, op cit.*, pp. 62-79.

❷ R. G. *Collingwood, An Autobiography*, (Oxford: Oxford University Press, 1970), Chapter V, p. 29 ff.

構組織上和概念分析上的考慮。這些考慮決定了一套理論本身是否能夠成立，也決定了其內部是否有理論困難有待澄清修正，也決定了一套理論和另一套理論之間如何比較……但是我們卻不應忽視，一套傳世的理論很可能是由一痛癢攸關而且深植於人類生命存活處境中的問題所激發的。一旦截斷了理論背後的這一個聯繫，則儘管我們窮一己之智力克服了種種概念上和理論上的「機巧」，我們到頭來還是會感到迷失，而哲學之「力」亦將無從顯出。

　　許多年來，我一直有一種想法：哲學理論雖然許多時候給人一個很冷靜、很概念化的印象，但是最冷靜最概念化的哲學理論背後可能帶有最情緒化和最無理論論據可言的感情寄託的❸。現代大腦神經生理的研究對這個問題似乎可以作出一些重要提示。在揭示了大腦左右半球透過分工和互補而締結成一整合的健全的大腦這一基本認識後，我們同樣可以指出：健康的哲學活動同樣地是要由左腦和右腦共同協作參與的。在這個意義下，哲學活動當然是同時涉及情感（右腦）和理智（左腦）的。正如人類左腦控制下的語言乃是一套符號編碼系統一樣。我們也可以把哲學理論類比為一套高度複雜的和有概念結構的符號系統。孤立下的哲學理論本身，除了可以表現為純粹的智力活動外，其所表達者，很可能只是一些透過內部結構上之互相關聯而取得自我指涉（self-reference）的內容，而這些內容很可能是與人類實際的存活實況世界完全脫節的。至於右腦對於哲學活動又可能提供那

---

❸　海德格在《存有與時間》書中，即很強調情緒（Stimmung）和切身感受（Befindlichkeit）對構成人的生活世界之意義的根本重要性。"Wir müssen in der Tat ontologisch gründsätzlich die primäre Entdeckung der Welt der 'blossen Stimmung' überlassen." 參見 Heidegger, *Sein und Zeit,* (Tübingen: Niemeyer, 1972), pp. 137-138.

種貢獻呢？腦神經生理學顯示，右腦掌管空間導向，掌握一己和他人
之感情之捕捉和控制，從而使語言內部的編碼世界與語言以外的實在
世界聯繫起來。因此，我們也可以類比地說，哲學思慮之所謂具有關
懷，是因為吾人能以右腦自日常的實況世界中感取我們將要關注的對
象和問題，讓左腦去思考、反省；換言之，右腦使我們把哲學理論
反省從一純理論的世界回置於人類日常生活世界中，使之與具體的自
然、具體的人羣社會和具體的存活處境聯繫起來，並對人類種種感情
上的需求作出回應。正如人類健全的大腦必須左右協調一般，作為哲
學活動成果的「理論」如果一旦被孤立起來，便很可能成為一套只能
自我指涉的概念文字遊戲。相反地，哲學思慮如果只重視感情或情緒
的一面的話，則哲學便永遠只是一些夢囈般的胡言亂語。右腦和左腦
協作下的哲學活動，用佛家「悲智雙運」一語去形容是最好不過的。
此中「悲」與「智」缺少任何一面都將構成無法彌補的遺憾。譬如我
們說：佛學因見人世間之疾苦而提出「空」的概念。此中，若果沒有
「悲」，則佛陀基本不會觸動以「空」勸世之宏願。但如果佛陀只有
「悲」而沒有「智」，則很可能一輩子只會情緒性地難過，而不會想
出「空」的概念。「空」基本上並不是一經驗中的對象而是於概念系
統中才能確立的，換言之，是要用智力去建立的，佛家因此乾脆叫做
「空智」或「般若智」。然而，如果只有「智」而沒有「悲」，則儘
管我們於純智層次理解了什麼叫「空」，但「空」之於人又有何助益
呢？換一句話說：「空」作為一個哲學概念來說，基本上是得由左腦
之抽象能力才能掌握的概念。然而，即使左腦能構想「空」的概念，
但如果沒右腦去帶出對一個花花世界之感觸，和引出求「看破」此一
花花世界之悲願的話，則根本就沒有提出「空」的必要；即使我們硬
把「空」當作一個抽象的理論「掌握」了，則左腦構想出來之「空」

又有何用武之地呢?

大腦左右半球之整合問題告訴我們:哲學除了純智的理論成素外,尚有感情的關注成素。前者構成概念和理論, 後者使這些概念和理論能自最懸浮的概念或理論世界回應於人類具體的經驗世界。如果人類只有情感而沒有理論運作的能力, 則便不能就各種問題作深入的和多元的反省, 也根本不會發展出如哲學一般具有高度智慧的文明, 一個完全沒有哲學(從最廣義而言)的民族就好像是一羣左腦受損的病人一樣。同樣地, 治哲學並不只像在進行純智力遊戲, 健全的哲學思慮活動都是由於某一種關懷的鞭策而展開的。當然, 今日的社會所造就出來的許多哲學學生和哲學家中, 還是有許多把哲學只當作智力遊戲一般去從事的。其道之行也, 與一羣右腦受損的病人又有何分別呢!

參考文獻

1. *Sprache und Gehirn: Roman Jakobson zu Ehren,* (hrsg. Helmut Schnelle) (Frankfurt/Main: Suhrkamp, 1981).

2. Roman Jakobson, *Brain and Language, Cerebral Hemispheres and Linguistic Structure in Mutual Light,* (Columbia/Ohio: Slavica Publishers, Inc., 1980).

3. Roman Jakobson: *Six Lectures on Sound and Meaning* (Cambridge: MIT Press, 1978).

4. Roman Jakobson: *The Framework of Language,* (Michigan Studies in Humanities, 1980).

5. Roman Jakobson: Kindersprache, Aphasie und allgemeine Lautgesetze (1935) in: *Selected Writings,* Vol. 1, (S' Gravenhage: Mouton, 1962), pp. 328-401.

6. Sidney J. Segalowitz (ed.), *Language Functions and Brain*

Organization, (New York: Academic Press, 1983).

7. Karl Popper and John Eccles, *The Self and Its Brain,* (Berlin: Springer, 1981).

8. A. C. Guyton (ed.), *Textbook of Medical Physiology,* 7th Edition (Saunders, 1986), Chapter 54, "The Cerebral Cortex and Intellectual Functions of the Brain", pp. 651-664.

9. Eric H. Lenneberg, *Biological Foundations of Language,* (New York: Wiley, 1966).

10. 王士元 (William S. Y. Wang)，<實驗語音學講座>，錄於《語言學論叢》第十一輯，(北京: 商務印書館，1983)。

11. 岑麒祥，<雅各布遜和他在語言學研究中的貢獻>，見岑著: 《語言學學習與研究》，(河南: 中州書畫社，1983)。

12. 關子尹，<康德論哲學的本質>，見《中國文化月刊》，第五十一期，(臺中，東海大學，1984)。現已收入本書 pp. 1～21。

胡塞爾的「世界界域」理論
——從現象學觀點看世界

一、引 論

　　「世界」這個概念向來爲世人慣用，一般人相信亦很少會對這個字詞的眞正意義特別注意。然而，一個如此普通的概念，在哲學乃至在語言學的領域中，卻是一個值得仔細分析討論的課題。簡單而言，所謂「世界」，可說是一囊括一切的概念，而其所囊括者，旣是人類認識的對象，也是人類語言所要「表達」的對象。因此，「世界」正是哲學和語言學所共同關心的。作爲人類認知能力和語言能力最廣義的對象而言，「世界」或多或少必與人類的認知能力和語言能力構成某一種關係。此一關係之研究與討論，已成爲現代哲學（特別是知識論）和語言學的一項首要課題。

　　有關人類之認知能力、語言能力，和「世界」之關係這一問題，歷來說法衆多。然而，在各種可能的構想中，最具代表性，而且對一般人最顯得理所當然的，莫過於一種以爲世界是「實在」的，以爲認識能力接觸世界而構成意念，和以爲語言是藉以表達世界之意念之「工具」的這一種想法。這種想法下的所謂實在「世界」，實卽一般人所謂的「外在世界」。

(一)何謂「外在世界」?

甚麼叫做「外在世界」呢? 所謂「外在世界」, 或英文中的 External world, 德文中的 Außenwelt 等概念, 其實有著許多不同的意義。它們起碼有著強弱兩種不同的解釋。所謂弱式的「外在世界」亦卽世人一般日常用語中所指的「世界」, 此中所謂「外在」主要不外說明世界乃人類形軀之外或心智以外備受人類接觸和認識的種種事物解。此中所謂「外在世界」, 其實就是指人類的「對象世界」。至於強式的「外在世界」主要是傳統哲學家構思下的所謂絕對的和獨立的「實有」(Wirklichkeit)。 此中, 所謂「外在」或「獨立」乃是指獨立於人的認識而言。很扼要地說, 傳統的形而上學系統, 往往有感於現象之流變而對人類自身的感官認識和此一認識下的經驗現象缺乏信心, 乃設想有恒常不變而又獨立於人類之感官認識能力以外的「實有」。而強式的「外在世界」可說是這意義的「實有」的其中一種表述方式。

這一種觀念長時期支配了許多哲學及語言學的討論。亞里士多德在他的《解釋篇》(*On Interpertation*) 中, 便提出了有關世界和語言之關係最經典性的主張。在該文獻中, 亞里士多德把事物 (Pragmata)、心象(Pathemata)、聲音 (Phonē) 和文字 (Grammata) 這四個層面以一直線的關係連接起來。簡單地說, 他認為文字記錄聲音, 聲音表達心象, 心象反映事物。最重要的, 亞里士多德還清楚地指出: 雖然聲音 (語言) 和文字是因民族而異, 但人類的心象和此心象所反映的事物卻是普遍和人際共通的❶。亞里士多德這裏所謂「事

---

❶ Aristotle, *On Interpretation*, Chapter 1, 16a3-16a9.

物」，實指一些不因語言表達之差別而獨自以一不變易的樣式存在的「事物」。這樣構想下的「事物」，其主要特性，就是能獨立於人類的語言條件而仍能保有明確的內容。亞里士多德這種想法，可以說是西方後來形而上學或存有論中所謂「獨立實有」的主要依據。

這種以亞里士多德爲代表的觀念，長期支配了西方有關哲學和語言理論的探討。但是到了現代哲學（康德）和現代語言學（威廉·洪堡特）興起以後，便都遇到了嚴厲的批判。這兩方面的批判著重點雖然不同，但是卻涉及同樣的守則：離開了人類的觀察條件，不可能構成任何有意義的對「世界」的討論。當然，康德和洪堡特等對亞里士多德以降的客觀實有問題作出挑戰時，他們嚴格而言，並不要採納與實在論完全相反的觀念論去「否定」世界的「客觀獨立性」，也不是要強指世界離開人類的意識便不存在。因爲從理論的角度看，如果「存在」是指「客觀獨立實有」的話，我們如果不能予以肯定，則基於同樣理由，我們亦不能予以否定。對康德和洪堡特來說，有關強式的「外在世界」的討論，問題的焦點不在乎其「存在」或「不存在」，而在乎其「有意義」或「沒有意義」。

康德於「本體」和「現象」之間作了「權實」的區分❷，這一區分充分顯示了：凡涉及「本體」或「物自身」等這一類「強式」的存有判斷都是充滿了理論上的困難的。總而言之，這一類的「強式」判斷之主要困難是在於它們潛在地都包含了「獨立於人的認識條件以外」的這一種堅持。康德以後，哲學家漸了解到，大凡人類所能認識或所能談論的任何「事物」都是人類的「對象」或「現象」。而一切

---

❷ 有關康德就現象和本體所作之區分，可參看 I. Kant, *Critique of Pure Reason*, A235/B294 ff。此外請參看關子尹著：〈本體現象權實縎解〉，《東海學報》，第二十六卷，(1985)，pp. 173-210。現已收入本書 pp. 23～71。

現象之意義必不能離開人類的認識或觀察條件而成立。而現象之所以被稱爲「現象」，就是就其「對吾人所顯示」(as They Appear to Us)而言的。換言之，作爲現象而言的世界歸根究竟而言都不外是一些「對吾人而言的事物」(Dinge für uns) ❸，強式的「外在世界」或「物自身」(Ding an sich) 根本是沒有認知意義的空洞名詞。在康德的理論中，亞里士多德的所謂「實體」終於被褫奪了其「獨立」的地位，而被解釋爲人類認識範疇的一種。而「本體」或「物自身」概念亦被指定（起碼於知識層面上）不能合法地作正面意義的使用，而只能反面地解作人類知識對外投射的界限 (Problema)。康德對「本體」或「物自身」概念的「正面意義」之限制，無疑亦即宣告了我們所謂「強式」的外在世界於意義上之無效。

哲學上「物自身」問題陷入知識論困難之理由固甚明顯。除了哲學上的反省外，現代語言學亦對同一問題作出反應。在康德的影響下，語言學研究首先出了赫爾德 (Herder) 和威廉·洪堡特 (Wilhelm von Humboldt) 等名家。特別是後者的語言學理論，可以說是對亞里士多德的語言理論中的所謂外在「事物」或外在世界構想提出了最有力的反擊。對洪堡特來說，「世界」再不能被視爲獨立於語言表述之外而仍具有明確不易，而且人際共通的內容的事物領域；而語言也再不只是一用以表達一具有固定意義內容的「外在世界」的工具。語言乃是人類能對世界構成理解的基本的和必需的條件。現代語言學可

---

❸ 康德談論現象時，常常使用「我們的」(unser (e))，「對我們而言」(für uns)，和「我們人類的」(unsere menschliche ……) 等表式。參見 *Critique of Pure Reason*, A34-35/B50-52。此外，當代德國學者寇爾柏 (F. Kaulbach) 更據康德此意把現象詮釋爲「對吾人而言的事物」。參見 Friedrich Kaulbach, *Immanuel Kant,* (Berlin: de Gruyter, 1969), p. 129。

以說是吸取了康德底哥白尼式革命的啓示❹，只不過把康德所謂的認知條件改從語言條件上去構思，結果異曲同工地顯示出，吾人談論的所謂「世界」，永遠不可能是強式的「外在世界」，而是永遠附帶有人類心智所介入之成素的。

然而，經過這一番辯說後，我們是否便從此不能使用「外在世界」這個名詞呢？我認爲也不盡然。在指出了強式的外在世界觀念於知識論及語言學上的困難後，我們別忘記「外在世界」還有一弱式的用法。所謂弱式的「外在世界」其實可說是一種日常語言的用法，其雖然說「外在」，但卻不一定含有形而上學意涵，不一定涉及「獨立實有」的意思。所謂「外在」往往不過指「我以外那被我認識的對象」的意思。換言之，弱式的「外在世界」就意義而言，正好是扣緊了和透過人類認識條件之關聯而確立的，只不過，一般人通常不會意識到此中所涉及的「觀察成素」，而只意識到世界「在外面」。正如一般人談到所謂「客觀」（Objective）時，往往以爲指的是「外在世界」，而不知 Objective 的原義是相對於一 Subject 而顯示的意思。因此，我們可以說：弱式「外在世界」這概念即使有「毛病」，也不過在於對「人類認識條件」之不自覺或不意識，這和強式「外在世界」概念之排拒人類認識條件或強調獨立於人類的認識條件是迥異的。這意義的弱式「外在世界」，其實不過是世人一般而言的「世界」的另

---

❹ 康德哲學對近世語言學特別是洪堡特之影響雖然極爲明顯，但有關的討論卻並不多見。就此一課題討論得最爲詳盡的，當推卡西勒（Ernst Cassirer）。參見卡西勒著 "Die Kantische Elemente in Wilhelm von Humboldts Sprachphilosophie", in: *Festschrift für Paul Hensel*, Hrsg. von Julius Binder, Greiz i. V. 1923。此外亦可參考卡氏所著書: *Zur Logik der Kulturwissenschaften*, 中譯《人文科學的邏輯》，關子尹譯，臺北: 聯經，1986年。

一個代用詞而已，而作為人類日常語言中的一個用詞而言，它是絕對
有權利被繼續使用下去的。只是，從此以後，當我們要較嚴肅地使用
「世界」一詞的時候，我們便更應了解，「世界」此一觀念之構成，
是無法抽離人類的觀察條件而成立的。

(二)從外在世界到「世界圖像」

現代許多學者為了使「世界」一詞的用法免於上述理論困難，都
自覺地於使用上作出明確區別。這一份自覺特別表現在哲學和語言學
圈子之中。

德國語言學家韋斯格爾柏(Leo Weisgerber)，於本世紀五、六
十年代間曾經是歐洲最有影響力的學者之一。他便把「世界」(Welt)
和「實有」(Wirklichkeit) 這兩個概念嚴加區分。韋氏把實有了解
為「那獨立於人類的」(vom Menschen unabhängig)，而世界則
顧名思義地是「那由人類參與締建的」(vom Menschen mitge-
staltet) ❺。此中，世界和實有之劃分，便正是以人類認識條件底相
關性 (Menschenbezug) 之肯定或否定而作出的。這嚴格劃分下的
所謂「世界」，便再不是上述所謂強式的「外在世界」，而實指一「人
的世界」或「人文世界」了。最有趣味的是「那由人類參與締建的」
這一字眼，其中「參與締建」mitgestaltet一詞充分地把康德的基本
構想表達出來。它一方面說明了「世界」一定程度上是人類心智運作
之成果，但另一方面也同時強調了「世界」並非只是人類意識所杜撰
之結果。正如康德以「感性論」(Ästhetik) 和「邏輯」(Logik) 分

---

❺ 參見 Leo Weisgerber, *Das Menschheitsgesetz der Sprache als*
Grundlage der Sprachwissenschaft, 2., neubearbeitete Auflage,
(Heidelberg: Quelle & Meyer Verlag, 1964), p. 38。

別從內容與形式兩個側面去解釋知識所由起，並指明感性雜多（Ma-nifold）乃人類自身所無法杜撰的知識內容基礎一般，韋斯格爾柏同樣地肯定了「實有」於「內容」上的地位，並且指出人類心智可作不同深淺程度的參與；視乎心智參與的或淺或深，「世界」乃有不同層面的意義❻。

當代西方哲學家中，最強調「世界」與人類觀察條件之相關性的，可舉葛達瑪（Hans-Georg Gadamer）為代表。葛氏指出，自人類有歷史以來，無論經歷過的世界如何分殊，這些不同的世界，作為「人類的」世界而言，都必定是以語言建構出來的。而一傳統以其語言所締造出來的，實非一完全價值中性而且人際共通的「世界」，而是富有每一民族之精神特色的「世界圖像」（Weltansicht）。人類的文明史，正是眾多不同的世界圖像之排列。葛達瑪逕繼康德之後，指出世人所謂世界莫不是「世界圖像」或「世界觀」，一個離開或獨立於人類的觀察條件的「世界自身」（Welt an Sich）這概念，本質上是充滿理論困難的。此中，Welt an Sich 一詞顯然是從康德所謂 Ding an Sich（物自身）一概念轉過來的。而 Weltansicht（世界圖像）中 Ansicht 一字來自德語 ansehen 一動詞，是指對某事物之「視察」的意思，所以「世界圖像」不外指「視察下的世界」。而這一意義的世界不能離開「視察者」之觀察條件是最明顯不過的❼。說到底，世界一概念是不能離開與人類之相關性而談論的。

從韋斯格爾柏和葛達瑪兩個例子出發，我們不難看到，當世人高

---

❻　這卽涉及韋斯格爾柏有關世界的所謂「四層建構理論」（die vier Schau-plätze des Wortens der Welt），當別為文詳加討論。

❼　參見 Hans-Georg Gadamer著，*Wahrheit und Methode, Grundzüge einer philosophischen Hermeneutik,*（Tübingen: J. S. Mohr, 1975），Vierte Auflage, p. 423。

談關論「世界」如此這般時，其所談論的永遠只是人類自己所見所解的世界圖像，而非一形而上的，超越人類認識條件的世界自身。一旦明白這一點，人們當更能體會到，人的觀察角度如果不同，則人的世界圖像之意義內容亦將有分殊偏差。對人際間世界圖像分殊性之認識，將更有利世人更懂得檢討自己的觀點的特色和限制，更能爲自己的見解擔負責任，和更能對他人的觀點體諒。

(三)世界圖像及其意義結構

世界既然不外是「世界圖像」或「世界觀」，那麼，世界圖像的主要特質在那裏？世界圖像底分殊之基礎又在那裏呢？這些問題的回答是很簡單的：在於「世界圖像」具有「結構性」。

世人談及「世界」時，通常都認爲世界不外是各種事物全數加起來的總和。而且往往只從一靜態的觀點把所謂事物視爲一些個別獨立的組件 (Constituents)。換言之，世人往往把「世界」這概念簡化爲衆多組件並列而做成的組合。小學生也懂得把世界分爲「五大洲」、「七大洋」……就是最好的例子了。然而，世界這概念的意義是否這樣單純呢？我們可試從幾個層面分析。

(1)「世界」一詞，今人固多只從靜態觀點解作個別事物之組合。但從字源的角度看，世界一詞的原意，無論在東方或西方都不只如此簡單。古代漢語最初只有「天下」，而無「世界」一詞。「世界」一詞之使用，始於魏晉以還漢譯佛典。「世」和「界」分別依時間和空間立論，《楞嚴經》謂：「世爲遷流，界爲方位」❽，可見「世界」起碼涉及一歷程的問題。西方語文中所謂「世界」，最古的根據就是希臘

❽ 參見《實用佛學辭典》，「世界條」，臺北：佛教出版社，1975年。

文中的 kóσμos, 問題是 Kosmos 一字的意涵比現代西方語言中的 World, Welt 或 Monde 遠爲豐富。它不但解作一般所謂世界，更可解作秩序，裝飾等❾。總而言之，Kosmos 並不只是今人從靜態觀點了解的世界，而且，還解作一依據一定的秩序在周而復始地交替變化的，而且一定程度上還是很「美」的世界。換言之，Kosmos 這個概念顯示下的世界，並不只是一堆事物拼湊而成的總和，它並非靜態的，而且涉及有結構有組織和有秩序的變化，而這意義的世界還對「人」而言構成一定的美感意義。

(2)再從人類經驗中的對象事物談起，亞里士多德一直到中世紀的討論中，人們只注重事物作爲「個別」存有的構成原則，即所謂 principium individuationis 的問題。但是從康德開始，有關經驗對象的討論的重點有了新的轉變。康德一方面承受了亞里士多德對自然經驗肯定的傳統，再進一步發展了笛卡兒的「活動中的自我」底意識的傳統；乃提出，一切所謂自然經驗，莫不是人類所意識到的經驗，經驗現象之爲「現象」，就是指其爲「顯示於吾人」(as it appears to us) 而言的。而人類一旦經驗到一些事物或現象，這些事物或現象便必定是一些已被人類的理解能力組織過、處理過的。換言之，根本沒有人會「看」到一些完全缺乏組織結構而只有單純的感覺內容的對象；而各種對象亦不會以「個別」或彼此孤立分離的方式被吾人認識。「世界」之爲「世界」，由於是人所理解下的「世界」故，必定表現爲具有一定的理序；其內容並非一些孤立的組件，而

---

❾ 參見Liddell and Scott's, *An Intermediate Greek-English Lexicon,* (Oxford: Clarendon, 1972)；此外，可參見 Karl Schenkl 編著 *Griechisch-Deutsches Schulwörterbuch,* (Wien: Gerold's Verlag, 1897), Koσμεω 及 Kóσμos 等條。此中 kosmeo 解裝飾和整頓，這兩個意義統一起來，乃有 kosmos的秩序意義。總的而言，現代英語中，大概只有cosmetic(s) 一詞最能反映cosmeo的原意。

必被構想爲具有一定的內在關聯。這些關聯康德總稱之爲「結合性」
（Verbindung, Combination）。康德認爲，經驗事物、經驗現
象之感性內容固非可由人所杜撰，但是經驗的結合性作爲經驗現象之
形式而言，卻是由人類之理解提供的。人類廣義的理性有一種求整
全理解的意向，正如康德說:「人類理性從本性上看是具有結構性的
（architektonisch）。」⑩這種求整全，求以結構形式去認識及理解
世界的意向，視乎被運用於那一範圍和那一方向，一方面既可構成嚴
格的知識，另一方面也可以構成如美感，道德判斷等經驗，甚至可構
成各種宗教上乃至思辯上的觀念。

　　(3)一般而言，「世界」固然可說是由許多部分組件構成之全體。
但是，此中部分與全體間之關係是如何的呢？康德就這問題提出了很
獨特的看法。所謂部分組合而成全體，其實可以是兩種迥然不同的情
況。第一種叫做「系統」(System)，第二種叫做「堆疊」(Aggregat)。
系統之構成，並不待於其部分之全數排列，而端賴一一貫之原則。原
則爲系統內部之結構作出了規定，原則既定，則一切細部之增長均依
既定之結構而被安置於一定之位置，而各部分之間亦因而獲得一彼此
關聯的網絡意義。因此，康德把系統之組成原則總稱之爲「掛鈎聯
繫」(articutatio)，而把系統之開展稱爲「自內滋長」(per intus-
susceptionem)。至於「堆疊」之構成則大異其趣。堆疊意義的全體
與其組合部分之間不存在任何原則上之限定。此中的「全體」並沒有
任何獨特的性格，它只由任意數量和任意性質的組件隨機地堆積湊合
而成。這意義的構成，康德稱爲「堆積」(coacervatio)，其增長乃
一「自外添加」(per appositionem)⑪。如果我們說一系統中之各

---

⑩　Kant, *Critique of Pure Reason*, A474/B502。
⑪　Kant, *Critique of Pure Reason*, A833/B861。

部分表現一彼此掛鈎的密切關係的話，則一堆疊中的「部分」是完全
沒有組織關係可言的。在《未來一切形而上學序言》一書中，康德
卽明確地指出，人類的「經驗並非單純地是一些知覺的堆疊」❷。作
為經驗之總域而言的「世界」，便更明顯地是一系統概念了。而由於
「世界」歸根結底而言不外是人的「世界圖像」，因此，此中之系統
性亦顯然不是一外鑠的「系統性」，而是根種於人類理性的系統結構
（Architektonik）之中的。

　　從以上的討論，我們可見世界圖像或世界觀實出自人類心智底有
秩序有系統結構的「觀法」。世界圖像歸根結底而言，可說是一套意
義網絡。由於世界圖像之構成，乃至意義之建立都不能離開語言，而
語言又實卽人類心智運作的不二場所，則上述談到所謂世界的意義結
構和語言亦顯然有一極為密切的關係！

　　這一種想法，果然於現代語言學兩位大宗匠的理論中得到了支
持。洪堡特和索緒爾（F. de Saussure）先後都承受了康德的影響，
提出了 Articulation 的問題❸，亦同時都強調了語言的系統性格。
對於他們來說，語言中的符號都不是一些零碎的，與「外在世界」一
一對應的「名稱」，而是以一有組織的方式彼此「掛鈎」聯繫起來的。

---

❷　Kant, *Prolegomena zu Einer Jeden Künftigen Metaphysik, die
　　als Wissenschaft Wird Auftreten Können,* in: *Kant's Gesam-
　　melte Schriften*（以後簡稱為 *KGS*）, Bd. IV, (Berlin: de Gruyter,
　　1968), §26, p. 310。

❸　參見 Wilhelm von Humboldt, *Über die Verschiedenheit des
　　menschlichen Sprachbaues und ihren Einfluss auf die geistige
　　Entwicklung des Menschengeschlechts* 〔1830-1835〕, in: *Werke,*
　　Band III (Stuttgart: Cotta, 1979), p. 440 ff.此外,可參見Ferdinand
　　de Saussure, *Course in General Linguistics,* (New York: Mc
　　Graw-Hill, 1959), p. 10。

當代語言學界許多學者把 Articulation 簡化爲一「發音現象」，可說是對語言的深層結構問題的蒙昧。索緒爾提出的「語言價位」理論（Linguistic Value）和後來如特里爾（Jost Trier）、韋斯格爾柏等「新洪堡特學派」代表所提出的「語詞場域」理論（Wortfeld, Semantic Field），更就語言的結構問題作了進一步的深入分析。這一個現代語言學傳統對「世界」這個問題所作出的啓示其實是非常鮮明的：強式的「外在世界」根本不能成爲一有意義的討論領域，而「世界」不外是對人類能構成意義的世界圖像。而由於意義的構成必賴語言，因此，世界圖像之結構性可以從語言的結構性得到反映。而不同民族語言之不同結構卽構成不同民族底世界觀之間之基本分殊。

語言學固然是吾人探討「世界」這問題的一大進路，但是除了語言學之外，現代學術中，現象學的幾位主要代表亦對看起來很抽象的「世界」概念作了非常深入的討論，以下我們將撇開語言學的討論，就現象學中的有關問題作一討論。

二、胡塞爾的「世界界域」理論

(一)界域理論之濫觴

從以上的討論中，我們已經發現，「世界」這一概念驟看之下是日常語言中一個最普通不過的名詞，然而細察之下，卻又似乎並不單純。「世界」一概念雖然一般人均懂得運用，但是一般而言，亦只止於運用，而鮮有就「世界」所涉及的理論問題，作深入的反省。「世界」這一概念之抽象，實在不亞於「存有」（Sein, being）、「事物」

(Ding, Thing) 等概念。而這幾個概念的一個共通點，就是一方面
無所不包涵，但另一方面卻又不代表任何具體的對象。也因爲這個緣
故，我們不能用一般自然科學的對象觀察方法去探討它們。對「世
界」這概念作反省，實在要透過其它的反省途徑去進行。現代哲學
中，除了上述語言學傳統從語言結構問題逼近「世界」這概念外，哲
學領域中，對「世界」這個概念最能清楚揭示的，莫過於「界域」理
論了。

正如哲學理論許多其它的概念一樣，「界域」(Horizont) 這個概
念本來只是日常的用語。把「界域」引入哲學討論之中，是很晚近的
事。近代哲學史中，第一位使用「界域」概念的，仍當推康德。在
《純粹理性之批判》中，康德分別在兩個場合使用這個概念。第一個
場合中，界域是解作一概念所構成之類及其範圍(Arten, Umfang)，
換言之，只有邏輯上的意義⓮。第二個場合中，界域被用來解作知識
可能對象之界限，換言之，是具有知識論的意義⓯。以上這些零星的
討論，嚴格而言，尚未能構成一獨特的理論。然而，在康德晚年出版
的《康德邏輯學講演手册》(1800 年) 乃至康德許多遺稿中，我們可
以發現除了上述一些純邏輯和知識論的考慮外，康德後來對「界域」
與人類心智之開拓問題日益重視⓰，事實上許多今日於現象學和詮釋

⓮ Kant, *Critique of Pure Reason*, A658/B686–A659/B687。

⓯ Kant, *Critique of Pure Reason*, A759/B787–A760/B788。

⓰ 可參見以下三種文獻: (1)*Immanuel Kant's Logik, Ein Handbuch
zu Vorlesungen*, hrsg. von G. B. Jäsche, *KGS* Bd. IX, (Berlin:
de Gruyter, 1968), p. 40ff; (2)Logik Blomberg, §44f in: Kant's
Vorlesungen, *KGS*, Bd. XXIV, (Berlin: de Gruyter, 1966), p.
67ff; (3)Refl. 1956ff in: Handschriftlicher Nachlass, *KGS*, Bd.
XVI, (Berlin: de Gruyter, 1924), p. 170ff。

學中爲人所樂用的如「界域開展」等概念，亦始自康德。只不過因爲康德這些討論在其哲學的整體關懷中並不突出，所以一直沒有受到學界重視。

康德之後，再提出「界域」概念，而且把「界域」問題置於理論之中心予以闡述，進而對後來的學術討論產生啓導作用的，當推胡塞爾。從胡塞爾開始，「界域」一概念成爲了現象學和詮釋學的重要觀念。「界域」問題之重要性，在於其擊中了人類心智於運作上和於開展時的特點。單就胡塞爾的現象學而言，「界域」亦已涉及相當廣泛的問題❶。我們以下打算只就「界域」概念對所謂「世界」這問題的關聯作一申述。

(二)何謂「界域」？

要了解「界域」這概念的意義，要先觀察 Horizont 一字。現代西方語文中，德文 Horizont，或英文 horizon 一字最通俗的解釋是「地平線」、「天界」、「水平線」。然而，這個解釋並非最根本的。Horizont 最早來自希臘文 ὁρίζειν (Horizein) 這個動詞和 ὅρος (horos) 這個名詞。希臘文 horos 本來解作「邊界」❶，而 horizein 則解作「劃定疆界」。希羅多德的歷史著作中，便常用 horizein 去描

---

❶ 參見 Tze-wan Kwan 著，"Husserl's Concept of Horizon: An Attempt for Reppraisals", Paper Presented at the *First World Phenomenology Congress,* 26 September-1 October, 1988, Held in Santigo de Compostela, Spain; to Appear Soon in the *Analecta Husserliana* Books Series。〔編者按：已於一九九〇年刊登，見本書《前言》。〕

❶ 後來亞里士多德把 Horos 或 Horismos 了解爲「界說」(Definition)，其以「邊界」此一基本意義爲根據，亦甚明顯。參見 Aristotle, *Posterior Analytics,* Book 2, 90b4ff; *Topica,* Book 1, 103b5ff。

述民族與民族之間之疆域關係。一旦了解了 Horizont 一字這個原本意義，我們便不難理解，現代西方語文中所謂 Horizont「地平線」，亦不外指吾人極目所能「劃出」的界線而言的。

作爲「邊界」或作爲一般所謂「地平線」而言，Horizont 亦並非一般意義的「線條」。就以「地平線」而言，嚴格地說，世上根本不存在一條客觀的「地平線」。一定程度上，澳洲的海岸線或可算作一有相當客觀性的線條，但自然卻從來沒有一條同樣「客觀」的地平線存在。因爲「地平線」是對應於某一特指的觀察點才產生意義的。一艘船在北太平洋航行時所見到的「地平線」和當它在大西洋航行時所見到的「地平線」雖然都有類似的周繞性質，但基本上是兩條不同的線條，而這兩條線條所分別周繞的「域」或內容便更明顯地大異其趣了。由此可見，Horizont 或「界域」並非一完全中性的和客觀的界線和領域，而是必須透過人類的觀察條件和觀察角度去界定的。若果取消了此一觀察成素，則「界域」便根本無法構成❸。

所謂界域，除了涉及上述有關「觀點」方面的考慮外，最重要的問題便是「界域」作爲一「域」而言所涵蓋的範圍和內容了。以上我們指出界域因觀點而異，那麼，假如我們把觀點固定，則「界域」之範圍是否便從此固定，具有一絕對客觀不變的整全內容呢？

從人類知覺的歷程分析，一個人自某一角度去觀察事物時，通常不會也不能把注意力灌注到其觀察界域內每一個對象的每一個細節上。換言之，如果我們把界域了解爲吾人從某一特定角度下所能見的「視域」(Sichtfeld) 的話，則這意義的界域的內容是不可能全體同

---

❸ *Shorter Oxford Dictionary* 於 "Horizon" 條目下卽有如下解釋："The boundary-line of that part of the earth's surface visible from a given point."

時成爲人類之直接認識對象的。就好像我們置身於某一房間之中，我們當下知覺到的是房間中的不同事物，但是我們卻不能說此一房間之「界域」內之整全信息已被我知覺了，因爲即使小如一房間，其中亦有無窮可能的信息可待發掘。然而，此一不能整全地直接作爲吾人認識對象的界域卻是吾人對此界域內任何個別事物作認識時直接或間接地要先假定的。例如我們認識房間內此一書桌，此一椅子時，都要把這些對象置於房間此一「界域」之背景中去了解，才能對此中所謂「書桌」、「椅子」的脈絡意義獲得充分掌握。換言之，我會潛在地意識到我現在所坐的椅子是「房間」中的椅子，而椅子和書桌又是在「房間」裏具有「比鄰」(Nebeneinander) 關係的，而不是天南地北地毫無牽連的。

進一步看，當我把此一房間作爲一個別對象，而非作爲一「房間內事物之整體界域」去觀察時，我復又要把此一個別對象意義的房間置於一較大的「界域」（例如一幢樓房）去理解，而當我們觀察這一幢樓房時，我們又要置之於一更大的界域（如街道）之中……如是者，認識的「界域」可以不斷外拓。

(三)界域的整全性與人類的認知結構

人類對事物的知覺涉及界域之意識，這個現象與上兩節談論所謂「世界圖像」問題時提到的所謂「系統性」似乎有極重要的關係。界域之爲界域，永遠只能是一個「整全的」，而不會是個部分的觀念。換另一個說法，界域基本上是一個系統性觀念。正如上面舉出「房間」這例子一樣，只有在作爲能包涵某一些部分組件（如桌、椅）之全體的身分之上，房間才可被了解爲一「界域」，而當房間被視爲一更大的全體中（如樓房）的一個部分組件時，則房間便再不是一界

域。此中，在一系列知覺活動中，無論由誰充當「界域」的角色，此界域或彼界域永遠是相對於某些有關部分組件而言的全體。最重要的，此一全體之構成，是既不能、也不必等待其有關之部分組件「全數」湊合才能產生；相反地，不論此「全體」之組成部分是眾或寡、是繁或簡，任何部分組件之意識都要一定程度上先假定其相應之「全體」之意識。換言之，界域作為一全體或整全觀念而言，是一個系統觀念，而非一堆疊觀念。

由是觀之，在一特定的「觀點」下，一「界域」乃一整全觀念，但卻沒有一固定的整全的內容。而事實上「界域」對人類認識之重要性，根本不在其有整全之內容，而在其能為「域」內之各個別現象提供一理解上之整合形式。而這裏的所謂「理解的整合形式」就是上文所謂「結構性」了。正如康德說「理解的圖式程序(Schematismus)乃是人類靈魂深處潛藏的藝術」❷ 一般，我們亦可以說，界域觀念之運用，乃是人類心智自行組織其經驗而產生的一種認識上的設計。如果完全抽離了界域之意識，則吾人對各種事物之認識便永遠是支離破碎和沒有彼此關係可言的。

(四)「內在界域」與「外在界域」

胡塞爾對「世界」一概念的理解是不能離開「界域」意識的問題的。事實上，從胡塞爾現象學的角度觀察，「世界」根本不是一個個體，也不是一可具體呈現的對象。「世界」歸根結底而言，是所謂的「世界界域」(Welthorizont)。要了解這問題，我們要就「界域」這個較一般的概念作進一步的分野。

---

❷　參見 Kant, *Critique of Pure Reason*, A141/B180。

胡塞爾「界域」這個問題的提出，始自1913年的《純粹現象學與現象學哲學的觀念》一書，也卽從早期的「描述現象學」徹底轉向所謂「超驗現象學」以後的事。總括而言，「界域」的提出，與胡塞爾對意識活動的日益重視是不可分的。而且，「界域」概念提出以後，其意涵愈來愈豐富。不過，「界域」概念最初是用來說明對象事物之知覺（Dingwahrnehmung）這一個問題的。胡塞爾認為，吾人對任何事物的知覺「均必然地涉及某些不完備性」❷，而「界域」某一意義下可說是對知覺底不完備性的補足。

所謂知覺底不完備性大致而言有兩個方面。第一：吾人對事物知覺時，都只從該對象的某些特性著眼，都不可能注意到每一細節，而就一對象而言，其有關的細節可說是無法窮盡的。就單以角度而言，亦涉及無窮的偏影（Abschattungen, Adumbrations）。因此，所謂事物知覺的界域的第一個意義就是指該事物底可能偏影與細節的總集。第二，吾人對一事物之知覺（無論其多詳盡）孤立而言是難以構成一眞正充分有意義的知識對象。因為一切對象之知識必須同時顧及其背景（Hintergrund），才能使該項知識獲得一脈絡意義。胡塞爾指出：「一個事物必定是純粹以某一些現象方式被給與。此中必然涉及一實質地被呈現出來的核心，而為了理解之需要（auffassungsmäßig），這一現象核心必定被一個不是直接的，而是附帶給與的，或多或少是模糊的不確定性（vage Unbestimmtheit）界域所包圍著。」❷這

---

❷ 參見 Edmund Husserl, *Ideen zu einer reinen Phänomenologie und phänomenologischen Philosophie, Erstes Bush, Allgemeine Einführung in die reine Phänomenologie* （以後簡稱為 *Ideen I*）, edited by Walter Biemel, (Den Haag: Nijhoff, 1959), p. 100。

❷ 同❷。引文由作者自譯，Gibson 英譯把引文中 auffassungsmässig 一字完全被忽略。

就是界域的第二個意義了。上述界域這兩個意義驟看似乎沒有甚麼關係可言，但細察之下，其實就一知覺之「不完備性」分別於微觀和宏觀兩個角度作出補充。就是爲了這個原因，胡塞爾把一般意義的「界域」概念大分爲「內在界域」和「外在界域」(Innen- und Außen-horizont)㉓。

外在界域和內在界域之提出，顯出了人類知覺活動的基本特性：對象知覺固涉及一特定的觀點和一特定的內容，這特定的觀點與內容構成了一知覺對象之重點，也即胡塞爾的所謂「核心」，然而，吾人於掌握對象之主要重點時，都「或多或少」(mehr oder minder) 會注意到重點或核心以外的細節與背景。換言之，人類知覺對象之重點固然可說具有相當程度的清晰明確性，但是此一清晰明確的知覺重點卻分別被一較爲模糊的「內在界域」與「外在界域」所襯托。我們千萬不要輕視人類認知所涉及的這些模糊的成素。因爲，這正是人類認知與現階段爲止的電子計算機的機器認知的最大差別所在。到現階段爲止，如果我們勉強說計算機能「認識」對象的話，則其認識亦充其量只能於絕對明確性（而且是事先於程式中指定的）的條件下運作，而不能容納任何模糊性的出現。模糊性可說是人類認知能夠隨時間、隨環境深化，拓展和重整的主要關鍵。從界域理論上看，知覺對象的內在界域與外在界域因爲不確定故，乃都是可進一步深化與拓展，而且深化與拓展之「去向」也因此是「開放」的。更有進者，一個對象底認知的外在界域的開拓可能帶出該對象內在界域的深化，相反地，

㉓　參見 Edmund Husserl, *Die Krisis der Europäischen Wissenschaften und die transzendentale Phänomenologie* (以後簡稱爲*Krisis*), Edited by Walter Biemel, 2. Auflage, (Den Haag: Nijhoff, 1962), p. 165。

對象認知內在界域之深化亦可能引出新的外在界域。這些問題，在當代許多科學哲學的討論中得到了印證。

(五)「世界」作為一「虛空界域」─人類經驗之開放性

為了對「世界」這概念作進一步了解，我們於「內在界域」與「外在界域」兩者之中要就後者作進一步剖析。正如上面指出，吾人於經驗一事物時，同時亦涉及一定的外在界域，這外在界域一般而言就是該事物的直接脈絡背景 (Immediate Contextual Background)。最有趣的問題是，胡塞爾認為外在界域之外拓是可以無盡止地 (in infinitum) ❷ 進行的。而那最具涵攝性的，和最不確定的外在界域就是世人一般所謂的「世界」了。

從胡塞爾的立場看，一般事物底直接的外在界域作為界域而言，儘管不是一直接的對象，但還是具有一定程度的明確內容的。因為我們起碼可以跳高一個層次，把原來的外在界域了解為一更大的外在界域中的對象。例如中國之為四川省的外在界域，太陽系之為地球之外在界域都具有一定程度的明確意義。然而「世界」卻是完全不具體的。但是，「世界」這最不具體和最模糊的概念，卻使得一切「世界中的對象」(Mundane Objects) 藉以獲得最終極的具體性和最終極的定向 (Orientierung) 的條件。為求顯出「世界」作為一最普遍的外在界域的意思，胡塞爾甚至把「世界」稱為「世界界域」 (Welthorizont)❷。

然而，世界界域於意義上、功能上雖然和外在界域非常類似，但是卻有其獨特性。換言之，「世界界域」可以說是一種很特別意義的外

❷ 參見 *Ideen I*, pp. 58-59, p. 112。
❷ 參見 *Krisis*, p. 141, 146。

在界域。為了要說清楚此中之關鍵，胡塞爾於《第一哲學》一書中，對外在界域一般作了進一步的細緻區分：「我們要指出，我們不應把一知覺對象的外在界域（也卽所謂……空間環境）單純地理解為我們注意下的對象自其中突顯出來的那不被我們注意到的知覺場域。嚴格而言，我們把整個外在界域區別為那尚可被知覺到的直覺領域和那無間斷地緊接上來的非直覺性的虛空界域。」❷ 此中，胡塞爾把「外在界域」一般一分為二。第一個意義的外在界域就是事物知覺的直接的「背景」，這意義的外在界域為一對象之認知提供了較為直接的脈絡意義。然而，胡塞爾作這一項區分時，很明顯地是希望強調第二個意義的外在界域，也卽所謂「虛空界域」，因為這意義的外在界域實卽吾人所謂的「世界」。

所謂「虛空界域」（Leerhorizont），既然是「非直覺性的」（unintuitiv），固缺乏一具體的意義內容。然而，正因為基於直覺上的「虛空」性，虛空界域卻能把吾人知覺的注意力引導向一可能但卻不確定的經驗的開放領域上去。胡塞爾指出：「虛空界域其實包涵了整個世界，而此中所謂世界其實也是一個界域，而且是可能經驗的一個無窮界域。在此一活躍的揭示過程中，那經驗中的意識（das erfahrende Bewußtsein, the Experiencing Consciousness）將被引導進入一連串有系統地互相關聯的知覺活動中。在這些活動中，日新月異的世界領域將會而且必會逐漸呈現出來❷。

世人似乎都有一習慣，把一切經歷到的事物，都算到「世界」裏

---

❷ 參見 Edmund Husserl, *Erste Philosophie* (1923/24), *Zweiter Teil: Theorie der Phänomenologischen Reduktion* (以後簡稱為*EPh II*)，edited by Rudolf Boehm, (Den Haag: Nijhoff, 1959), p. 147。

❷ 同❷, pp. 147-148。

面。用胡塞爾的一句話表達:「姑勿論我們是否察覺, 吾人所經驗的和與吾人有關涉的每一件事物 —— 甚至我們自我反省下的自己 —— 都呈現為世界中的事物 (Ding in der Welt), 也卽呈現為某一有關知覺場域中的事物, 而此一知覺場域又不外是吾人所能知覺的世界的片斷。 我們乃得以對這時刻不離的世界界域注意, 甚至進一步追問根由, 而事實上我們正是經常不斷這樣追問。」❷⁸ 「世界」一詞, 對世人來說, 可說是最實在又飄渺不過的。 雖然我們習慣把一切事情都算進世界裏, 但是「世界」卻從來不可以成為人類具體的和直接的認知對象。 因此胡塞爾特別指出「吾人對『世界』之意識 (Weltbewußtsein) 與吾人對一般事物的意識 (Dingbewußtsein) 或所謂對象意識 (Objektbewußtsein) 之間是有基本的分別的」❷⁹。

世界之意識與事物或對象之意識之主要分別到底在那裏呢? 設想一個房間, 一個城市等對象, 除了在相對於更為局部的對象觀察過程中可以充當一整全的界域的角色外, 在相對於一較宏闊的認識層面時, 卻可以被視為一具有特定感官內容的個別現象去處理。 但是,「世界」或「世界界域」又如何呢? 胡塞爾指出,「世界」這一最普遍的界域卻是永遠不能個體化 (Individuate) 為一獨特的事物或對象的, 而這正便是「世界」與「世中事物」底最大的分別所在了, 也卽是胡塞爾把世界稱為一「非直覺性虛空界域」的本意。

「世界」作為一普遍界域而言, 乃是一切較局部的界域意識的終極基礎, 而世界此一普遍界域卻又是虛空的和「非直覺性」的。 由此細察, 我們不難發現所謂「界域」問題的眞正理論地位。 與其說是一有客觀描述意義的範圍, 我們不如說界域嚴格而言是人類認知發

❷⁸ *Krisis*, p. 255.
❷⁹ *Krisis*, p. 146.

展的模式。我們在本文開始分析「界域」一詞之語源時，豈不曾指出，「界域」是不能離開觀察角度及觀察者而得以構成的嗎？用胡塞爾的用語表達之，界域歸根究底而論，實乃是人類意識的一種意向性 (Intentionalität)；胡塞爾甚至乾脆稱之爲「界域意向性」(Horizontintentionalität) ⑳。反過來說，對胡塞爾而言，人類的意識正是以「界域」此一種模式展開意向活動的意識，也卽一所謂「意向的界域意識」(Intentionales Horizontbewußtsein) ㉛。

　　「界域意識」或「界域意向性」之運用，乃是以當下對象事物之知覺爲起點。界域意識補足了對象知覺於局部上的不完備性，使局部的對象知覺得到脈絡意義。界域之意識可以無窮的外拓，但此中所謂無窮，並非指系列上之無窮 (infinite)，而實指外拓方向與內容之不確定 (in indefinitium)㉜。「世界界域」與其是「外在界域意識」之無窮後退，不如說是保證了一開放的不確定性。只要我們把「世界」不看作一實在的領域，而視之爲一意義不確定的開放意向，則康德就「世界」概念的所謂「背反」問題，亦得以自動消解。因爲「世界」既然不是一固定的界線與範圍，而只是一「界域意識」，則世人當然可以以「世界」之概念一方面去概括一切既成之經驗，而另一方面對一些未知的經驗作出期待。正如胡塞爾說：「世界乃是部分地已

⑳　參見 Husserl, *Cartesianische Meditationen und Pariser Vorträge*, 2. Auflage, Edited by Stephan Strasser, (以後簡稱爲 *CM*) (Den Haag: Nijhoff, 1973), p. 83; 此外亦可參見 Husserl, *Formale und transzendentale Logik*, Edited by Paul Janssen, (Den Haag: Nijhoff, 1974), p. 207。

㉛　*Krisis*, p. 147。

㉜　有關「無窮」與「不確定」之間之分別，請參見 Kant, *Critique of Pure Reason*, A511/B539ff。

被經驗，部分地仍開放的可能經驗的界域。」[33]

三、結論：從「世界」到「自我意識」

綜上所述，「世界」概念對胡塞爾來說， 基本上不是一個具體對象。世人不能直接認識「世界」，卻都在滿口談論「世界」，這一項最明顯的事實，遂成為人類除了純粹感官直覺經驗之外，另有非感官的意識活動的一項重要顯示。這些意識活動以一有系統有結構的方式把感官經驗予以組織，而界域之意識或世界之意識莫不與吾人這些意識活動息息相關。

總而言之，「世界」這概念為人類的認知活動提供了非常重要的功能。「世界界域」的基本功能不在於描述或範圍具體經驗。 如果我們同意人類經驗並非一些零碎的資訊，而是一有意義結構的現象網絡的話，則「世界」或「世界界域」始終要被吾人之意識活動所假定。此中，「世界」把吾人之具體經驗作系統性的編列， 從而提供了最基本、最徹底的「定向」(Orientierung) [34] 功能。 此外， 世界作為一

---

[33] *Krisis,* pp. 166-167。

[34] 空間定向可以說是最廣義而言的「定向」問題中最基本的環節。早期的胡塞爾所關心的主要是這問題， 但到了海德格和葛達瑪，「定向」問題有了進一步的發展， 詳後文。 就胡塞爾的「定向」問題討論最詳的， 可參見 Oskar Becker, *Beiträge zur phänomenologischen Begründung der Geometrie und ihrer physikalischen Anwendung* (1923), 2. unveränderte Auflage, (Tübingen: Niemeyer, 1973), p. 86ff; 此外可參見 Elmar Holenstein, "Der Nullpunkt der Orientierung, Eine Auseinandersetzung mit der herkömmlichen phänomenologischen These der egozentrischen Raumwahrnehmung", in: *Tijdschrift Voor Filosofie,* 34, 1972, pp. 28-78。

虛空界域而言，進一步預設了人類可能經驗之開放性，從而為人類的認知活動提供了「引導」（Fortführung）❸功能，使人類能以一預期（Vordeuten, Anticipate）的態度接受未來經驗種種不確定的可能。

我們多次指出，「界域」概念之構成，必對應於某一觀點。然而甚麼是觀點呢？近世西方哲學史上，第一個從哲學理論層面談論「觀點」的，要推萊布尼茲。萊氏在求界定其所謂「單子實體」(Monadic Substance) 時，即從一認識論的角度把單子稱為「形而上的點」，所謂形而上的點的意思，是指單子之特質不在其為物理意義的存在或數學意義的存在，而在於其為具有某一「觀點」(point de vue)❸的認知能力 (cognitio)。撇除萊布尼茲獨特的形而上學理論不談，觀點無疑地正好暗指出觀點背後的觀察者 (Observer)。換言之，一切觀點皆依「人」之觀察而生效。由是可知，「界域」、乃至「世界界域」等概念，嚴格而言，都不能與「人」的觀察條件分割而論。誠然，世人不一定需要認識到這個關鍵才能運用「世界」這個概念；但是，當世人對「世界」這概念從潛在不自覺的意識層面逐漸提升到對「世界」這概念作自覺反省和標題構思 (Thematisierung) 的層面的時候，吾人亦將同時逐步掌握和加深了對上述關鍵的認識和對人底「自我」的意識。正如胡塞爾指出：「……對世界的意識同時就是對

---

❸　有關經驗之「引導」問題，請參見 *EPh II*, p. 148。

❸　參見 Gottfried W. Leibniz, "A New System of the Nature and the Communication of Substances, as well as the Union between the Soul and the Body (1695)", in: *Leibniz Philosophical Papers and Letters*, 2. Edition, edited by Leroy E. Loemker, (Dordrecht: Reidel, 1976), p. 456f。

自我的意識 (Selbstbewußtsein)」**❸**。

　　明白了「世界」這概念與人類作為觀察者之關係後，我們便不難理解，何以近世哲學和語言學都不約而同地把「外在世界」這個日常語言中的概念放進括號中，改而於人類意識活動的深層中找尋「世界」這概念的根據。胡塞爾晚年提出了所謂「生活世界」(Lebenswelt)，便很明顯地把「世界」一概念的基礎安置於人類的生活經驗之上。胡塞爾的界域理論發展到了後來，更充分的顯示了朝向意識活動深層尋根的趨向。在較早階段時，胡塞爾討論所謂「世界界域」、「外在界域」、「內在界域」、乃至所謂「時空界域」等概念時，基本上主要涉及自然事物或對象底知覺之定向問題。但是到了後來，界域一概念之意涵愈來愈「意識化」和「生命化」，而形成胡塞爾所謂「意識界域」(Bewußtseinshorizont)**❸**、「生命界域」(Lebenshorizont)**❸**和「歷驗界域」(Erlebnishorizont)**❹**等概念。這一個轉變趨勢的最大特點，就是把「界域」及「世界」從較為單純的「知覺對象領域」向內轉化、深化為人類「意識活動的領域」。「世界」再不單只是「外在世界」(無論是強式的或弱式的)，而且還顯示為人類的「內心世界」乃至「意念活動世界」。或如 Smith 和 McIntyre 二氏所指，胡塞爾「界域」一詞，從早期的「對象界域」(object horizon)漸漸發展為後來的「活動界域」(act horizon)**❹**。

---

❸　*Krisis*, p. 255。

❸　*EPh II*, p. 149。

❸　*EPh II*, p. 151, 155; 另參見 *Krisis*, p. 149。

❹　*CM*, p. 82。

❹　參見 David Woodruff Smith and Ronald McIntyre 合著, *Husserl and Intentionality, A Study of Mind, Meaning and Language,* (Dordrecht, 1982), p. 229。

　　正如世人經歷事情多了眼「界」會擴闊一樣，人類意識活動的界域亦可不斷改變、擴闊或提昇。「界域」的這一擴闊，並不只限於時空定向而言，而甚可以涉及生命抉擇，涉及「推己及人」、乃至涉及傳統之承受與傳貽等問題，換言之，可以涉及生命之定向、社羣生活之定向、乃至歷史文化之定向等問題。如是地，胡塞爾提出的所謂「界域開展」（Horizontentfaltung）㊷乃引出後來海德格把「世界」了解爲一「踰出界域統一性」（Ekstatischhorizontale Einheit）的說法㊸。發展到了葛達瑪，更引出所謂「界域交融」（Horizontvers-chmelzung）㊹的理論。

　　此中所謂「界域開展」的眞正意義在那裏呢？要知，吾人若把界域視爲一旣定的範圍的話，則其根本是沒有所謂開展的。以上我們旣已指出了「界域」乃至「世界界域」都是建立在觀察者之觀點上，那麼，眞正在拓展的，嚴格而言，並非一客觀意義的「世界」，而是人的認識觀點，也卽人類的心智活動本身。只當人類充分意識到這一項「事實」時，人類才能夠更充分地反省、衡量、和評估展現於其識見下的「世界」，並更能爲這個他「參與締創」的「世界」擔負責任。

㊷　*Krisis,* p. 162。

㊸　參見 Heidegger, *Sein und Zeit,* Zwölfte, Unveränderte Auflage, (Tübingen: Niemeyer, 1972), p. 366。

㊹　參見 Hans-Georg Gadamer, *Wahrheit und Methode, Grundzüge Einer Philosophischen Hermeneutik,* 4. Auflage, (Tübingen: Mohr, 1975), p. 284ff。

從比較觀點看「範疇論」問題

　　「範疇」這一個概念或「範疇論」這一個問題，在哲學討論中，是誰也不會感到陌生的。特別在西方哲學的傳統中，幾乎每一位主要的哲學家都或多或少地處理過範疇論的問題。然而，到底「範疇論」是一個怎麼樣的哲學問題呢？「範疇論」是一個純理論性的問題嗎？範疇論這一個問題是西方哲學傳統所獨有的嗎？從最宏觀的角度看，到底「範疇論」這一個問題對人類而言有何意義可言呢？本文之撰寫，正是要解釋這些問題。

一、「範疇」一詞於字源上的觀察

　　要理解「範疇」這一個問題，我們要先了解一下到底「範疇」這一個概念是怎樣構成的。純粹就語源而言，「範疇」這一個語詞嚴格而言並不是漢語本有的。誠然，「範疇」這兩個字是不折不扣的漢字，而且在現代漢語，特別在一些較學術性和理論性的場合中，「範疇」已經成為一個非常普通的用詞。不過，如果我們細心觀察，我們不難發現，「範疇」作為一個詞而言，於鴉片戰爭以前，幾乎從來未曾於漢語文獻中出現。例如說，以收羅漢語傳統詞彙為要務的《辭源》便沒有「範疇」此一條目。正如許多比較抽象的現代漢語語詞一樣，「範疇」這一個詞最初其實是日本人於接觸詮述西方文化時開始使用

的❶。在翻譯西方語文中 category/Kategorie 這一個概念時，日本學者引用了中國古代經籍《尚書》〈洪範〉篇中「天錫禹洪範九疇，彝倫攸敍。」一句話而造出「範疇」一詞；所謂「洪範九疇」，就是「大法九種」的意思。日本學者把「範」、「疇」二字合璧而成「範疇」一詞，正是要用以表達「種類」的意思。

「範疇」雖然是一道地的現代漢語語詞，但如上所述，「範」、「疇」兩字從沒有合拼起來，以「範疇」這個詞的形式在古代文獻出現過，則嚴格而言，中國古代顯然並沒有就吾人今天所謂的「範疇論」問題作「標題化」(thematic) 的討論。要依循「範疇」此一現代漢語外來詞於中國古代思想文獻中找尋其理論基礎，是並不實際的事情。當然，我們不能因為古代無「範疇」一詞之用而立刻說中國古代無今人所謂「範疇論」之問題。西方於古希臘時期曾就「範疇論」問題作標題化的討論，這是比較肯定的。至於中國或其他文明是否也從其他側面處理了範疇論問題，是否也開列了一些富於代表性的範疇系統，這正是本文要探討的。但是，當談到「範疇」的本質及其作為一哲學問題的根本由起的時候，我們卻不宜從中國古代文獻入手。由於有關「範疇」的討論本來是從西方傳入的，因此，要尋求「範疇論」問題的根源，我們還是要先回溯到西方語言的領域中去。

各種主要現代西方語言中，「範疇」一詞的拼讀方式都大同小異：例如 Category（英）、Kategorie（德）、Categorie（法）等。很明顯地，這幾個語詞都來自同一個根源，它們都是從希臘文 κατηγορία

---

❶ 參見劉正埮、高名凱等編：《漢語外來詞詞典》，「範疇」條，（香港：商務印書館／上海辭書出版社，1985）。此外，參見實藤惠秀著，譚汝謙、林啓彥譯：《中國人留學日本史》第七章。（香港：中文大學出版社，一九八二年）pp. 199ff.

(kategoria) 一字衍生而出的。近代西方學者中，就這一個希臘語詞解釋得最詳盡的，要數特蘭德倫堡 (A. Trendelenburg) 和海德格 (M. Heidegger) 二人。他們都指出kategoria出自 kategorein 這一個古希臘語中常用的動詞；而後者是解作「指控」(anklagen) 的意思。海德格甚至把 kategorein 一字追溯至 kata 和 agoreuein 兩個字❷；kata 是「向下指」的意思，agoreuein 一動詞復來自 agora 這一名詞。Agora 是「市場」或「集會」的意思，而 agoreuein 就是「於集會上發言」或「公開陳述」。透過這進一步的解釋，我們可以想像，kategorein 之所以解作「指控」，就因為好像有一個罪犯蹲在公衆場所中，被衆人當頭指著陳述其種種罪狀：「就是這個人了，他……」

Kategorein 一詞作為古希臘語的一個日用語詞而言，最初本來沒有任何哲學意義，然而，其作為訴訟過程中的「公開指控」這一「前哲學」的原始意涵，卻與後來哲學理論中的「範疇」概念不無關係，要不然，後來的哲學家也根本不會偏偏把這個詞引進哲學討論中了。這到底從何說起呢？在所謂「公開指控」的過程中，吾人所進行的，其實是從各種不同的「角度」去描述某一個人（罪犯）。透過這多角度的或「多元」的「描述」，有關人物的特徵、個性、乃至其所作的行為等都被一一揭示出來。由此類推，此中的「多元描述」，除了

---

❷　海德格於其著作中屢次論及 kategoria 一概念的問題，其中以如下三種文獻之討論最為詳盡。參見 Heidegger 著: a) "Vom Wesen und Begriff der Physis, Aristoteles, Physik B, 1 (1939)", in: *Wegmarken*, (Frankfurt/Main: Klostermann, 1976), p. 252; b) *Nietzsche*, Zweiter Band, (Pfullingen: Günther Neske, 1961), p. 71f; 此外參見 c) *Einführung in die Metaphysik*, (Tübingen: Niemeyer, 1953), p. 143f。

在訴訟場合以外，在吾人生活的各種場合中，其實亦在所多見。事實上，人類如要妥當地生活在一經驗環境中，便一定要對此一環境中的一切事物取得充分的認識，而此中便引出對各種事物作多元描述的需要了。就是爲了這個原因，kategor- 這個詞根所構成的語詞的意義，便漸漸從單純的「指控」擴充至涉及一般事物的描述問題了。海德格乃據此指出，我們可以把作爲一哲學用語的 kategorein 界定爲：「對某事物如此這般地指稱，透過此一指稱，讓這一事物如其是甚麼地被清楚公開地揭示出來。」❸

二、「範疇論」與西方哲學傳統的基本問題

談到「範疇」這一個哲學問題，論者往往以爲是亞里士多德首先提出的。這一種說法其實只說對了一半；誠然，亞里士多德很可能是第一個使用 kategoria 這一個語詞的人，而且大概是第一位把「範疇論」這一個問題明確地標示出來 (thematize)，並著有專論去處理的學者。然而，如果我們仔細觀察，我們不難發現，「範疇論」的提出，其實是與希臘哲學自古以來一直在發展中的傳統不能分割而論的。換另一個說法，在亞里士多德把範疇論問題明確揭櫫以前，此問題早已在濫觴。然則「範疇論」到底是一個怎樣的問題呢？

自從梁漱溟在其《東西文化及其哲學》一書提出了比較文化的觀點以後，近代許多學者都很喜歡把西方文明稱爲一「重智傳統」。「重智傳統」這一個名稱，如果不加以詳細說明，其含義其實是頗爲模糊的。因爲印度佛教傳統即有所謂「般若智」，而中國哲學亦有所謂「智者不惑」之說！換言之，廣義而言的「智」，可以是不同文化傳

❸ 同❷ a), b)。

統所共取者。因此，當我們談論西方的所謂「重智傳統」時，是不能不說明此中所謂「智」的特點所在的。 西方的所謂「重智傳統」，嚴格而言，並非只重視一般意義的智慧，而實強調透過人類的理智去觀察和認識「自然」。希臘人把自然稱為 φυσις (Physis)，而自然現象不單在希臘哲學中，而且在希臘哲學形成以前的神話時期和在日後西方哲學傳統中都是西方心靈關注的中心；而後來號稱西方經驗科學之后的物理學 (Physics) 這一個名稱，更明顯地和 Physis 一概念只是一音之轉。當然，古代希臘哲學的理論基礎及其所用的方法和神話或和經驗科學都有顯明的分別。然而，其背後的精神及其主要的關懷方向卻是相當一致的。

正如許多原始社會文明一樣， 希臘人在接觸和認識自然的過程中，最初的表現並不如一般人想像那麼理智。許多談論古代希臘文化史的學者都提到所謂神話或悲劇時期。在這時期裏，希臘人以一極為神秘的目光去看這世界。他們把一切無法理解的事情都透過神話去解釋。與希伯萊傳統乃至與世界其它主要文化傳統大異其趣地，希臘人認為眾神祇不一定是善良的。齊諾芬尼斯 (Xenophanes) 留下的殘卷便曾記載說：「荷馬和希西阿德把人類認為最羞恥和最值得唾罵的事情都歸於諸神；例如，盜竊、姦淫、和彼此欺詐。」❹ 換言之，這時期的希臘人眼中的眾神不但不一定是人類的眷顧者， 而且某一意義下對人類來說甚至可能是「災害之散播者」和「罪惡之誘生者」

---

❹ 參見 Diels/Kranz 合編, *Die Fragmente der Vorsokratiker*,《先蘇格拉底哲學殘卷》, *Erster Band,* (Berlin: Weidmannsche Buchhandlung, 1934), p. 132, 見其中所錄 Xenophanes 殘卷, 21: 11。

(Spender des Unheils und Stifter des Bösen)❺。在這些神話之上，希臘人發展出風格獨特的悲劇精神。藉著和這些「怪力亂神」的「對抗」，古希臘人激發起一種「英雄式」的❻ 悲壯激越情懷，從而於變幻莫測的自然中掌握存在的意義和理由 。 這樣的一個悲劇傳統，驟看起來，似乎與西方哲學後來的「重智傳統」大相逕庭，但如果我們細心觀察，我們不難發現，這時期的希臘人儘管把整個世界、整個自然神話化、神秘化，然而，客觀的自然世界基本上還是他們的主要關懷所在。他們關心自然現象的盈虧、變化，及這些變化背後的力量與支配原則。 到了羅馬時期，盧克瑞修斯 (Lucretius) 在反省古希臘文明時， 便更露骨地把這一種神話式世界觀背後的心理輪廓刻劃出來：「世人之所以如此恐懼與苦惱的原因， 是因爲他們在地上和在天上看到了種種難以揣度和無法解釋的事情在發生，這些事情，他們都歸之於神祇的意志。」❼

　　經歷了這一個神話時代以後，希臘文明漸步入一理智時期。在這新階段中，外在的自然世界繼續成爲希臘人的興趣與關懷焦點。只不過，理智漸漸地取代了宗教信仰與神話激情的地位。希臘人開始嘗試爲整體的自然乃至各種自然現象尋求一理性的解釋，而希臘哲學乃至

---

❺ 參見德國著名歷史學家布沃哈特 (Jacob Burckhardt) 著， *Griechische Kulturgeschichte,* Band II, (München: DTV, 1982)； 原版 1898-1902; p. 97f. 同一個問題可參見 John Burnet, *Greek Philosophy,* Part I; (London: Macmillan, 1914), p. 29f.

❻ 在德文裏，悲劇前身的「敍事詩」，除了可稱爲 Epen 外，還有 Heldenlied 一字； 後者其實正是「英雄之歌」的意思。關於希臘悲劇這個問題，作者將另有專文討論。

❼ 參見 Lucretius 著, *On the Nature of the Universe,* Ronald Latham 譯, (Harmonsworth: Penguin, 1951), p. 31。

西方所謂「重智」傳統亦從此奠立。

　　西方哲學的範疇理論雖謂大成於亞里士多德，然而其根苗其實早於希臘哲學的始創階段便已種下。承著上一節就範疇底「多元描述」功能的討論，我們可以構想，當希臘人開始嘗試以理智去解釋自然現象時，其首先要解決的問題，就是要對「自然」的種種現象作準確的描述。在這一個要求下，具備「多元描述」功能的範疇論便派上用場了。從一理論的角度看，希臘哲學的「重智傳統」一旦奠定，範疇論作為一哲學問題而言，即已被期待誕生。

三、埃奧尼傳統與範疇理論的濫觴
──「變化」與「分殊」問題

　　希臘人對自然之關注之所以引出範疇論，其理由十分簡單：「自然」之為自然，或「世界」之為世界，對希臘人而言，是衆相紛陳的和不斷在變化的。雖然希臘哲學的最終目的是要尋找自然運作的統一基礎。但是，所謂統一基礎或「統一性」者，說到最後，還不外是指衆多差別相的統一和運動變化中的統一而言。此中涉及的，主要還是「分殊」和「變化」的問題。因為，要充分認識自然，便先要認識自然中存在著的種種差別和運動，而這方面的認識復必須從語言描述層面建立形式上的基礎設計。西方哲學發展出來的範疇論，莫不是基於這一個要求而產生的。這一種要求，無論透過正面或反面的教材都可以證明。此中的正面教材和反面教材可以於先蘇格拉底時期的埃奧尼傳統和伊里亞傳統中找到，而所謂「正面」或「反面」是就「認識自然」這一個基本要求之「向」與「背」而言的。

希臘哲學發展早期，埃奧尼傳統 (Ionian Tradition) 可以說是最具有代表性的。Ionia 本來雖然是一個地理名稱，但由於所謂埃奧尼哲學傳統的主要關懷正在於「自然」，可以說代表了希臘哲學的主流，因此我們甚至可以把埃奧尼傳統這一個概念擴大到能包括希臘所有以「自然世界」爲關懷對象的哲學系統；事實上，在這一觀點下，幾乎絕大部分的希臘哲學理論都可被納入埃奧尼傳統之中。如衆所周知，埃奧尼傳統最早而又最重要的哲學概念就是 $\alpha\rho\chi\eta$ (arche)。論者往往喜歡參照德文 Urstoff 一字，把 Arche 翻譯爲「原質」。此中，「Ur-」或「原一」的確把Arche一詞中「古舊」、「原始」等意涵表達出來了。然而，「-stoff」或「一質」卻可以說是「蛇足」，因爲 arche 的意義嚴格而言非常豐富，絕不只限於「質」。正如希臘人所觀察到的自然是一個諸相紛陳的動態的自然一般，其所謂 Arche 除了可被了解爲各種事物的「原質」外，還可被了解爲自然所經歷的變化歷程及這些運動變化所涉及的「秩序」和「原則」。

Arche 這一個問題的提出，本來主要表達了一種對「統一性」的追求。泰利斯 (Thales) 以「水」爲萬事萬象的 Arche，便是這一項追求的最簡單直截的解決。然而，從阿納克芝曼德 (Anaxim-ander) 開始，有關 Arche 討論的重點，卻從籠統的「統一基礎」問題，轉而著重「分殊」與「變化」的描述。關於這一個問題，尼采有非常獨到的見解。在《悲劇時期的希臘哲學》一書中，他把先蘇格拉底時期的希臘哲學從理論形態上分爲「兩半」，分別以阿納克芝曼德和巴門尼底斯作爲主要代表。尼采這種區分法其實正是要把埃奧尼傳統和伊里亞傳統這兩支希臘哲學的主線標示出來。在談到阿納克芝曼德的哲學時，尼采卽把阿氏學說的兩項根源問題分別指出爲：

一、如果確存在著一永恒的統一性 (Arche) 的話，則「分殊性」到

底如何可能？ 二、自然界中的變化何以不會走到盡頭，而卻周而復始，不絕如縷❽？

　　首先，埃奧尼傳統於提出 Arche 問題後，很快便醒悟到，過分簡單的 Arche 概念很明顯地根本無法妥善說明複雜紛陳的自然現象，因此，Arche 理論的發展，漸漸從「一元」趨向「多元」。經過幾種不同說法的提出，埃奧尼傳統終於放棄了自然世界中有一單一的 Arche 這一想法，改為提出 στοιχεια〔Stoicheia〕的理論，即改而主張自然由多種不可再彼此歸化的「原素」(Elements) 組成，亦即希臘世界自恩培多克利斯 (Empedocles) 到亞里士多德都大致採納的所謂「四元說」。而德謨克利特斯 (Democritus)「原子論」的提出，更可以說是從「質的多元論」到「量的多元論」的發展。這一種理論發展的趨向，在西方哲學為自然尋求「統一基礎」的前提下，表現了對自然世界的「分殊性」作掌握的要求。

　　此外，埃奧尼傳統對自然界中的變化 (Genesis, Metabole) 或運動 (Kinesis) 問題亦是極為關注的。阿納克芝曼德有名的殘卷中率先提出某一意義的果報觀念去說明自然界的種種盈虧交替現象，首開了從一抽象的觀點探討自然變化動力根源的先河。其後，阿納克西美尼斯 (Anaximenes) 改從一較具體（雖然用現代的標準看殊不科學）的角度，以「凝聚」(Condensation) 和「稀釋」(Rarefaction)說明自然變化的過程，並以「冷」、「熱」說明變化的動力。此外，恩培多克利斯的所謂「愛」與「恨」，赫里克拉特斯 (Heraclitus) 的所謂「和諧」(Harmonia) 與「戰爭」(Polemos) 等觀念亦是循這

---

❽　見尼采 (F. Nietzsche), *Die Philosophie im tragischen Zeitalter der Griechen,* in: *Sämtliche Werke, Kritische Studienausgabe* Band I, (München/Berlin: DTV/de Gruyter, 1980), p. 821。

種要求而提出的。

總而言之，埃奧尼傳統對經驗自然中的「分殊」與「變化」問題顯出高度關懷。基於這些基本關懷，埃奧尼傳統乃一再地開發出一些足以對自然的分殊變化作描述的概念術語。如果我們說「範疇論」的基本功能是爲自然現象提供多元描述的基礎的話，則儘管埃奧尼傳統早期尚未明確地提出範疇論的討論，但其實範疇論的問題是一直在濫觴孕育，等待著成熟誕生的一刻的。

四、伊里亞傳統作爲範疇理論的一種反面教材

其次，讓我們看看範疇理論得以構成的所謂反面教材。

當我們考慮到希臘及後來西方的重智文化傳統基本上確以「自然」爲其主要探索對象的話，則埃奧尼傳統的確可說是希臘哲學之主流。然而，古希臘哲學諸學派中，伊里亞傳統 (Eleatic Tradition) 卻異軍突起地提出了與埃奧尼傳統大異其趣的理論方向。如果我們說埃奧尼傳統主要以自然爲其關懷焦點的話，則伊里亞傳統可說是完全背棄「自然」的。伊里亞傳統的主要代表人是巴門尼底斯 (Parmenides)。與希臘其他哲學理論比較起來，巴門尼底斯的理論顯得特別艱澀難懂之餘，其對日後西方哲學的影響亦是極爲錯綜複雜的。學者初步接觸埃奧尼傳統時，一般而言不會覺得特別困難，但初接觸巴門尼底斯的學說時，卻常覺得無法憑人類的經驗和常識予以揣度！其所以如此，一旦道破，理由其實十分簡單：巴門尼底斯的理論不但根本不以常識或經驗爲出發點，而且根本上是反經驗、反常識的。某一意義下，巴氏的理論甚至根本不著手於自然世界之觀察和描述。巴氏理論其實是以一極爲抽象的概念 —— 「存有」(Being) —— 爲起點，再加上一連

串純粹邏輯反省而構成的。

巴門尼底斯殘卷的前半部分叫「真理之途」。此中，巴氏首先指出「存有存在」和「非有不存在」是最理所當然的；而相對地，「非有存在」是根本無法想像的❾。此中，巴門尼底斯似乎馬上跳到一個結論上去：由於與存有相矛盾故，大凡一切涉及「非有」或「不是」的，都是不可被接受的。在這一前提下，巴門尼底斯開始檢查吾人日常許多以為是理所當然的想法，並據此指出一般人所謂「時間」、「運動」和「差別」都是不可能存在的。因為時間與運動都涉及「尚未」(not yet) 和「不再」(no Longer)；同樣地，如果有「差別」，則「是」這個的便當然地「不是」那個的。就是基於這個考慮，巴門尼底斯乃力求把一切涉及「不是」的都予以排除。於是，巴氏構思下的「真理」竟然是一絕對整全的「太一」(έν)：一個既無過去、現在、未來的，靜止而無任何運動的，圓渾而無任何內部差別的，有限但向一切方向伸展的大球。這樣的一個理論對於一般從常識出發看世界的人來說，其之為荒誕不可思議是肯定的。其之所以如此，正如上述，是因為吾人慣於透過經驗和常識去觀察自然。今巴門尼底斯所代表的伊里亞傳統可謂逆其道而行，尼采在談論巴門尼底斯時，便曾用嘲諷的口吻把巴氏描寫為一「冷酷無血、用種種抽象的公式自縛的哲學家」，而其所謂「真理」則「只存在於一些最蒼白最抽象的概念中和存在於一個用最空洞的言辭堆砌而成的有如蜘蛛網一般的空殼之中」❿。

透過巴門尼底斯這一個「反面教材」，我們更能了解，埃奧尼傳

---

❾ Parmenides, 見《先蘇格拉底哲學殘卷》，28: 2, 7。

❿ 見尼采，*op. cit*, p. 844。

統如要觀察研究自然現象，它固然要深入研究自然世界的「運動」與「殊多性」，而伊里亞傳統如果要否定自然世界，其首先要否定的亦是「運動變化」與「分殊性」。伊里亞傳統這種倚重「純粹思維」，不信任人類經驗的立場，發展到後來，雖然對大陸理性主義的認識理論產生了一定的影響，然而，其否定自然世界一切分殊變化乃至於以自然世界為虛幻的極端立場，在經過了亞里士多德的批判後，便再無法在西方文化傳統中真正立足，而西方哲學日後形成的所謂「重智傳統」，從根本處看，主要還是繼承了埃奧尼傳統的精神。換言之，埃奧尼傳統和伊里亞傳統這兩種風格各異的勢力中，結果還是前者取得了最終的優勢。此中，我們更清楚的可以看到，西方所謂「重智文明」的真正奠定，歸根結底而言，最關鍵性的工作還是在於對自然世界中種種「分殊」和種種「運動」的處理。而「範疇論」建立的需要和意義，於此亦昭然立顯。

從一批判的角度看，巴門尼底斯的理論雖然聲稱不信任人類的經驗，甚至否定經驗世界為一真實的存在，然而，很明顯地，無論我們怎樣不信任經驗，經驗世界作為吾人所「經驗」到的「現象」而言，是吾人所無法徹底否認的。打一個比喻說，人皆知魔術是「假」的和「不值得相信」的，然而，無論魔術是如何虛假的和不值得相信，它起碼總算是一回事，它的一切總有理由可講，和總可以被解釋的；魔術尚且如此，何況是經驗世界呢！正是基於這一個原因，巴門尼底斯雖然排拒經驗，但到頭來還是免不了要對「經驗之所由出」這一個問題作出回答。我們不難想像巴門尼底斯的回答是說經驗根本上是一些幻象，事實上整個伊里亞傳統對人類所經驗到的世界都是採取這一個立場的。巴門尼底斯的態度固然如此，其後齊諾 (Zeno) 復然。齊諾為世所熟知的，如「飛矢不動」等弔詭，其最基本的目的就是用歸謬

法向世人勸說一切經驗所見的運動都是虛幻的。然而，對伊里亞學派來說，單單對運動加以駁斥嚴格而言還是不足夠的；因爲經驗現象之爲經驗現象，除了運動變化外，最基本的特點就是涉及「差別」或「分殊相」。就這一個問題，巴門尼底斯卽曾作出明確的回應。

　　巴氏殘卷後半部的所謂「俗見之途」，其主要的課題，其實就是在陳述了「眞理」——「太一」——是甚麼一回事之後，回過頭來，向世人解說到底吾人日常經驗到的那五花八門、變化不息的世界是怎樣形成的。巴門尼底斯的答案十分簡單：就在於「制名」（ονομαζειν，Namen-Gebung, Name-giving)❶。所謂「制名」，我們其實很難用今人的經驗語言去界定；因爲此中巴門尼底斯正是要指出，人類之所以「看」不到「眞理」，而只看到種種經驗上的差別，就是因爲被「名相」（ονομα）所誤故也。換言之，巴門尼底斯所謂「制名」，嚴格而言並不指吾人日常熟習的、像給新生嬰兒取名字一般的行爲，而是人類能運用語言這個現象本身；也卽是說，語言之運用使得名相分立，而世間上種種分殊差別亦因而假立云。如借用有名的巴門尼底斯研究專家 Karl Reinhardt 的戲言，對於巴門尼底斯來說，「制名」或語言之運用，簡直是一項「知識的原罪」（Sündenfall der Erkenntnis)❷。

　　從現代語言學的觀點看，人類語言能力如何產生這一個問題可以說已經踰越了人類可能回答的範圍以外。因此，我們對巴門尼底斯以「制名」爲「原罪」這個觀念作肯定或否定都是沒有意義可言的。問題是，吾人能否認識語言如何發生是一回事，而我們於現實生活中都

---

❶ 《先蘇格拉底哲學殘卷》，28: 8, 19。
❷ Karl Reinhardt, *Parmenides und die Geschichte der Griechischen Philosophie*, (Bonn: Verlag-Friedrich Cohen, 1916), p. 26。

能行使語言能力卻是完全另外一回事；前者是「存有」的問題，而後者則是「功能」的問題。巴門尼底斯從反對「非有」到否定運動與殊相，從否定殊相以至要檢舉人類的語言活動，為我們提供了再進一步的反面教材。藉著反省「制名」這個觀念，我們反而更能認識清楚，人類如要清楚地認識自然世界，便要充分掌握自然中的種種運動與殊差，而要做到這一點，運用語言從事描述乃是最基本的條件。

五、亞里士多德的範疇論

柏拉圖和亞里士多德無疑是希臘哲學發展到了成熟時期的兩位最偉大的哲學家。在兩者的學說中，西方哲學經歷了兩次史無前例的大綜合。柏拉圖和亞里士多德兩套哲學理論之間存在著許多共通點，除了後者由於因襲前者的概念用語而形成的近似性之外，最重要的，就是兩者都把希臘哲學對人類理性的重視推到極限。然而，在這一個大原則之下，柏氏與亞氏的理論就方法、內容與精神方向而言，卻有著極大的分歧。首先，柏拉圖於重視理性之餘，其對感性經驗的態度是十分懷疑的；相較之下，亞里士多德於重視理性之同時，卻對人類的感性經驗予以肯定和重視。其次，柏氏與亞氏兩者雖謂都對理性重視，但就理性應該被運用來處理那些對象這一點而言，兩者的態度亦大相逕庭。對柏拉圖來說，「理性」(noein) 的對象是「他世界」的、超越的「理型」，而理性與透過感官而形成的對經驗現象的「信念」(pistis) 是完全割離的。但對亞里士多德而言，「理性」並不單以超越的領域為對象，理性的運用、與人類的感官能力 (aisthesis) 有一連貫和相互合作的關係。雖然亞里士多德和柏拉圖同樣都重視透過理性去掌握一些最高原則，但柏拉圖的最高原則是完全超越的和是與現

象割離的；亞里士多德的最高原則於超越之餘卻有貫串整個經驗世界的要求[13]。此外，就價值而言，柏拉圖只承認「善的理型」為唯一的真正價值所在；相對地，亞里士多德卻大力批評柏氏這一立場，並認為根本無所謂「善」的理型，真正的「善」是人類透過於經驗中的實踐一點點地去爭取的[14]。

　　總而言之，柏拉圖因為見到經驗世界充滿了變化，即作出人類的經驗世界是虛幻的這一結論。於是焉，於輕視人類經驗之餘，對於經驗中的變化問題顯得束手無策[15]。相反地，亞里士多德從來不以為經驗是虛幻的。誠然，亞里士多德並非沒有注意到經驗界充滿種種變化這一個事實，然而，亞里士多德不單止不因此而對經驗世界失去信心，相反地，亞里士多德把經驗自然中的種種變化都視為一些「實實在在」地在發生的「實化過程」(Energeia, Realization)。因此，當柏拉圖由於對經驗現象毫不關懷而表現得束手無策之際，亞里士多德除了對經驗自然的種種分殊現象表現了濃厚的興趣外，更對經驗中的種種變化與運動問題提出許多卓越的解釋。正如前述，範疇論於西方哲學中之要務，主要在於對自然世界之「分殊」與「運動」作多元描述。由是觀之，西方哲學的範疇論問題儘管種根久遠，然結果終於大成於亞里士多德而非大成於柏拉圖是有一定理由的。

---

[13] 借用方東美先生的說法，柏拉圖哲學的最高原則在於要構成一「上界」（Überwelt），而亞里士多德哲學的最高原則是要構成一「直透界」(Durchwelt) 的原則。參見方東美著：＜黑格爾哲學之當前難題與歷史背景＞。見謝幼偉等著，《黑格爾哲學論文集》，卷一，（臺北：中華文化出版事業委員會，1956年），p. 71。

[14] 見 Aristotle, *Eth. Nic.*, Book A7, 1098a15-20。

[15] 柏拉圖直到晚年的對話錄 *Timaeus* 才嘗試對經驗變化的問題作一定的交待。參見 F. M. Conford, *Plato's Cosmology* 中的討論。

(一)亞里士多德範疇論的語言基礎

範疇理論可說是整個亞里士多德哲學系統的基石。如上所述，亞里士多德哲學對經驗自然表現了高度的關懷與濃厚的研究興趣。要維持這種關懷和促進有關自然的研究，自然現象的描述是最基本的工作。一旦離開這一個層面，我們是很難就亞氏的範疇論作爲一哲學問題作出合理和深刻的說明的。

在就此一問題作進一步探討之前，讓我們先以比較流行的方式把亞里士多德的範疇表列舉如下❻：

Substanz	Substance	實體
Quantität	Quantity	分量
Qualität	Quality	性質
Relation	Relation	關係
Ort	Place	場所
Zeit	Time	時間
Sichbefinden	Position	位置／姿態
Sichverhalten	State	狀態
Tun	Action	動作
Leiden	Affection or Passivity	被動

依亞氏之見，上述十範疇之中，第一項的「實體」由於具有最基本的重要性，可以說是自成一類的範疇；至於其他九個範疇，無論就

---

❻ 德譯可參見 Georgi Schischkoff 編：*Philosophisches Wörterbuch* 及 W. Windelband 的 *Geschichte der Philosophie*；英譯見 Richard McKeon 編，*The Basic Works of Aristotle* 中所收錄由 E. M. Edghill 翻譯的 *Categoriae*；中譯參見傅偉勳著《西洋哲學史》。

存有上講或就陳述上講，都不能獨自成立，而必須建立在某一實體的基礎之上；由於這九個範疇先要以實體範疇爲基礎而作爲這些實體的偶然表現故，因此被統稱爲「偶然屬性」(Accidents)。

　　論者談論亞里士多德的範疇表時，常常以之爲一高度抽象的觀念產物。因此，許多廣爲人用的西方哲學教材和漢語翻譯，在臚列亞里士多德的「範疇表」的時候，都習慣用一些抽象名詞。就以上列的「範疇表」爲例，如果撇開了希臘文原典，單從上列的名相去觀察的話，論者很容易產生一個印象，以爲亞里士多德的所謂「範疇」，都是一些抽象觀念，而其功能是在於爲「存有」分類云。然而，當我們把亞里士多德的範疇論如此地抽象化，許多理論上的困難立刻出現。例如說，這些抽象觀念與亞里士多德哲學對世界的基本關懷有何關連？爲甚麼要爲存有分類？而一些抽象的概念到底如何構成所謂的存有分類原則？其對亞里士多德哲學整體而言到底能作出一些甚麼貢獻呢？這些問題都是不容易回答的。就以德國新康德學派的文德爾斑 (Windelband) 爲例，其有名的《哲學史教程》一書中，除了使用上列字眼去列舉「範疇表」外，在談論亞里士多德範疇理論時，基本上便是採上述態度。他把範疇理解爲「最高的種或類」。然而在論及這樣「抽象」的範疇到底有甚麼哲學理論上的意義時，文德爾斑的回答是出人意表地草率和不了了之的。文德爾斑說：「這種歸納分類（包括實體在內共達十種範疇），也許其中結合有語法上的觀點，是被設計來表示最高的種或類，一切可能的觀念內容都將屬其下。但亞里士多德並沒有在方法上利用這種歸納分類，因而他的範疇論在他的形而上學裏，除了上述實體與其規定之間的關係外，並無重大意義。」⓱

⓱　參見文德爾斑著，羅達仁譯：《哲學史教程》，（北京：商務印書館，1987），p. 192。

上面一句話，是文德爾斑於其《哲學史教程》一書就亞里士多德範疇論所提出的唯一談話。很明顯地，他是因為從亞里士多德範疇論中找不到其所謂「形而上學意義」而感到失望的。誠然，亞里士多德哲學肯定涉及許多形而上學問題，如「實體」問題、「四因說」、「潛能與現實」、乃至「不動的動者」等問題都是帶有不同程度的形而上學色彩的。在這意義下，我們實在也很難說「範疇論」不涉及形而上學的考慮。然而，我始終有一種想法：亞里士多德範疇論本身嚴格而言並不是一套形而上學，甚至不是一套用來為存有分類的抽象的觀念系統。相反地，亞里士多德的範疇系統，是建立在人類的日常語言之上的。它自身不是一抽象的觀念系統，但卻是亞氏後來的形而上學系統得以發展之前必須首先具備的語言基礎。亞里士多德範疇論可說是西方文化傳統發展到了一定成熟階段時，為了總結以前經驗和為了開拓新方向所從事的一些語言使用方面的反省性準備。

儘管文德爾斑可能把亞里士多德範疇論的問題過於「抽象化」和「形而上化」，然而，他指範疇「也許其中結合有語法上的觀點」這一點大致上還是碰到問題的核心的。而事實上，近百年來有關亞里士多德範疇論的研究中，有許多都是循這一個進路去入手的。

十九世紀中葉，特蘭德倫堡（Trendelenburg）於其《範疇論史》一書中首先提出了亞里士多德的各個範疇與希臘日用語言之間存在著一定的關係這一說法⓲。而後來 Apelt 亦十分強調這一點。關於後者，C. M. Gillespie 便曾說：「Apelt 的重要貢獻，在於能準確地掌握一項原則，這就是說：範疇格式的使用，基本上是由語言的觀

⓲ Trendelenburg, *Geschichte der Kategorienlehre,* (Berlin: Verlag Bethge, 1846), pp. 23-24。

點決定的，其目的是要處理有關客觀實有的陳述。」❶ 此中所謂「範疇格式」，就是亞里士多德哲學中的 Schemata of the categories ($\tau\alpha$ $\sigma\chi\eta\mu\alpha\tau\alpha$ $\tau\eta\varsigma$ $\kappa\alpha\tau\eta\gamma\rho\iota\alpha\varsigma$)❷。由於「範疇」的根本意義是涉及「陳述」的意思，因此所謂「範疇格式」其實就是「陳述格式」的意思。由是觀之，亞里士多德列舉的「範疇」根本上不是一些用來建立形而上學的抽象觀念，而是一些具體地應用來陳述經驗世界的「陳述格式」❸。事實上，如果我們回溯到亞里士多德《範疇篇》的原文，我們將發現，我們上面列舉十範疇的方式（也是大多哲學教本所採用的列舉方式）是極為不準確的。其不準確處，正在於把十範疇過於抽象化，從而掩蓋了和歪曲了十範疇原來與日常語言的密切關係。就以上述所謂「時間」和「地點」為例，如果亞里士多德要引用一些抽象概念的話，則他大可以使用如 $\tau\sigma\pi\sigma\varsigma$, $\chi\rho\sigma\nu\sigma\varsigma$ 等當時已極為流行的概念。而今亞里士多德捨之而用較口語化的 $\pi\sigma\upsilon$ 和 $\pi\sigma\tau\varepsilon$，便是明顯的立場。基於這個原因，許多文獻於臚列十範疇時，都徵取希臘文原典，把十範疇翻譯為一些日用語言的基本陳述格式❹：

---

❶ C. M. Gillespie, "The Aristotelian Categories", *Classical Quarterly*, 19 (1925), pp. 75-84。

❷ 見 Aristotle, *Metaphysics*, Book △6-7, 1016b34, 1017a23...

❸ 廣義而言的 Schematism 問題，除了涉及亞里士多德範疇論外，還涉及康德的範疇論和海德格的存活論；在這三種情況下，Schematism 都涉及範疇（或海德格所謂的 Ekstasen）如何得以具體地應用於人類的世界經驗上這一個課題。

❹ 希臘文原文及英文翻譯參見 *LOEB Classical Library*,《亞里士多德全集》, Vol. 1, 由 Harold P. Cooke 譯 *The Categories*; 中譯由本文作者暫擬。

1	$\tau\iota\ \varepsilon\sigma\tau\iota$	What it is (Substance)	是甚麼（實體）
2	$\pi o\sigma o\nu$	How Large	甚麼大小
3	$\pi o\iota o\nu$	What Sort of a Thing	甚麼性質
4	$\pi\rho o\varsigma\ \tau\iota$	Related to What	甚麼關係
5	$\pi o\nu$	Where	甚麼地方（那裏）
6	$\pi o\tau\varepsilon$	When	甚麼時候（何時）
7	$\kappa\varepsilon\iota\sigma\theta\alpha\iota$	?In What Attitude	?甚麼姿態
8	$\varepsilon\chi\varepsilon\iota\nu$	?How Circumstanced	?具備甚麼
9	$\pi o\iota\varepsilon\iota\nu$	What Doing	做甚麼行動
10	$\pi\alpha\sigma\chi\varepsilon\iota\nu$	What Suffering	接受甚麼行動

　　與第一次列出的範疇表比較之下，用以上方式列出來的十範疇的最大特點就是全面的日常化和口語化，並且還充分顯出亞里士多德範疇與希臘語的日用格式是如何地不能分割的。我們可以設想，十範疇就是吾人日常對世界上某一事物進行描述時的主要描述角度。只要一旦弄清楚了要說明的「是甚麼」，則我們便可以進而從其他不同的角度去從事描述。這個「是甚麼」就是一「實體」，從一 Logical Predication 的觀點看，此一實體就是所有陳述的「主詞」，而其他範疇就是不同的「謂詞格式」或「陳述格式」了。就以如下一句子為例：

> 某甲的三歲大的黃狗昨日在市集上狂吠，給打了一棍子。
> 4,　　　2 ,3 1, 6 ,　5　, 9 ,　　10

這句子要談論的對象是「狗」，也就是句子的主詞。對象既定，則其他有關的範疇（以序號表示）便派上用場了。

　　然而，以上的理解雖然遠較前面提出的「抽象」解釋合理，但歷來有關 Keisthai(7)和 Echein(8)應如何詮釋這一個問題，卻仍然是爭論極多的。許多人依據亞里士多德於《範疇論》中就 Keisthai(7)所舉出的Anakeitai（他臥著）和Kathetai（他坐著）這兩個例子，把第七個範疇Keisthai 翻譯為 Situs 或「姿態」；又因為亞里士多德就Echein(8) 舉出 Hypodedetai（他穿著鞋）和Hoplistai（他帶著武器）這兩個例子而把第八個範疇 Echein 翻譯為 what having, what possessing, 或「配備甚麼」等。❷ 然而，這些看來頗為不倫不類的例子到底指的是甚麼呢？有些論者乾脆滿足於說這兩者是所謂的「導生範疇」(Predicables)。有些學者如 Gomperz 甚至認為這兩個範疇是專用來描寫人物的❷。不過，學界對於這樣牽強的解釋似乎從來都沒有信心。影響所及，學界對於亞里士多德的範疇論整體而言應作那一種綜合解釋這一問題，是始終無法安寢的！

　　至今就亞里士多德範疇論的語言基礎這一問題討論得最詳盡、論點最明確的，並能就上述的困難問題提出最合理的回答者，應以法國當代語言學家邦旺尼斯特 (E. Benveniste) 為代表。邦旺尼斯特的基本觀點是：亞里士多德的十範疇的提出，是與作為亞里士多德母語的希臘語的基本特性有著一必然的對應關係的。十範疇反映了希臘人透過語言去描述世界時的基本關心重點。邦氏認為，這些關心重點可以透過當時日用希臘語的主要語法結構表現出來。因此，十範疇其實

---

❷　見 Aristotle, *Categoriae*, Ch. 4, 2a1-5。

❷　參見 Émile Benveniste, "Categories of Thought and Language", in: *Problems in General Linguistics*, (transl. by M. E. Meek), Miami Linguistics Series No. 9, (Coral Gables: University of Miami Press, 1971), p.59, 299。

都與日用希臘語的語法結構有一定的關係。因此上述的理論困難，亦必須向希臘文獨特的語法結構中找尋。

邦旺尼斯特指出，十範疇中，居首位的 ousia 或 ti esti(1) 很明顯地對應於語法中的「實詞」(substantive)。Poson (2) 和 Poion (3) 則分別對應於希臘語自古以來兩種自代詞引生的「形詞」(Adjectives)；前者的詞綴 -on，通常代表可量度性；後者的詞綴 -oion 或 -oios 則可以類比方式構成新的形詞。Pros ti(4) 是對應於所謂「比較級形詞」(Comparative Adjectives)。Pou (5) 和 Pote(6) 則明顯地是對應於兩種「副詞」(Adverbs of Place and Time)。邦旺尼斯特認爲，從希臘語法的觀點看，此前六者都是環繞著廣義而言的名詞 ($ονομα$) 而被設立的❷。

與前六個範疇比較起來，後四個範疇的統一解釋向來是個難題；如上所述，困難的焦點主要出在 (7)、(8) 兩範疇之上。於此，邦旺尼斯特提出了極具創意的建議❷。他完全摒棄了歷來用「姿態」、「狀態」等概念去詮釋(7)、(8)兩範疇的見解。他認爲後四個範疇的共通點，就是都在反映著希臘語運用動詞 ($ρημα$) 的不同格式。首先，Keisthai(7)代表的是希臘語動詞系統中獨特的「關身語態」(Middle Voice)。所謂「關身態」，就是指一些特別的動詞，「其所指謂的活動既由一主體開出，又於該主體身上成全」；或曰，「一項涉及關身動詞的活動的主體是廁身於該活動之中，而非居於其外」❷。希臘語的

---

❷ 同❷，pp. 57-58。

❷ 有關後四個範疇的解釋，邦旺尼斯特之前，特蘭德倫堡其實已提出過類似的解釋。然就論說的精審，則邦氏之說較勝。

❷ 可參見 Benveniste 另一篇文章，"Active and Middle Voice in the Verb", in: *Problems in General Linguistics*, p. 148ff。

「關身態」於現代英語早已絕跡（只殘留著「不及物動詞」此一語法學上的概念），於現代法語和德語中卻還留下一些痕跡（按：例如法語一些與 se 合用的動詞，或德語一些與 sich 合用的動詞）。邦旺尼斯特還指出，在早期古希臘語的動詞中，「關身態」的地位是與「主動態」(Active Voice) 並駕齊驅的。這一現象的重要性我們稍後於討論「運動」問題時將予說明。

其次，邦旺尼斯特認為 Echein (8) 其實指希臘語動詞的「完成式」(the Perfect)。古希臘語的「完成式」與現代印歐語中的「完成式」並不盡相同。現代印歐語中的「完成式」可以有「不及物完成式」和「及物完成式」(Transitive Perfect) 兩種，其中後者可說是印歐語後來的產品❷；但古希臘語中的「完成式」最初只有前者而無後者，因為那時候的「完成式」最初是從「關身態」動詞而非從「主動態」動詞衍生出來的。因而甚至可稱為「關身完成式」(Middle Perfect)。而亞里士多德於《範疇論》就 Echein (8) 範疇提出的 Hypodedetai (他穿著鞋) 和 Hoplistai (他帶著武器) 這兩個例子❷，其實正是兩個「關身完成式」的典型例子。因此，Echein (8) 這個範疇，並不如 Gomperz 想像一般只用來刻劃某人在配備些甚麼那樣單純。Echein (8) 的功用，主要是表達其所要陳述的主詞正「擁有或處於某一種狀態」這一涉及該有關主詞／主體的「時態」(Mode of Temporality) 和「存在方式」(Manner of Being) 的信息

---

❷ 參見 Benveniste 著: "The Linguistic Functions of 'To Be' and 'To Have'", in: *Problems in General Linguistics,* pp. 164-179, 特別是 p. 179。

❷ 在 Categoriae, Ch. 9, 11b13 的一段文字中，亞里士多德用同兩個例子，但改為引出兩個不定式 to Hypodedesthai 和 to Hoplisthai，則兩例子間的共同點更顯。

的⑩。

至於Poiein(9)和Paschein(10)這最後兩個範疇，可說是問題最單純的。他們顧名思義地指謂著希臘語中的「主動態」和「被動態」，而且，他們彼此之間構成一語法結構上的對揚關係。如 Temnei（他切割）之對 Temnetai（他被切割），Kaiei（他燃燒）之對 Kaietai（他被燃燒）等。

邦旺尼斯特有關亞里士多德範疇論的反省可以總結如下：

1 τι εστι	Substantive	實詞
2 ποσον	Adjective (Quantitative)	形詞（量）
3 ποιον	Adjective (Qualitative)	形詞（質）
4 προς τι	Adjective (Comparative)	形詞（比較）
5 που	Adverb of Place	副詞（地點）
6 ποτε	Adverb of Time	副詞（時間）
7 κεισθαι	Verb-middle Voice	動詞（關身態）
8 εχειν	Verb-perfect	動詞（完成式）
9 ποιειν	Verb-active Voice	動詞（主動態）
10 πασχειν	Verb-passive Voice	動詞（被動態）

康德於《純粹理性之批判》中曾批評亞里士多德的範疇表是用一卽興 (rhapsodisch) 的手法拼合而成⑪，在揭示了十範疇作為「語言範疇」的意義後，我們可以說，儘管亞里士多德範疇表的構成原則與後來康德範疇表的構成原則不同，但前者還不是完全是「卽興」產

---

⑩ Benveniste, "Categories of Thought and Language", *op cit.*, p. 60。

⑪ 參見康德著：《純粹理性之批判》，A81/B106。

生，而是以一定的整體構想為依據的。

(二)「變化」與「分殊」問題的重審

　　誠如上述，很久以來，許多學者大體上已注意到亞里士多德範疇論與語言使用可能有一定關係。經過邦旺尼斯特上面這一番澄清後，亞里士多德所謂十範疇與語言，特別是與希臘日常語言的關係便前所未有地被清楚顯露出來。在這一研究的基礎上，特別是當後四個範疇作為古希臘動詞表式的意義被統一起來以後，我們乃可以對許多有關範疇論的一般性問題作出新的解釋。其中，最重要的，就是可以就「變化」與「分殊」問題予以重審。

　　此中，「分殊」問題比較簡單。巴門尼底斯固堅持，於其「真理之途」中，只可有「太一」($\overset{\varepsilon}{\nu}$)，不可有「多」。後來，柏拉圖放棄了「太一」說，只還堅持每一類存有底「理型」($\epsilon\iota\delta o\varsigma$)的單一性。到了亞里士多德，殊多性 (Plurality) 才被真正的證立。這方面的證立涉及兩個不同的層面。首先，在存有的層面，亞里士多德首創了 $\tau o\delta\varepsilon~\tau\iota$ 這一個概念，並於《範疇論》一書中視之為「第一義實體」或「基本實體」。所謂 Tode ti，字面上是「這個如此」(This-somewhat) 的意思。其實是指經驗世界中隨意可被吾人信手枚舉的個別事物，這些個體之所以能「個體化」(Individuate)，是由於其各自佔有其獨特的，可以容納不同偶然屬性 (Symbebekos) 進駐其中的質料基礎。因此，世界存有上的分殊，再不單止於有不同的「理型」，如「人」的理型和「馬」的理型；而在於有眾多不同的個體，如「這個人」和「那個人」，「這隻馬」和「那隻馬」。其次，於陳述的層面看，亞里士多德於《物理學後諸篇》中多次宣稱：「存有可以

用許多種方式陳述」❸，其中，十範疇（陳述）格式即被列爲存有描述的基本途徑。如今範疇作爲日常語言基本表式的紛陳排列，更爲有關自然世界種種現象作多元描述提供了完善的條件。

再看有關變化的問題。

亞里士多德把自然世界中的事物大分爲「自然事物」（physei onta）和「人爲事物」（technei onta）兩大類❸；前者如天上的星宿、地上的草木野獸，後者如房屋工藝等。這兩類事物所涉及的變化是迥異的。就以有名的「四因說」而言，「四因」中「動力」（Arche）和「目的」（Telos）這後二因，其實是用來補充「形式」和「質料」二因，以便對實體所涉之變化作進一步的說明的。然而，後二因在應用於自然事物和人爲事物這兩種情況下，其意義是大大不同的。對於人爲事物而言，後二因是可見地明顯的，然對自然事物來說則不然。這在在顯出，自然事物和人爲事物所涉及的變化是需要不同的描述的。在這一關鍵上，我們看見了邦旺尼斯特把後四範疇配以古希臘語的四種動詞格式的眞正意義！後四個範疇既爲「動詞」格式，顧名思義地都是涉及變化或運動的。特蘭德倫堡（Trendelenburg）便嘗指出，亞里士多德在《物理學後諸篇》Z篇列舉諸範疇時，曾單以「運動」（Kinesis）一個概念去代替後四個範疇❸。後四範疇中的 Poiein (9) 和 Paschein(10) 很明顯地是分別從「行動者」和「接受行動者」兩方面爲與「人爲事物」有關的變化作描述的。至於 keisthai (9) 這一個「關身態」動詞格式，便顯然是用來描寫一些和「自然事物」

---

❸ Met. Γ1, 1003a33.

❸ Met. Z7, 1032a13.

❸ 參見 Met. Z4, 1029b24; 此外見 Adolf Trendelenburg, *Geschichte der Kategorienlehre,* (Berlin: Verlag von Bethge, 1846), p. 142。

有關的變化的。此中的理由很簡單：因為自然事物的變化是自發的，變化的作用最後還是關乎該事物自己，這與「一項涉及關身動詞的活動的主體是廁身於該活動之中，而非居於其外」這一個觀念是完全契合的。

亞里士多德把「變化」這問題從最廣義處稱為 $\mu\varepsilon\tau\alpha\beta o\lambda\eta$， 以泛指一切「從一種事物或事態到另一種事物或事態」(ek tinos eis ti) 的改變[35]。這即是說，凡一切變化都是從一個階段到另一階段的改變，也因此都可以 Dynamis 和 Energeia 這一雙概念去表達。亞里士多德關於 Metabolai 的細部劃分雖然極為分歧駁雜[36]，然而，上述的所謂「階段性」卻是貫串於所有形式的變化中的。亞里士多德曾說：「現實與潛能，對不同的事物它們的意義是不同的，並以不同的方式應用這些於不同的事物之上。」[37] 從這個角度看，所謂Echein(8)範疇，由於是一「完成式」的動詞格式，很明顯地是涉及 Dynamis 與 Energeia 此一交互原則下的一切可能變化的。

(三)亞里士多德對巴門尼底斯有關「非有」問題的回應

從上述的討論中，我們看見伊里亞傳統是如何排拒人類日常經驗中的變化與分殊，和如何把這些經驗「歸罪」於人類的語言能力。相反地，我們也看到，埃奧尼傳統儘管提出了許多極具形而上色彩的概

---

[35] Phy. E1, 225a1。

[36] 亞里士多德把變化 (metabolai) 主要大分為生滅 (Genesis/Phthora) 和運動(Kinesis)，運動下又細分為質變（Alteration）、量變（Growth）和移動(Locomotion)。見 *Phy*. E1-2, 225a13-b10。除了這幾種變化外，亞里士多德在談到 tyche/tautomaton，談到時間，和談到星體運動與月球以下 (地表) 的運動等問題時，往往作出其他區分。

[37] Met. ∧4, 1071a1-3.

念，然而，其理論始終是以人類的自然經驗爲出發點的。亞里士多德範疇論的建立，從哲學史的觀點看，明顯地是代表著埃奧尼傳統在與伊里亞傳統爭執中的一項勝利。而亞里士多德範疇論於哲學史上的意義，便正在於透過日用語言的反省，爲運動變化和分殊現象的經驗描述提供學理上的可能基礎。

然而，在亞里士多德可以爲範疇論的建立感到安枕無憂以前，他還得對伊里亞傳統所提出的問題作一項最根本的回應！事實上，巴門尼底斯、齊諾等人並非不知道吾人經驗中的自然現象涉及殊多與運動，問題是他們從根本處否定經驗，和否定經驗中的殊多與運動而已。從理論的需求上看，伊里亞傳統這一與人類日常經驗相違背的立場之形成，歸根結底而言，其實是因爲巴門尼底斯等不能接受「非有」($\mu\eta\ \varepsilon o\nu\tau\alpha$, me eonta, me on)這個一切「差別」與「運動」必須預設之概念。換言之，爲了杜絕「非有」潛入和破壞其「眞理」國度，巴門尼底斯寧可連帶地把自然世界、乃至自然中的一切殊多變化都一起放棄。伊里亞傳統這一種想法，引出後世所謂「空無的恐懼」(Horror Vacui) 這一種談「無」色變的心態。正由於這原因，西方日後所有對經驗自然予以肯定的哲學理論，或多或少、或明或暗地都要對巴門尼底斯等之挑戰作出回應。

這方面的回應最早而又最有特色的是德謨克利特斯（Democritus）的理論。德氏學說廣爲人知的是其「原子論」。然而我們卻常常忘記了，德氏原子論的成立，是要先對「虛空」（Kenon）予以肯定的。事實上，德謨克利特斯認爲，世界只包含兩種存在:「原子」和「虛空」[38]。德氏的策略就是和齊諾來一個硬碰[39]。Kenon 其實是某

---

[38] 參見 Diels/Kranz 編，《先蘇格拉底哲學殘卷》，68: B9, B117。
[39] 依文獻所載，齊諾是反對 kenon 概念的，見《先蘇格拉底哲學殘卷》，29: A1。

一意義的「非有」，德謨克利特斯正要指出，原子世界的運動固然構成人類經驗中的分殊現象與變化，然而原子的運動，是一定要在或空隙中進行的。誠然，德謨克利特斯對「虛空」的肯定是出於某一意義的物理學的考慮，而伊里亞傳統對「非有」的排拒卻是一種論理上或邏輯上的顧慮。在這一個意義下，德謨克利特斯其實並沒有對前者作出真正的回應。

亞里士多德是第一位切實地回應伊里亞傳統就「非有」問題之疑惑，並提出合理解決的哲學家。亞里士多德的基本態度是：巴門尼底斯所恐懼的其實是「非有存在」(…that things which are not, are) 這一項邏輯上的矛盾；亞氏認為，這一種恐懼，無異於杞人憂天。亞里士多德的想法是：巴門尼底斯所擔心的「非有」可說是一種對「有」一般作普遍否定的「無約束性的非有」(me on haplos) ❹；問題是，無約束的、無條件的或絕對的「非有」是根本不存在。用較為現代的講法：只有相對意義的「非有」，而沒有絕對意義的「非有」。

在《物理學後諸篇》的 Δ、Λ、N 等篇中，亞里士多德詳細地說出了他自己對「非有」問題的看法，並據此對巴門尼底斯作出駁斥❹。他認為所謂「非有」有三種不同意義❷。其分別我們可總結如下：

1. 某一偶性範疇之「缺如」($\sigma\tau\varepsilon\rho\eta\sigma\iota\varsigma$, steresis)

2. 某一陳述之否定，即以之為「假」的判斷 ($\varphi\varepsilon\upsilon\delta\sigma\varsigma$, falsity)

3. 某一現實狀態之未遂，即一未實現之「潛能」($\delta\upsilon\nu\alpha\mu\iota\varsigma$, dynamis)

---

❹ *Phy.* A7, 191b14。

❹ 亞里士多德對巴門尼底斯的批評，可參見 *Met.* N2, 1089a 1ff。

❷ *Met.* Λ2, 1069b28; *Met.* N2, 1089a27-28。

此中，三種意義的「非有」之所以是相對，其理由很簡單：它們都不是一些無約束的、普遍的或全盤的否定。而都只針對廣大的存有和衆多的事態中的「某一」特點而作出的 (hoion kata symbebekos) ❹ 否定而已。其中，所謂「假」是針對某一特殊的判斷，這一種否定 (Apophasis)只涉及論理問題，嚴格而言，是構成人類心智「活動」的重要因素，但卻根本不影響存有之秩序。此外，「潛能」的意思是尚未實現。亞里士多德曾多次指出「潛能」與「現實」(Energeia)之間的相反關係乃是一切自然發生的和人爲玉成的運動變化的根本機制。如果我們仔細把亞里士多德全集翻閱，我們將不難發現，亞里士多德是如何地於一切不同可能場合上都在運用著 Dynamis 與 Energeia 這一對相反相成的觀念。

然而，上述三種意義的「非有」之中，最能回應伊里亞傳統有關「非有」底疑團，並且對後世有關討論最具有影響的，應數 steresis 這個概念。steresis 一概念於中世紀時被翻譯爲 privatio，卽「缺乏」、「缺如」的意思。這一概念於亞里士多德學說中同時有「論理」層面和「實有」層面的解釋。

一、從論理上觀察，steresis 可指任何謂語之否定，這個意義下的 Steresis 可由一帶否定功能的前綴 α-(non)表達出來。亞里士多德便曾說：「如果從 α- 引生出的否定有多少種，則 steresis 亦有多少種。」❹ 從現代語言學的觀點看，α- 這一前綴作爲一個語素而言，是可以有許多不同的用法的，亞里士多德便爲 α- 舉出了「微細」、「不容易」、「完全缺乏」等……。從一邏輯的角度看，無論 α- 此一前綴作解釋，其使用只會使接於其後的詞根之內涵更爲豐富，而根本不會

---

❹ *Phy.* A8, 191b14-15.

❹ *Met.* Δ22, 1022b33-34.

構成巴氏所指的矛盾。

　　二、從實有的層面看，亞里士多德的「缺如」概念可說是其範疇理論的一項極重要的補充。其作用就是說明自然現象的殊多性與變化機制。總的來說，十個範疇中，實體的地位是相當特殊的，這是因為實體無論從「存有」或從「陳述」(Predication)上講，都是其他偶性範疇的基礎 (υποκειμενον)，也因此都較其他九個偶性範疇為基本。從陳述上講，實體乃是其他範疇所要述說 (predicate) 的「主詞」，從存有上講，實體乃其他範疇所要「進駐」(inhere) 的「基體」。當我們說「一塊鐵從熱變冷」或「樹葉從綠變黃」時，「熱」與「冷」、「綠」與「黃」於陳述內容上固然是彼此分殊，甚至是互相「反對」(enantia, contrary) 的。就在這一關頭上，巴門尼底斯即便宣稱此中所出現的「非有」是「不可想像」的了，在這裏我們可以清楚地看見，巴門尼底斯其實是把邏輯上的「矛盾」(antikei menai) 與性質及謂語上與「反對」混淆起來。面對著同樣問題，亞里士多德於《範疇論》中指出，「熱」與「冷」其實是一些反對的性質。「而實體的特性就是，它可以於維持本身個體同一 (hen arithmoi, numerically one) 的條件下，同時成為一些反對性質的容受者……每當一實體容受這些反對性質的時候，它自身即便處於變化之中。」❹此中可見，巴門尼底斯本來擔心任何「否定」都會與「存有」發生矛盾，如今亞里士多德卻指出，基本實體是足以承受不同性質的交替所造成的變化的，而在經歷此變化的過程中，實體是可以保持其本身的個體同一性的。

　　如衆所共知，亞里士多德認為所謂「實體」，特別作為個別經驗

---

❹　*Cat.* Ch. 5, 4a10-4b19.

事物的所謂「基本實體」（Primary Substance）是「形質合一」（Hylomorphic）地由「質料」與「形式」共同構成的。然而，在《物理學後諸篇》的 Λ 篇中，亞里士多德把「缺如」與「質料」及「形式」並列為變化所涉及的三項原則或基礎❹。此中，亞里士多德的立場已是極為明顯：「缺如」這某一意義的「非有」雖然不是自然世界中的實體的構成條件，但如要解釋自然中的種種變化，這意義的「相對」的「非有」不單是可被接受，而且甚至是必要的。

要了解亞里士多德對「非有」問題的處理對後來的哲學理論產生影響之深遠，我們只需觀察康德和黑格爾二人就有關問題的處理，便可知其一二。

早在批判前期一篇名為〈試把負量概念引入哲學〉的論文中，康德即已明確就「邏輯上的對立」（Logische Opposition）與「事物上的對立」（Reale Opposition）作出嚴格區別。並且認為，前者涉及的否定由於是「不可想像」（Irrepraesentabile）故，實在是足以把原初的事態一概否定的，因此可稱為— nihil negativum。至於後者康德認為是「可想像」和「可認識」的，而且是吾人在對「世界」作觀察時所能夠接受的。這一種可於哲學中被接受的「否定」，康德稱之為 nihil privativum❹。此中，nihil privativum 無疑是從 Steresis 概念引出來的。康德是在依循亞里士多德的途徑以撥開伊里亞傳統關於「虛無」的疑霧，是最明顯不過的。

---

❹ *Met.* ∧2, 1069b32-34.

❹ 見 Kant, "Versuch den Begriff der negativen Grössen in die Weltweisheit einzuführen", in: *Kants Gesammelte Schriften*, Band II, 以後簡稱為 *KGS,* (Berlin: de Gruyter, 1968), p. 171ff. 此外，可參見康德，《純粹理性之批判》，A292/B348。

　　黑格爾的「辯證法」無疑是其哲學理論的重要部分。黑格爾一生就「辯證法」問題曾作多種不同角度的詮釋。而其中有好幾種說法都直接或間接涉及「否定性」這一項基本成素❹。由於顧慮到一般人對「否定性」的疑懼，黑格爾便曾於《邏輯學》一書就這一問題作出澄清：「我們必須要理解以下這一項邏輯原則：這就是說，那否定的同樣地是肯定的；或曰，那矛盾的並不會引至空洞（Null）或抽象的虛無，而只會引出其某一特定內容的否定；又或曰，這一否定並非一全然的否定……由於它是一特指的否定，所以否定的結果是具有內容的。這就是一新的概念，一個比原先的概念更高和更豐富的概念。」❹很明顯地，此中黑格爾要排拒的「全然的否定」，正好就是亞里士多德所要排拒的「無約束的非有」(me on haplos)；而黑格爾所謂「特指的否定」，幾可說是亞里士多德於《物理學》解釋其所謂「非有」時所提到的「對偶然屬性而言的否定」(me ontos, hoiov kata symbebekos) 的翻版❺。黑格爾這一番「否定性」理論固有其「精神哲學」方面的背景，這固然非我們一定要同意的。然而，我們卻可清楚地看到，此中涉及的並非形式邏輯上的矛盾對立，而是一發展歷程中認知理解的前後取捨問題。這與亞里士多德論自然現象於一變化歷程中某些偶然屬性的缺如這問題是如出一轍的。

---

❹　黑格爾曾多次直接地把辯證法說明為「純粹的否定」。此外，黑格爾常用「奧復克變」(Aufhebung) 這個概念去說明辯證法，而「奧復克變」的其中一個成素就是「否定」。在晚著《哲學百科全書》的「小邏輯」中，黑格爾提出所謂「邏輯（思想）三態」，其中的第二態就是「辯證態—否定的理性」。

❹　參見 Hegel, *Wissenschaft der Logik, Werke in Zwanzig Bänden,* Bd. 5, (Stuttgart: Suhrkamp, 1972), p. 49。

❺　*Phy.* A8, 191b13-15。

(四)亞里士多德範疇論作為一哲學問題

亞里士多德範疇論於希臘 日常語言 基礎獲得一 系統性的 合理解釋，這方面的進展爲其作爲一哲學問題帶來了重新評估的可能。一直以來，論者在評估十範疇理論時， 都在把十範疇視爲「陳述模式」、視爲「思想模式」或視爲「存有模式」的路口上徘徊。綜合亞里士多德主要著作中的許多例子來看， 亞里士多德顯然認爲十範疇無論是就「陳述」， 就「思想」或就「存有」而言都是有關連的。然而， 在這幾個層面之間存在著一些怎樣的關係？其中有沒有那一個層面的問題是較爲基本的呢？這些問題無疑是後來許多學者所感到困惑和急求解決的[51]。

儘管後人不斷爲這些難題躊躇，亞里士多德本人卻似乎對這個問題採取一個相當樂觀的看法。雖然亞里士多德並沒有就這一些問題明確地回答， 但是從以下一段文字之中， 我們大可以推敲其基本態度。這一重要文獻出自《解釋篇》卷首。 亞里士多德說:「聲音誠然是心象的符號， 而文字則乃聲音的符號。聲音與文字一樣， 都是因民族不同而迥異的。心象是外界事物的摹本，正如聲音是心象的記號; 而正如外界事物對全人類而言爲普遍同一一樣， 心象也是對全人類而言爲普遍同一的。」[52] 在上引片段中， 亞里士多德把事物 (Pragmata)、心象 (Pathemata)、聲音 (Phone) 和文字 (Grammata) 這四個層面以一直線的關係連接起來。簡單地說， 他認爲文字記錄聲音， 聲音表達心象，心象反映外界事物。最重要的， 亞里士多德還清楚指出: 雖然聲音 (語言) 和文字是因民族而異， 但人類的心象和此心象所反

[51] Porphyry 於所著 *Isagoge* 中便充分表現出這種疑惑。
[52] *De Interpretatione*, Ch. 1, 16a4-8.

映的外界事物卻是普遍和人際共通的。亞里士多德所謂「事物」實指一些不因語言表達之差別而客觀存在的個別實體。這樣構想下的「事物」或「實體」，其主要特性，就是能獨立於人類的語言條件而仍能保有明確內容。

撇開文字這一個相對於語言而言較次的層面不談，亞里士多德顯然認為外界事物、心象（思想）❺❸、語言之間有一一一對應的關係；對亞里士多德來說，語言本質上只有作為反映心象與事物的工具（organon）的地位，並且認為不同民族的語言不過是同一個客觀世界秩序的不同反映而已。因此，從亞里士多德的立場看，範疇確可以同時是「語言範疇」、「思想範疇」與「存有範疇」的。他甚至可以認為，吾人可藉著語言的描述，把外在的自然世界客觀而實在地全面呈現於人類眼前，從而完成希臘哲學（特別是埃奧尼傳統）一直以來的宏願。

如果我們可以分享亞里士多德這種「素樸」的樂觀主義，用如此簡單的模式去設想外物、思想和語言之關係的話，則一旦從語言格式此一側面為十範疇作出了統一的解釋後，我們以上一直在討論的範疇論問題，到此即可完滿結束了。

我們可以如此樂觀嗎？所謂十範疇既已被揭示為建立於古希臘語言特有的語法結構之上，則如果一個民族用的不是古希臘語便如何呢？不同的語言真的反映著一絕對客觀的外在世界嗎？十範疇理論果真於人際間普遍有效用嗎？近代許多邊遠民族的語言研究似乎都在這些問題上投下反對票！譬如邦旺尼斯特即在上面論及的〈思想範疇與語言範疇〉一文末尾舉出了 Ewe 族的語言為例，指出其於一些關鍵

---

❺❸ 對亞里士多德來說，心象和思想同都是心靈（Psyche）活動所生的內容。再者，思想的運轉，往往以心象為基礎。參見 *De Anima*, Γ8, 432ff。

性的動詞使用上與標準歐羅巴語有巨大差別❼。

　　現代哲學（特別是康德）和現代普通語言學的興起（特別是洪堡特、索緒爾等）使我們再不能如此樂觀了。現代哲學與現代語言學分別就人類經驗與語言之本質作出革命性的重審。在現代哲學和現代語言學的觀點下，所謂「世界」根本再不能是亞里士多德構想下的那能獨立於語言使用以外的一「外在世界」；一切可資談論的「世界」嚴格而言，都只是人類秉其語言能力所塑成的「世界觀」或「世界圖象」而已❺。一旦理解到一客觀的「外在世界」對人類而言是沒有意義這一點後，則範疇論於哲學上的意義便再不可能只是消極的去「對應」世界。我們對「範疇論」作爲一哲學問題亦當作一重新的估計。總括而言，我們大可以繼續於形式上同意語言能某一意義地在「反映」心象與世界，並且承認範疇乃是人類以語言去表述世界所使用的基本格式。然而，此中的所謂「反映」與「表述」，再不可以被理解爲一種簡單素樸的「對應」（Adaequatio），而只可被理解爲一種由人類參與的「塑成」（Constitution）。此中，我們將不難了解：不同文化傳統的人或甚至同一文化傳統中不同時代的人是可以「看」到意義不同的「世界（圖象）」的；而無論吾人「看」到的是一個怎樣的「世界」，吾人亦應爲自己所看到的世界負責！由是觀之，不同的範

---

❼　參見Émile Benveniste, "Categories of Thought and Language," *op. cit.*, pp. 62-64。

❺　參見拙著：＜胡塞爾的「世界界域」理論—從現象學觀點看世界（之一）＞，《人文研究集刊》，創刊號，（香港：中國人文研究學會，1989），pp. 150-168。現已收入本書 pp. 129～155。這方面更詳細的討論，見拙著："Husserl's Concept of Horizon-An Attempt at Reappraisal", in: *Moral Sense and Its Foundational Significance*, 見 *Analecta Husserliana*, Vol. 31, ed. A.-T. Tymieniecka, (Dordrecht: Reidel/Kluwer, 1990), pp. 361-398。

疇論系統便誠如不同文化傳統和不同時代一面又一面的鏡子。以下我們先簡略地觀察範疇論於西方哲學傳統以內的發展，再看範疇論於西方哲學傳統以外的相應開展。

六、範疇論於西方哲學傳統以內的發展

亞里士多德範疇論的建立，從此使西方世界一直在孕育中的所謂「重智文明」終於被築固下來。亞里士多德以後，不同時期的學者在十範疇的基礎上加以損益，再加添一些所謂引伸範疇(Predicables)，構成一個一個的陳述網絡。範疇的系統排列使得西方人從事經驗觀察時也較能以一系統的方式進行。最雋永的例子，莫如萊布尼茲(Leibniz) 提到有時他忘記了某些事情，憑著一些依稀的印象，他便順著範疇的次序，一項一項地作細部推敲，最後都能把事情記回來。這一種方法用諸於經驗知識的獲得上，就是他所謂「知識表列法」(Tabulations of Knowledge) ❺。於世界各種文明中，以西方的經驗科學特別發達，亞里士多德以還範疇論的建立很可能是一項重要因素。

亞里士多德範疇論的 基本形態於西方 世界產生 了很長時期 的影響。但自康德以後，西方的「範疇論」問題又再蓬勃起來。如果我們說範疇論是文化傳統的一面鏡子的話，則近代西方範疇論的再生，可能揭櫫著西方人底終極關懷的重塑。由於此中所涉過廣，以下我們只能就兩個最經典性的例子說明。此中，我們只將就與範疇論有關的宏

---

❺ 見 Leibniz, "Letter to Gabriel Wagner on the Value of Logic", in: *Philosophical Papers and Letters*, (ed.) Leroy E. Loemker, (Dordrecht: Reidel, 1976), p. 464。

觀問題談論，細部的問題，將別爲文專論。

(一)康德

範疇論發展到了康德，從許多方面看都起了非常顯著的變化。康德有關範疇論的討論，主要見於《純粹理性之批判》。而討論範疇的一部分，就是「超驗成素論」中的「超驗邏輯」中的「超驗分析」中的「概念分析」這一部分。事實上，在康德的學說中，「範疇」的另一名稱是「理解的先驗的純粹概念」。這一連串奇特的術語其實已經把康德關於範疇的構想顯露出來了。此中，所謂「成素」是指構成人類認知能力一般的成素；所謂「邏輯」是指這認知能力中那「非感取的」，而是由人類「心靈」主動參與的活動的學問❺❼；所謂「分析」是指人類認知心靈依循一定合理法則進行（而不是不依法則的理性幻象）的活動的反省性處理；而此中的所謂「概念」其實就是「範疇」，指的就是構成上述合乎法則的認知活動的一些概念基礎。範疇，一如其他認知「成素」一般，既是先驗的、又是超驗的。這即是說，「範疇」這一類概念並非從經驗歸納得來，但卻是構成人類種種不同經驗的一些認知上的可能條件。總而言之，我們清楚地看見此中的範疇，再不好像在亞里士多德系統中一般是一些用來反映外在存有現象的語言格式，在康德哲學中，範疇已完全被「內在化」，成爲人類「認識能力」（Erkenntnisvermögen, Cognitive Faculty）的一個基本構成部分。

❺❼　西方哲學傳統中的「邏輯」，除了可指現在通行的「形式邏輯」外，很長時期以來，其所指的是關於廣義而言的「心靈」的學問。康德的「超驗邏輯」和黑格爾的「邏輯學」都是典型的例子。有關這問題，可參見 Heinrich Scholz 著: *Abriss der Geschichte der Logik*, 英譯, *Concise History of Logic*, (New York: Philosophical Library, 1961)。

驟看起來，康德範疇論似乎和亞里士多德範疇論有很大的差別。
然而，如果我們摸索到問題的骨子裏，則我們卻可發現，康德範疇論
於文化層面的基本精神及其背後的終極關懷是與亞里士多德範疇論相
當一致的。

康德自始至終都很喜歡把自己的哲學理論稱爲「超驗哲學」
(Transzendentalphilosophie)，並且指出「超驗哲學」中的「概念
分析」（也卽其「範疇論」）的主要任務不在於分析有關概念的內容，
而在於剖析這些概念所在的認知能力（理解能力）。論者一旦只執著
這一點，往往便認爲康德的「超驗哲學」是「唯心」的。這無疑是對
康德哲學的一個嚴重的誤會。康德「超驗哲學」的研究重點雖然集中
於「能力」(Vermögen, Faculty) 的層面，然而，其終極關懷卻包
涵了這些能力的應用領域——自然經驗。

康德在《未來一切形而上學序言》的〈附錄〉中的「答客難」部
分便指出：「經驗肥沃的土壤是我的歸宿。『超驗』這概念，我雖一再
申述，卻不爲論者理解。『超驗』所指的，並非完全超離經驗的意思，
其雖謂先於經驗，但此中所謂『先於』只是爲經驗的認知提供可能條
件而已。」⑱ 在康德哲學中，「經驗」一詞有寬緊不同的用法。然而，
在嚴格的、特別與人類認識問題有關的使用下，「經驗」指的就是人
類對自然世界所得的經驗。

在《純粹理性之批判》的「超驗感性論」篇中，康德充分表現了
其對自然世界的經驗現象的關懷。在歷來涉及經驗現象是眞是幻的對
質中，康德毫不含糊地站在亞里士多德一邊，對柏拉圖傳統大施韃
伐：「當我說外在對象事物 …… 的直覺只是一些顯現於時空中的現象

---

⑱ Kant, *Prolegomena zu einer jeden künftigen Metaphysik, Anhang,*
in: *KGS,* Band IV, (Berlin: de Gruyter, 1968), p. 373.

的時候，我並不是在指稱這些對象爲一純然的幻象。因爲，在現象中，對象乃至於那些我們附置於其上之性質，於任何情況下都是被視爲實在地被給予的。……如果我把那些我本應要歸入現象之列的東西，指稱之爲幻象的話，則這只是我自己的罪過而已。」⑤⑨

就康德從根本處肯定自然經驗的地位這一點而言，康德的精神是與埃奧尼傳統和亞里士多德哲學完全一致的。所不同者，是康德全面地注意到人類的「理性」能力於構成經驗時所扮演的角色，因而把對自然世界的關懷，從一素樸實在論的層面提升到一超驗反省的層面上去。康德認爲，吾人根本不能合法地談論一「物自身」意義的客觀自然世界，吾人日常所見所感的，永遠只是吾人一些有關世界的「經驗」，這些「經驗」，就其質料內容是給予於吾人而言，一方面固然並不由人隨意杜撰，但另一方面也永不能擺脫人類心智所參與締建的觀察成素的。康德甚至要求把「實有」的觀念予以革新：就是說，根本取締「絕對實有」（Absolute Realität）這概念，而只接受「經驗實有」（Empirische Realität）⑥⑩。而所謂「超驗反省」，就是於肯定了「經驗實有」之後，順一定的反省程序，「逆求」這些經驗實有所藉以構成的、由人類心智所提供的形式上的可能條件。因此，若果人類對自然世界的經驗不先予確立，則「超驗哲學」，乃至作爲「超驗哲學」的重要部分的範疇論於無用武之地之餘，其意義亦將蕩然。就是爲了這個原因，康德在說明其「超驗哲學」時，除了可說「超驗哲學的最高職責就是：經驗如何可能？」⑥⑪外，還可以說「超驗哲學的

---

⑤⑨　Kant,《純粹理性之批判》，B69。

⑥⑩　參見《純粹理性之批判》，A36/B53；有關這一問題，可參見拙著＜本體現象權實辯解＞一文中的討論。現已收入本書 pp. 23～71。

⑥⑪　Kant, *Preisschrift über die Fortschritte der Metaphysik,* in: *KGS,* Band XX, (Berlin: de Gruyter, 1942), p. 275.

頂峰乃是：自然本身如何可能？」 ⓺ 從這幾句話看來，康德的「超驗哲學」的終極關懷之不離自然是最清楚不過的了。

如果範疇論的功能是在於總結及築固一些終極關懷的話，則康德範疇論比起亞里士多德範疇論儘管提出了許多技術上和合法基礎方面的嶄新的理論細節，最後亦只能算是亞里士多德範疇論的一個技術上的修正或調整而已。然而，話雖如此，我們卻絕不能低估這所謂「技術調整」的意義。經過此調整後，即使對自然的終極關懷不變，但人類於觀察認識自然的過程中對「自我」活動的意識從此大大增強，而日後許多文化上的主要思潮亦由此而起。而這些思潮最後甚至可以導至終極關懷的改變，從而引出新一代的範疇論的誕生。

康德《純粹理性之批判》中所提出的範疇表，無疑是以處理自然現象為主要職責的。事實上，康德於《純粹理性之批判》導言中便把該書前半部的有關內容歸納為兩大課題：純粹數學如何可能？純粹自然科學如何可能？而後來新康德學派的學者亦大力強調說康德哲學的主要問題是要為自然科學建立基礎。

然而，康德哲學的終極關懷是否只止於自然問題的探討呢？如果我們綜覽康德一生著作，則如此論斷實在是難以令人信服的。事實上，康德和亞里士多德一樣，除了保持西方哲學傳統對自然的一貫關懷外，還涉獵許多其他哲學問題。在處理其他問題的時候，已經建立起來的範疇論有時是並不充分的，在這情形下，哲學家們往往要針對個別哲學問題建立一些概念羣。以道德倫理問題為例，亞里士多德便以「意欲」(Orexis)、「選取」(Proairesis) 等概念為基礎，造出一個概念羣，為有關的討論創造一語言表達的基礎。這一個概念羣甚至可

⓺ Kant, *Prolegomena...*, *op. cit.*, p. 318。

以輾轉傳到康德，而成爲以「意欲能力」(Begehrungsvermögen)、「意念」(Willkür) 等概念爲代表的概念羣。這在在顯出，一個傳統於某一發展階段的主導範疇系統，往往只能顧及這個傳統的關懷焦點，出了這個焦點以外的課題，儘管是極爲重要，但其基本名相概念卻不一定於主導的範疇表中得到反映（一些如黑格爾範疇論一般抱有極大野心的範疇論當作別論），直到有一天，該文化傳統的關懷焦點慢慢轉移爲止。

就以康德爲例，康德其實是具備了一切超越西方以自然現象爲終極關懷的範疇論框架的條件的。就整體關懷而言，我個人便從不認爲知識論是康德哲學的最終關鍵。透過人類知識底質料內容 (Inhalt) 和活動形式 (Form) 的嚴格區分，康德充分顯出了人類能力的限制所在，從而區別那些問題是人類的能力所無法踰越，那些問題是人類自己可以和應該爲自己負責的。而人類作爲於一定自然條件限制下的文化創造者這個本質便充分顯露出來了。就是這個原因，康德在《邏輯學講集》中，在舉列了「知識」、「道德」、「信仰」這三個基本哲學問題後，把「甚麼是人？」列爲第四個最有總攝性的問題❸。從某一意義講，康德可說是當代「哲學人類學」的鼻祖。相對於這樣一個如此廣泛的潛在關懷而言，康德於《純粹理性之批判》的「概念分析」一章所提出的範疇表之「不足」，便十分明顯了。

對這種「不足」加以補救的工作，康德自己已經著手。在《實踐理性之批判》的〈純粹實踐理性之分析〉篇中，康德列舉了另一套所謂「自由範疇」(Kategorien der Freiheit)，以便與其於「第一批判」中提出的所謂「自然範疇」(Kategorien der Natur) 區別。

---

❸ Kant, *Logik, ein Handbuch zu Vorlesungen*, Einleitung; in: *KGS* IX; (Berlin: de Gruyter, 1968), p. 25.

並且還指出，前者比後者優勝之處，就是只涉及「自由意念」(Freie Willkür) 的決定，也即人類行為上的動機問題，而不涉及具體實行時的自然條件問題。因此，只要自由意志的原則一旦確立，則這些自由範疇便不待於感性直覺條件而即可具有意義❻。康德這一方面的努力，未嘗不為西方範疇論框架的突破跨進了一大步。

(二)海德格

如果我們說康德的於《純粹理性之批判》中提出的範疇論只能算是亞里士多德範疇論的一個技術上的調整的話，則近代西方哲學傳統中要從根本處修改範疇論的，可以海德格為代表。如上所陳，範疇論的根本改變，正顯示著終極關懷的明確轉移。海德格改造範疇論要求之強烈，甚至到了於「範疇」之外另提出所謂「存活格式」(Existenzialien)，於「範疇論」之外要另造一套所謂「存活論」的地步。

海德格認為西方歷來的範疇論(包括康德的範疇論)的主要職責過分受制於自然現象這一課題，而不能與人類自己生命境域的具體開展問題關聯起來，乃於範疇論之外提出存活論。海德格這種構想，從問題的發展上看，其實濫觴自十九世紀末德國哲學家狄爾泰 (Wilhelm Dilthey) 的所謂「生命範疇」(Kategorien des Lebens) 理論。在《人文科學中歷史世界的建立》一書中，狄爾泰面對西方偏重自然經驗與自然科學的傳統奮起提出對人類精神文明予以重視的要求。他指出除了自然世界之外，人類文化活動所構成的「精神世界」或「人文世界」對人類的意義是不容輕視的。這方面的文化意義，為人類帶來了傳統和歷史延續性。為了把有關人文科學與人文世界的討論納入

---

❻ Kant,《實踐理性之批判》, *Kritik der praktischen Vernunft,* in: *KGS* V, (Berlin: de Gruyter, 1968), pp. 65-67.

一系統的軌道中，狄爾泰乃以影射康德的語調提出了所謂「歷史理性批判」的研究綱領 (Die Aufgabe einer Kritik der historischen Vernunft)⑥。這個工作的基礎部分，就是先建立其所謂的「人文世界的範疇」(Kategorien der geistigen Welt)⑥。由於這意義的範疇實卽人類精神生命的基本寫照，因此狄爾泰亦稱之爲「生命範疇」⑥。在具體實行上，狄爾泰提出了「生命」、「歷驗」、「意義」、「價值」、「目的」、「發展」、「理想」等例子。然而，這方面的系統性處理在狄爾泰著作中是缺如的。

狄爾泰關於「生命範疇」的構思，大大地影響了海德格。事實上，自從海德格二〇年代初 (1921-22) 於弗賴堡的講稿於 1985 年面世後，上述這種推測得到更充分的支持。在該講稿中，海德格多次使用「生命範疇」一概念去概括他後來的所謂「存活格式」⑥。

「存活格式」是從「存活」(Existenz) 這一個現象引伸出來的。此中的所謂 Existenz，無論是在德語或在其他歐洲語言的現代標準看，都是一個很容易引起誤會的名詞。正如一般漢譯「存在」一詞所給人的字面印象一樣，拉丁語 Existentia 衍生出來的歐洲語詞在西方哲學向來的使用習慣上，多指「客觀實有」，也卽就是所謂 Objective Existence的意思。然而，在海德格的學說中，Existenz

⑥ 見狄爾泰 (W. Dilthey), *Der Aufbau der geschichtlichen Welt in den Geisteswissenschaften*, (Stuttgart: Suhrkamp, 1970), p. 235。
⑥ 同⑥，pp. 236-237。
⑥ 同⑥，p. 281ff。
⑥ 見海德格 (M. Heidegger), *Phänomenologische Interpretationen zu Aristoteles, Einführung in die phänomenologische Forschung*, Frühe Freiburger Vorlesung Wintersemester 1921/22, hrsg. von Walter Bröcker und Käte Bröcker-Oltmanns, (Frankfurt/M: Klostermann, 1985), p. 84ff。

一詞被賦予嶄新的意義。一言以蔽之，對海德格來說，Existenz 不是事物的存在屬性，而是實踐中和行動中的人的活動屬性。換言之，Existenz 甚至根本不是人類的一靜態的、可被觀察的屬性，而是實踐中和行動中的人的生命現象本身。為求與一般意義的「存在」區別，我們可以把海德格的 Existenz 叫做「存活」❻⑨。

所謂「存活」，根本上是海德格用以刻劃「人」（基於特別的原因，海德格稱之為「此有」Dasein）這一個生命踐行現象的形式標記 (Formale Anzeige)。正如他說：「此有的『本質』即在其存活」❼⓪。為求於他所謂的「存活」與中世紀以來的所謂「存在」作區別，海德格乃指出，前者涉及一「誰」(Wer, Who) 的問題，而後者則只涉及一「甚麼」(Was, What) 的問題❼①。到了三〇年代以後，為求避免誤會，海德格乃進而另外提議可把 Existenz 改寫為 Ek-sistenz ❼②。從這裏，我們可以理解，海德格之所以要用 Ex (Ek)-sistenz 去刻劃「人」，是為了要強調人之生命實踐乃是一種「站 (sistere) 出 (ex-)」。此中所謂「站出」，當然是一隱喻的用法。「站出」實指一「向自己以外踰出」(Aus-sich-heraus)。海德格在許多場合都表示過，「存活」乃是人的獨特性相。一塊石頭如果是三尺丁方的話，則它就只是三尺丁方。石頭永遠無所謂「站出來」這回事；一塊石頭是冥頑不靈的，它絕對不會向「外」探視，它絕不在乎「身」旁是否有另一塊石頭，更不會關心「自己」與另一塊石頭「彼此」之間的關

❻⑨　在陳嘉映、王慶節譯的《存在與時間》書中，Exixtenz 譯為「生存」。

❼⓪　見海德格著《存有與時間》, *Sein und Zeit*, 12. unveränderte Aufl. (Tübingen: Niemeyer, 1972), p. 42, 231, 318, 323。

❼①　《存有與時間》, p. 45。

❼②　參見海德格《論人道主義書簡》, *Brief über den "Humanismus"*, (Bern/München: Francke, 1975), p. 67ff。

係，和它「自己」的命運。石頭根本無所謂「處境」，無所謂「世界」。但是存活的人卻大爲不同，人絕對不只是一隻自我關閉的臭皮囊。人生而具有對外注視的傾向。人的意識一旦形成，便必發現自己廁身於一定的環境之中，他是 Situative 的，人對其環境是充滿關注的。人的這份對一己以外的關懷理解的欲求，海德格先後用過許多不同的「形式標記」予以刻劃：這包括「衝動」(Drang)、「踰出樣式」(Ekstase)、「超踰」(Transzendenz)、「外馳」(Entrückung)、「舒張」(Erstreckung) 或「舒張性」(Erstrecktheit) 等❼。爲求對人此一存活現象作一總體的刻劃，海德格把生命現象的基本特質稱爲「關注」(Sorge, care)。

「世界」爲西方哲學傳統的基本關懷，這是少有疑問的。一般人談到「世界」，大都指自然世界。然而，在海德格的學說中，連「世界」這一個概念也被「存活化」了。對海德格來說，「世界」其實也是一個存活格式，是人存活過程中種種關注所及的「界域」(Horizont)。對海德格來說，人類存活之際所關注的，並不只是物理意義的自然，而還包括一己的過去、現在和未來這個整體的生命延續歷程，和這歷程中的各種意義。爲了說明這各種意義的構成，海德格提出了「時間性的踰出樣式」(Ekstasen der Zeitlichkeit) 這個觀念。並透過這個觀念，分別把「自我迷失」(非本眞) 和「自我掌握」(本眞) 兩種迥異的生命情態下的未來、現在和過去共六種踰出樣式關聯起來。這六種踰出樣式標誌著人類存活過程中的基本關注模式：

---

❼ 這方面的問題，作者已寫成專文談論，不日發表，此不詳引。

生命 情態 時間 性	過 去／曾 經	現　　在	未　　來
本 眞 性 Eigentlich- keit	回　　省 Wiederholung	當　機 Augenblick	預　計 Vorlaufen (zum Tode)
非 本 眞 性 Uneigent- lichkeit	遺 忘／記 憶 Vergessen/ Behalten	當　前 Gegen- wärtigen	觀　望 Gewärtigen

　　海德格把所有與人此一存活 現象有關的 概念統稱之爲「存活格式」。 所謂存活格式，乃是海德格於《存有與時間》一書撰寫前後，爲求揭示生命存活現象的種種側面而創制出來的一套語言網絡。而上面表列的六種「踰出樣式」， 更可說是這一語言網絡的核心部分。這六個「踰出樣式」之間的關係，交織成海德格的所謂「此有（人）的存活分析」(existenziale Analytik des Daseins)。其於《存有與時間》中的理論地位，可相當於十二範疇之於《純粹理性之批判》的地位一般。所不同者，是此中牽涉及終極關懷上的全面轉移。西方以自然爲基本關懷的範疇論終於轉移爲一以人類的生命存活現象爲基本關懷的存活論。

　　由於對《存有與時間》一書的基本進路產生了懷疑，晚年的海德格甚至連自己開創的「存活論」亦要揚棄。爲了要表達其所謂「同一性思維」(das tautologische Denken)❼❹。海德格甚至覺得一切固有的觀念系統已不敷應用。因此， 晚年的海德格不惜「變本加厲」地

---

❼❹　參見拙著，Tze-wan Kwan, *Die hermeneutische Phänomenologie und des tautologische Denken Heideggers,* (Bonn: Bouvier-Verlag, 1982)。

大量鑄造嶄新詞彙，爲廣義而言的西方範疇論史創造了另一次強大的
震撼。

七、範疇系統於西方哲學傳統以外的相應開展

一文化傳統之所以被稱爲一文化傳統，一般而言，是因爲其表現
出一種持續的終極關懷。當此一關懷一旦形成，而且進入比較成熟的
反省階段的時候，爲了反省性討論的需要，一些足以開發觀念，奠立
方向的、某一意義的「範疇系統」必會應運而生。而事實上，許多文
化傳統卽使沒有明確地提出有關「範疇」的理論和沒有就「範疇」從
事標題化的反省，但在這些文化傳統的不同發展階段中，我們往往還
是可以發現某意義的、和不同模式的一些範疇系統的蹤影的。要說明
這一點，我們可以嘗試於西方以外的其他哲學傳統中，看看是否能找
到一些痕跡。

㈠中國傳統中的一些個例

以中國傳統而言，中國古籍中的《尚書》和《周易》便都顯露出
範疇系統的色彩了。其中《尚書》〈洪範〉篇雖然不曾從理論層面說
明範疇論問題，但其談論和列舉出來的所謂「九疇」，本身卽就是某一
意義的一套範疇系統。「九疇」者：「初一曰、五行。次二曰、敬用五
事。次三曰、農用八政。次四曰、協用五紀。次五曰、建用皇極。次
六曰、乂用三德。次七曰、明用稽疑。次八曰、驗用庶徵。次九曰、
嚮用五福、威用六極。」此中，九疇指的是九類基本法則。這些基本
法則關涉之廣，舉凡自然現象、人際進退、政軍職掌、天文曆法、人
君風範、治民要術、筮卜占斷、氣象徵候、禍福賞罰等問題，都被一

概包羅❼。它們揭櫫著古代中國人的「經世致用」思想。除了這九個基本項目外，〈洪範〉篇還於各基本項目下再詳列細則，儼如西方中古時於範疇之下分列 Predicables 一樣。如是一來，更可謂把當時世人基本關懷的全域全面地條陳展列出來了。此外，「九疇」之中，「皇極」居於中位，運旋於其他諸範疇之間，更充分顯示了中國古代對政治秩序與君權之間關係之重視。「尚書」九疇的展列，讓我們得以看清，古代中國雖然亦注意到「自然」的領域，但是卻不像希臘人一樣把自然當作一獨立的領域去觀察，而把自然問題參雜於其他如天命、人事和政治等問題之中。此中所顯示的終極關懷，絕不在於自然本身，而在於人類實際生活秩序的維持之上的。

《尚書》是以一分門別類的方法把古代中國人的基本關懷臚列。至於《周易》，則改以一次第串連的方式把各種值得關注的事象聯繫起來。周易卦目名相雖多，然究其根源，不外由陰陽兩種相反相成的原則構成。易以「六」、「九」二爻象徵陰陽。無論所謂八卦或六十四重卦莫不由此兩種「爻」構成。除了各重卦的卦辭和每一重卦中各爻的爻辭外，我認為諸重卦乃至諸爻之排列方式本身即為一極有趣的課題。由於易卦只由極簡單的兩種可能組成，因此卦爻的排列其實可以用一機械的或數學的方式進行。例如後來邵雍的所謂「伏羲六十四卦」便是以一機械的二分法求得的，由於機械故，這排列次序與萊布尼茲用二進算術法求得之次序完全一樣。

相比較之下，我們發覺《周易》本身的卦序卻不能以一數學的或機械的原則導出。雖然如此，《周易》六十四卦卻又不是完全是隨機

---

❼ 參考曾運乾著：《尚書正讀》〈洪範〉篇各條。此外，有關尚書洪範作為一範疇系統的問題，可參看成中英著：〈中國哲學範疇問題初探〉，收於《中國哲學範疇集》，（北京：人民出版社，1985），p. 52f。

或任意地排列的。而此中所涉及的規則，其實正好反映了周易作者的哲學智慧與秩序構想。查《周易》六十四重卦除了「乾」、「坤」、「離」、「坎」、「頤」、「大過」、「中孚」、「小過」這八個卦象比較特別之外，餘下的五十六個重卦基本上均以「倒序對應」的方式每兩個一雙地配成二十八雙重卦。所謂「倒序對應」是說每一雙重卦中其中一卦的爻序如果倒過來便剛好是另一卦的爻序；而此二卦於《周易》排列中，又彼此相鄰接。以「剝」─「復」為例：前者的爻序是 000 001，則後者的爻序便是 100 000（按：0＝「六」，1＝「九」）。最有趣的現象是：這二十八雙重卦中，成對的兩卦，無論從卦名或卦辭所象的吉凶內容而言，大都顯得相反。除了上面「剝」─「復」這例子外，比較顯著的例子有：「泰─否」、「遯─大壯」、「晉─明夷」、「蹇─解」、「損─益」、「漸─歸妹」、「渙─節」、「既濟─未濟」等。而上述如「乾」、「坤」等的八個重卦之所以例外，是因為它們的爻序都是上下對稱的，因此其「倒序」就是自己。這八個重卦雖然不能以上述「倒序對應」方法成對，然而其彼此間卻依據爻性相反的原則配成四對。例如「中孚」的爻序為 110 011，則「小過」的爻序為 001 100。

這些相對反的名目，遍及各種人生可能經歷的不同事象，它們這種相反而又接連的排列方式，充分地表現了古人對生命事象相反相成、盈虛間迭這種變化原則的理解。除了卦與卦間這種關係外，《周易》諸卦中的各爻亦表現了一定的哲學觀念。其中最重要的就是「物極必反」和「居中者吉」兩點 ❼。《周易》諸卦有些主吉，有些主凶。然而，依觀察所得，吉卦的上爻往往轉凶，而凶卦的上爻則往往轉吉，這就是所謂物極必反。這一種對事物盈虛之基本判斷，「泰」

---

❼ 參見勞思光著：《中國哲學史》，卷一，（香港：崇基，1968），pp. 9-14。

卦中的爻辭表達得最爲淋漓盡致：「無平不陂，無往不復，艱貞無咎，勿恤其孚，于食有福。」❼ 〈繫辭〉則更明言曰：「是故君子安而不忘危。存而不忘亡。治而不忘亂。是以安身而國家可保也。」❽ 此外，諸重卦無論凶吉，其第二與第五爻由於分別於內卦與外卦之「中」，依通例皆吉。這顯示了一種理解：無論身處順逆，每一境況中總有一最恰當的「中」可以尋求。

陰陽交替排列，本屬一宇宙的和自然的現象。《周易》在此一排列的基礎上，訂以名目，配以吉凶，使宇宙歷程與人生境遇相應。正如朱熹所說：「遠在六合之外，近在一身之中，暫於瞬息，微於動靜，莫不有卦之象焉，莫不有爻之義焉。」❾ 《周易》之流傳，最初乃出於筮卜所需，這是不必置疑的。然而，即使撇開筮卜之風不論，《周易》整體而言所包括對世事盈虧變化的觀念，對於活於蒼穹之下的古人來說，提供了一個順逆中如何進退自持的參考。正如程頤說：「吉凶消長之理，進退存亡之道。」❿ 《周易》變化觀念於人類具體生活導向取捨上的落實，也就是程頤所謂「知變」。作爲人類現實生活處事態度的參考系統而言，《周易》的名相舖陳，雖無範疇系統之名，卻有範疇系統之實。

從《尚書》與《周易》兩個例子可見，中國哲學如果有範疇體系的話，亦以人生實際事務之經營爲主。順著這個原則探求，我們是可以層出不窮地把許多其他範疇系統鉤劃出來的。這些範疇系統中，有的涵蓋面比較窄，向來較不引人注意。例如《周禮》所列具的百官職

---

❼　《周易》，「泰」之「九三」。

❽　《周易》，〈繫辭下傳〉。

❾　朱熹：《易本義》序。

❿　程頤：《易程傳》序。

別，《儀禮》所列具的因身分、場合等不同情形人際相交之禮儀等。
此二者由於只觸及某一特殊問題，可以說是一些區域性的範疇系統。
然而古代中國的範疇系統中，涉及層面最廣，而影響後世最深遠的，
應該是《大學》中的「八條目」理論。

　　作爲某一意義的範疇系統而言，《大學》的「八條目」理論是要
把「格物」、「致知」、「誠意」、「正心」、「修身」、「齊家」、「治國」、
「平天下」等八種事項以一特定的次第格式予以排列，並圖透過此一
次第格式表各種事項間的理論關係。這個次第是國人耳熟能詳的：「古
之欲明明德於天下者，先治其國；欲治其國者，先齊其家；欲齊其家
者，先修其身；欲修其身者，先正其心；欲正其心者，先誠其意；欲
誠其意者，先致其知；致知在格物。物格而后知致，知致而后意誠，
意誠而后心正，心正而后身修，身修而后家齊，家齊而后國治，國治
而后天下平。」❸此中舉列之八種事項，首尾相續，構成一個條件關
係串。這八種事項一貫中國哲學的基本關懷，亦是以實踐問題爲主
的。然而，此中所謂「實踐」，卻同時涉及兩個主要的領域：個人道
德修養和社羣政治秩序。其中格物、致知、誠意、正心、修身皆屬前
者，而齊家、治國、平天下屬於後者。

　　從現代哲學的標準看，道德與政治是兩個迥然不同的問題領域；
前者是個人行爲格準背後的普遍原則問題，後者則是羣體中人與人之
間的權份制約問題。然而，在《大學》中，上述的次第條件格式很明
顯地是要把兩者放在同一個論域中，用同一套標準去統一處理。而其
統一的原則就是：「政治秩序爲個人道德的延長」❷，若查察八條目的
細節，則前五條固然是從道德層面討論個人如何能審度理分之本末、

---

❸　見《大學朱子章句》。
❷　見勞思光著：《中國哲學史》，卷二，（香港：崇基，1971），p. 47。

次序，如何純化一己的意志，如何控制喜怒哀樂等情緒，如何辟除私意等修養工夫問題。然而，到了論齊家治國平天下問題時，與其提列一些建立政治秩序的客觀原則，《大學》依樣只環繞著如何使人君透過個人及其家族的德望去建立政治威信這一點而立論。《大學》的「八條目」理論，總結了、築固了中國傳統特有的「聖君」、「賢相」、「德政」、乃至「內聖外王」等政治上的「人治觀念」，使「法治觀念」始終無法生根，其影響之深，是有目共睹的。

(二)印度傳統中的一些個例

一如西方哲學之基本關注在於自然，中國哲學之基本關注在實踐，印度哲學自古卽表現一定的特色，就是遁世的思想。據此一終極關懷而形成某一意義的範疇系統者，所在多見。如數論的「二十五諦」、尼耶也的「十六諦」、吠檀多的「四位五藏」等。而印度各派思想中，於範疇系統之建立表現最特出的，可以佛學爲例。

佛學後來流派雖多，然其基本理路，都在於透過說明現象之幻與生命之苦，爲世人勸說一條遁世解脫之途。在這一種前提下，原始佛教教義中如「四諦」、「三法印」、「十二因緣」等理論都是對佛教思想與實踐具有指導作用的範疇系統。「四諦」者：是「苦」、「集」、「滅」、「道」。苦諦教人認清生命存在、情緒意欲都導人於苦。集諦以一切事象包括人自己的心理意欲活動的緣起條件反述苦之由起。滅諦主要說明意欲的泯滅乃是解脫所必需。道諦則陳明解脫要依循的途徑。「四諦」之提出，幾乎可說已把佛學所關懷的全部事情完全包括在內矣。此中，首二諦從認識上提出了苦的世界觀；末二諦繼而作出離

---

❽ S. D. Dasgupta, *A History of Indian Philosophy*, Vol. 1, (Cambridge: Cambridge UP, 1969), pp. 62-77。

苦的決定和實踐。可見「四諦」雖言簡而意賅，足爲整個佛教運動的指導原則。相較之下，同是佛教原始學說的「十二因緣」理論雖較細密，但也較爲局部。因爲十二因緣可被視爲「集諦」的引伸。

「十二因緣」依次爲：「無明」、「行」、「識」、「名色」、「六入」、「觸」、「受」、「愛」、「取」、「有」、「生」、「老死」。所謂十二因緣的基本精神，就是世間一切事象皆隨緣而起，而無自性可言，也即所謂「緣起性空」。 十二因緣的序列，有一點與《大學》八條目序列彼此相似的地方，就是其連鎖性。只不過八條目序列的宗旨在於建立，而十二因緣序列的宗旨卻在於破滅。十二因緣所列出的連鎖關係一方面用以說明執著、痛苦之所由起，但同時也顯示了破執、離苦的可循之途。前者是「往生」，後者是「還滅」。這一種名相範疇的臚列，乃進一步爲佛教哲學的終極關懷提供觀解與實踐的依據。

如純粹從範疇系統建立的角度看，印度佛學典籍之中，最宏偉的建築莫過於世親所作的《百法明門論》了。《百法明門論》乃是大乘瑜伽行派，也即廣義而言的唯識學的主要論典。大旨在把「一切法」

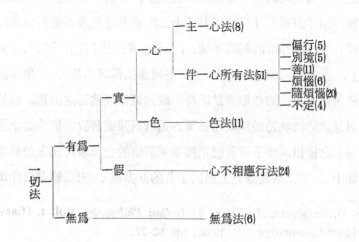

分爲「五位百法」。論曰:「一切法者,略有五種。一者心法,二者心所有法,三者色法,四者心不相應行法,五者無爲法。」❽ 此五位之下,或配以一定數量的法,或再予細分,便成百法之數。

佛教所謂「法」,梵文是 Dharma 。其原義本指佛所說之教義。然而在佛教後來的發展中,「法」的含義變得愈來愈廣, 最後幾乎成爲一無所不包的概念。此中, 所謂「法」者,實泛指佛教根本關懷下一切可資思量談論之內容。其含義之廣, 比起西方人的 το ον, ens, das Seiende, Beings 等更有過之。原始佛教主要側重教化,固只重視「經」(sutra)、「律」(pitaka); 到了部派分立的時期,爲了要就各種有關名相概念作反省與討論,佛教世界乃日漸流行所謂「論藏」。而一系列的Abhidharma理論乃應運而生。所謂Abhidharma,早期漢譯稱「阿毘曇」, 後改稱「阿毘達磨」。所謂「阿毘達磨」,其實就是對一切佛教所關注的事項或意念所作的談論。玄奘有時候乾脆把「阿毘達磨」譯爲「對法」或「對法藏」❽ 。若單從問題的角度著眼,「阿毘達磨」或「對法」, 其實相當於西方哲學傳統的所謂Meta-physika 或 Onto-logia。一部「阿毘達磨」論典,便儼如一部佛教的名相辭典一般 。 這個「阿毘達磨」傳統, 論者往往以爲只見於小乘, 其實不然。例如大乘時期的無著便著有《大乘阿毘達磨集論》。後來安慧爲是論疏解時, 即就「阿毘達磨」作如下說明: 「何故此論名爲大乘阿毘達磨集, 略有三義。 謂等所集故, 遍所集故, 正所集故。由釋詞理以顯得名故爲此問。等所集者,謂證眞現觀諸大菩薩共結集故。遍所集者,謂遍攝一切大乘阿毘達磨經中諸思擇處故。正所

❽ 見世親:《大乘百法明門論》,《相宗八要直解》。

❽ 見世親:《阿毘達磨俱舍論》「分別界品第一」, 玄奘譯本;陳眞諦譯本只譯爲「阿毘達磨」,而不譯爲「對法」。

集者，謂由無倒結集方便，乃至證得佛菩提故。」❽上引「三義」之中，所謂「遍所集」實最能把「阿毘達磨」作爲佛敎的範疇論的意義揭示出來。

在此一觀察下，《百法明門論》無疑是「阿毘達磨」傳統中一難得的奇葩。是論以最精簡的語言，周延遍及大乘「諸思擇處」。論曰：「法旣稱爲一切，則何所不攝。設欲廣說，窮劫莫盡。今以五位百法收之，故名爲略。略雖五位，已收一切世出世間假實色心主伴，罄無不盡。」❽ 由是觀之，五位百法已經把世人的一切關懷囊括。而五位百法排列而構成的名相網絡系統，無疑是佛敎有關宗派的一套範疇系統。談到五位百法的排列，應注意一點：世親著《百法明門論》，是被乃兄無著感化歸依大乘以後的事。而世親於較早尙宗取小乘的說一切有部時曾著有《阿毘達磨俱舍論》，其中卽有「五位七十五法」之說❽。此中七十五與一百之辨純屬名數多寡問題，於理論宏旨無涉。兩者最大的分別主要在於「五位」的不同排列方式。「五位七十五法」中「五位」的次第是：色法(11)、心法(1)、心所有法(46)、心不相應行法(14)、無爲法(3)。這個排列方式與《百法明門論》的比較起來，最明顯的分別就是色法和心法的相對位置。《阿毘達磨俱舍論》以色法居五位之首，以心法及心所有法繼之；顯然是從一較爲素樸的角度，強調一切心理活動皆因心識受外界的「色」影響所引起。

《百法明門論》則以心法居首，心所有法繼之，色法第三；這顯

---

❽ 見無著：《大乘阿毘達磨集論》，卷七。安慧：《大乘阿毘達磨雜集論》，卷十六。

❽ 見世親：《大乘百法明門論》。

❽ 有關此一課題，可參見道屏著：〈大乘百法與俱舍七十五法之比較研究〉。張曼濤主編：《俱舍論研究（下）》，（臺北：大乘文化出版社，1979)，pp. 241-274。

然是徹底反對說一切有部的素樸觀點，提出無論吾人所見的是何色何境，此一切境色皆由心所生，因此心法方爲一切法之樞紐，亦是一切根業之所在，才是眞正之「心王」。以此故，乃以「一切最勝故」說心法；心所有法由於是依於心而生的心理情緒活動，乃以「與此相應故」說之；色法由於是心於活動中才產生的對境，因此以「二所現影故」說之。以上三位諸法，均與心的實質活動有關，因此稱是「實」。至於第四位心不相應行法，旣不如色一般是心的直接對象，也不是對應於心的活動，卻是心、心所、色三者的「分位差別」而構成的。此中所謂分位差別，實指一些非出於直接感知而出於間接地於「實」法中作比較與抽象活動而「假立」的結果，因以「三位差別故」說之。此前四位諸法，因皆爲心直接或間接對世間諸法作肯定判斷的，因此稱爲「有爲」法。至於第五位的「無爲法」，其功用就是要道破有爲諸法之虛幻的觀法。面對同一個世界，同一些現象，吾人自「有爲」觀之，一切念念生滅；自「無爲」觀之，則可得證涅槃，此全視乎一心作何觀法。由此故，以「四所顯示故」說無爲法，其言下之意，是說：四有爲法一旦於吾人顯示爲虛妄，則此便即是無爲。論曰：「無爲法卽是心、心所、色、不相應行四有爲法所顯示故，亦與四有爲法不一不異也。」❽這種觀念對日後唯識學以一切皆由心所起的態度，乃至《大乘起信論》中的「一心開二門」等觀念都是甚有影響的。

由是觀之，《百法明門論》於印度傳統中的文化功能，就是爲人提供一個如何觀解現象世界，和如何觀解人自己的種種心理情緒活動

---

❽　見世親：《大乘百法明門論》，《相宗八要直解》。

❾　世親於《阿毘達磨俱舍論》「分別界品」論及「無爲法」時說：「三無爲法不可說在色等蘊中。與色等義不相應故……義不相應故不立蘊。有說瓶破非瓶。如是蘊息應非蘊。」此外，世親於《大乘五蘊論》中亦指出：「幾不繫謂卽彼無漏界。幾蘊所攝。謂除無爲。」

的參考。其中諸有爲法（特別是心所有法）的詳細區分臚列，更爲人提供一個於具體生活中辨認每一種不同的執著苦惱的概念基礎。透過無爲諸法的區別，更爲人指出透過觀法的改變，吾人是可以體驗種種不同層次的解脫的。《百法明門論》中八識理論及轉識成智問題固有一定的理論困難；而百法中許多項目亦固然具有過分濃烈的神秘色彩。但如果我們說佛學的終極關懷是破相見智、渡人解脫的話，則《百法明門論》無疑是要確立此一終極關懷的一個極爲詳盡的範疇系統。其於印度文明所產生的意義與影響是不容忽視的。

八、總結：爲範疇論作爲一哲學問題尋求一更普遍的意義——範疇論的文化定向功能

從問題的角度著眼，吾人要描述或構思任何事情，都必須透過語言。要對自然進行描述，語言的運用當然是不能缺少的。儘管語言是如此無所不包，但有關語言本質的研究向來是一個十分棘手的問題。主要的原因正是因爲作爲研究對象的語言，本身同時是一切陳述、構思、和討論的必要條件。因此，到現在爲止，學者專家們尙無法就語言的「起源」或存有基礎作出確定的回答。與其從這些無法確定的角度探索，現代許多語言學研究一般而言只能於肯定了人類能運用語言這一個事實後，再從一功能的角度去分析語言之運用對人類的存在構成甚麼意義。語言的習得和運用，嚴格而言，是人類之爲人類的一項基本現象，是一項同時涉及生物、社會、和文化層面的事實。

我們強調人類的語言習得和運用是一種生物、社會和文化的事實，此中所謂事實，其實涉及兩個層面的意思：

一、使用語言以達成溝通的意圖，乃是人類與生俱來的本能。正

如人類不需要懂得生理學或解剖學也可以進食消化一樣，人們自己並不需要理解語言是甚麼一回事，不一定需要在理論層面對語言此一現象作反省，也一樣可以暢順地運使語言。換言之，語言的運用，對人類整體 (Phylogenetic) 而言，是一項「前理論性的」事實。更進一步說，語言的使用，甚至是人類以爲是理所當然的理解、反省等心智操作活動的必要構成條件；一切社羣溝通、文化創造及其跨越世代之傳貽，亦莫不以此爲基礎。用德國語言學家韋斯格爾柏(Weisgerber) 的說法，語言之爲人類存在之條件，幾可說是一條定律[91]。

　　二、上述所謂「語言事實」，固就人類整體而言，然而當語言事實要在個別的人身上落實 (Ontogenetic) 的時候，則此中所謂「語言事實」便涉及進一步的和更具體的考慮：任何個人自出生以至成長的過程中，都是在某一特指的羣體中被培育成長的；而該羣體的語言環境乃成爲這個人的語言運用能力得以具體落實的基礎，也卽成爲這人的「母語」了。此中最重要的是，世界上沒有任何一個人能自由地爲自己選擇某一語言作爲母語。母語的習得是一項不可逆 (Irreversible) 的過程。對任何人來說，在其成長到能夠思想反省以前，其習得某一特定的自然語言作爲母語，必定是一種「既成」的事實。由是觀之，「語言事實」是有文化傳統上的制約性的。

　　現代大腦神經學和神經生理學顯示，人類大腦與其他動物的大腦比較之下，人類大腦除了好幾個專司語言處理的「語區」外，還有很大比例的「運動皮質」是專門負責控制發音器官的。換言之，從生物的角度看，人類生下來便已具備了較優越的語言運用方面的條件。然

[91] Leo Weisgerber, *Das Menschheitsgesetz der Sprache als Grundlage der Sprachwissenschaft*, (Heidelberg: Quell & Meyer Verlag, 1964), p. 15.

而，許多例子都顯示，如果缺乏了一個人群社會的影響，則人類空有
這一優越條件亦無法發展出眞正的語言能力；由此可見社會因素對於
語言習得的重要。更有進者，我們都很清楚，一個人所講的「母語」
並不好像他的膚色一樣可以遺傳，而是完全取決於其所成長的社會
的。而對於某一個獨特的人來說，此中所謂社會並非社會一般，而是
某一個獨特的社會；而他的所謂「母語」，實指某一個獨特的民族語
言。而任何特殊的民族語言必定附帶著一個有關的文化傳統。從索緒
爾的語言價位理論或新洪堡特學派的語言場域理論看來，一個自然的
民族語言系統可以說蘊藏了該民族許多有關世界的基本看法和基本關
懷。因此，人類心智成長的過程，一方面是他在這一種語言中的浸淫
過程，另一方面也是他被該社會「社化」和被此一文化傳統薰陶的過
程。

　　一個文化傳統之所以爲一文化傳統，必由某一特定的，而又是持
續的終極關懷所維繫。一個民族的終極關懷是要被該族的民衆反覆聆
聽、思索、和重新表達的，而此一切皆有待於語言。就語言的運用而
言，範疇系統（無論是標題化的或非標題化的）可以說是一個文化傳
統所能生產出來的一些最深刻、最精要和最有持久影響力的果實。範
疇系統的建立，不外是透過一些基本觀念名相的系統臚列而達成的。
範疇一旦排列成陣，一文化傳統底關懷領域中的基本項目乃獲得界
定。而範疇排列的方式更進一步界定了這些備受關懷的各項目之間的
交互關係。此中奧義，我們從以上有關亞里士多德和康德的範疇表，
有關海德格的踰出樣式表，有關《周易》的卦爻秩序，有關《大學》
八條目的秩序，乃至有關「十二因緣」和「五位百法」之次第安排的
討論中均可了然。

　　種種觀察都顯示，不同的民族就同樣或類近的事情，其觀察、理

解、反應等往往出人意表地不同。就是這個原因，我們才可以談甚麼「重智」、「重德」和「重解脫」等「文化謂詞」。此中，他們看來好像真的具有不同的認識範疇一般。我們特別說「好像」，這是因為：範疇的「存有」問題本來是很難清楚地回答的。而事實上，範疇的存有或起源問題與語言的存有或起源問題同樣是多問無益的；以到目前為止的研究條件而言，這些問題起碼是難以明確地解決的。而相比較之下，我們卻可以從功能方面去發掘所謂範疇對某一個民族所產生的意義，而我們談論範疇問題是要以這一個層面為基礎的。

至於「範疇論」問題與「範疇」問題卻又有一些基本的分別。正如語言學乃是人類就自己所使用的語言作深入的反省一般，「範疇論」也可以說是人類或某些民族自覺地、理論地、反省地整頓其思維上的範疇的結果。

「範疇論」作為一門標題化的學問而言，當然出自西方，特別是亞里士多德一系的哲學傳統。從上面的討論中，我們說明了以亞里士多德為基礎的西方範疇論的主要關懷是在於自然的描述。但人類運用語言時，除了可用來描述自然外，還可以有許多其他用途。同樣地，「範疇論」的功能是可以很多元化的。從一比較文化的觀點來看，我們大可把「範疇論」這一個本來出自西方傳統的概念加以擴充，形成一意義較廣的「範疇論」。在這一意義下，我們可以把「範疇論」界定為一些足以反映、總結、強調、築固、乃至開拓一文化傳統之基本關注方向的反省性語言網絡。

正好像人們不必認識語言學也能夠運用語言一樣，一個文化傳統不必標題化地反省範疇論的問題亦可以發展出一套一套的範疇系統，並傳之後世。同樣地，我們即使不懂得哲學，即使不能自覺地意識到其固有文化傳統中的一些範疇系統及其有關名相，我們還是可以、而

且常常透過我們祖先開列的名相範疇去觀察、思想、判斷、甚至實踐的。總而言之，無論吾人自覺或不自覺，固有文化傳統的範疇系統是不斷地假道於語言爲吾人提供文化生活的定向的。當然地，當先前世代所產生的範疇系統爲後人提供文化定向的同時，彼亦把後人置於其框架中。此中，傳統的業力，其後果有時可以是十分可怕的。作爲存在於有限條件下的社會文化實體而言，沒有一個社會，沒有一個文化是完善無瑕的。舉例而言，西方人如要克服「役物而爲物所役」之病，印度人如要從事較正面的國家社會建設，中國人如要杜絕「人治」的慘痛經驗，都不是一蹴可至的。這些問題如希望逐步徹底解決，文化層面的自覺反省、修正、甚至改道是不能避免的。在這一意義下，把固有的範疇系統從非標題化的層面提升到標題化的層面去思量，進而修正、開拓，是很值得踏出的一步。

洪堡特《人類語言結構》中的意義理論——語音與意義建構

一、引　論

「意義」的問題，固爲哲學、社會學、心理學、語言學等學科所共同關注。然而，意義問題是很難憑空去討論的！從存有論的角度看，「意義」本身不能獨自地「存在」，而必須由一些記號所負載。而負載意義的記號中，最主要和最普遍者，莫過於語言。然而，無論是語言符號或其他記號，其所負載的意義若要充分發揮出來，便必須被人類使用和被人類意識。基於這個原因，我們到頭來似乎很難否認「意義」與人類的意識或心理狀況 (mental state) 之間具有某一種關係。但是如果我們認爲「意義」問題有待研究，則難道「意識」或「心理狀況」便已經是一些很清楚明瞭的問題了嗎？事實上，「意識」問題其實比「意義」問題更爲抽象模糊。因此，要研究「意義」理論，單純地從「意識」或「心理狀況」入手看來並不是上策。

意義的問題之所以困難的另一個原因是涉及面太廣。我們日常在談論所謂「意義」時，從廣義處看，固可以泛指一些吾人追求的價值，或所謂的「生命意義」❶。卽使把問題收窄到語言層面上看，所

---

❶　「生命意義」除了是吾人日常慣用的概念外，更可以成爲嚴肅的哲學理論課題。這方面最好的例子，可參見：Huston Smith, *Condemned to Meaning*, (New York: Harper & Row, 1965)。

謂意義亦旣可以指語詞的意義，也可以指語句的意義。當然，論者或可以立刻把這許多種「意義」的共同根源回溯到一能意會或理解意義的主體意識之上❷。但是正如上說，如果主體意識的問題本身有待釐清，則我們把意義問題引入主體意識問題之前，似乎可以多做一些更基層的功夫。

在認識到意義問題牽涉之廣的同時，本文只求把問題收窄到語音與意義的關係之上。所謂語音指的是人類的語言行爲中所發出來的聲音，而所謂意義指的主要是這些聲音所傳達的意義。就有關問題，現代普通語言學傳統如洪堡特、索緒爾和雅各布遜等學者提出了許多重要的反省。其中，洪堡特的提問與探求可謂首開先河。

洪堡特 (W. von Humboldt) 是近代德國文化史上一位難得的博學之士，於語言學亦素有研究，有現代普通語言學之父之稱。洪堡特晚年的語言學力作《論人類語言結構之差別及其對人類心智發展之影響》(以下簡稱《人類語言結構》)❸影響深遠之餘，長久以來給人

---

❷ H. P. Grice便卽就意義這幾個層面作出區分。參見"Utterer's Meaning, Sentence-Meaning, and Word-Meaning", in: *Studies in the Way of Words.* (Cambridge: Harvard University Press, 1989), p. 117。

❸ 見Wilhelm von Humboldt, *Über die Verschiedenheit des Menschlichen Sprachbaues und ihren Einfluss auf die geistige Entwicklung des Menschengeschlechts.* 本書成於 1835 年，實爲另一三卷本的有關爪哇島上的卡維語 (Kawi) 的鉅著的一篇長序。本書現有兩個英文譯本，中譯尙缺。在現存多種德文版本中，本文採用了 Andreas Flitner 與 Klaus Giel 合編的 *Wilhelm von Humboldt, Werke in Fünf Bänden, Band 3, Schriften zur Sprachphilosophie,* (Darmstadt: Wissenschaftliche Buchgesellschaft, 1979)。以下此書將簡稱爲《人類語言結構》，一切有關引文，除非特別註明，均由筆者依上述版本之原文直接譯出。而徵引之頁碼，亦以上述德文版本爲準。

一種很神秘和奧晦難懂的印象。這一方面固與此書直到晚近十幾年才有英譯本有關，但更重要的是，《人類語言結構》成於德意志觀念論最蓬勃的年代；從一宏觀的角度看，無疑有很濃厚的「精神哲學」色彩。這一點，如卡西勒等學者早有所見❹。然而，儘管如此，《人類語言結構》與同時期的德意志觀念論哲學經典比較起來最不同的地方，就是於暢談「精神」之餘，嘗試從一微觀的角度，透過「語音」的觀察去說明與「精神」、「意識活動」等有關的問題。

　　作為語言最基本的成素而言，語音和意義的建構有著最原始的關連。比起其他因素而言，語音可以說是最易於被我們觀察和研究的現象。從語音入手處理意義的問題，我們雖然未必能因此而窺見意義問題的全豹，但起碼可以把有關意義建構的一些最基本的機制顯示出來，這對於意義問題整體的理解，終將有所貢獻。更有進者，意義建構的這較為基層的問題的釐清，說不定有助於我們對人類意識活動的問題獲得深一層的認識。

二、從共相論爭看語音與意義之關係

　　語音與意義關聯緊密,西方自柏拉圖和亞里士多德以降即有所見。然而，在傳統的哲學問題中，最能反映出語音和意義之間的關係的，莫過於歷時好幾百年的所謂「共相論爭」。從理論的角度看，同類事

❹　參見 Ernst Cassirer, "Die Kantischen Elemente in Wilhelm von Humboldts Sprachphilsophie", in: *Festschrift für Paul Hensel,* hrsg. von Julius Binder, (Greiz i. V.: 1923), pp. 105-127, 此文吾友江日新君已自德文譯為中文，不日出版。此外可參見史太恩塔爾 (Heymann Steinthal) 著, *Die Sprachwissenschaft Wilhelm v. Humboldt's und die Hegel'sche Philosophie* (1848), (Hildesheim: Olms, 1971)。

物之所以表現出性質上的一致性，人類於日常的生活、經驗、和思考過程中之所以能把事物歸類認識，人與人之所以能彼此溝通，莫不涉及「共相」的問題。所謂「共相論爭」，主要是就「共相歸根結底而言是甚麼？」這一問題所引起的爭議。

共相問題固濫觴自希臘傳統，但眞正標題化地提出來爭辯，還是到了五世紀波提留斯 (Boethius) 以後的事。當時要考慮的問題是：「屬」(Genus)、「種」(Species) 等類別或共相到底是一些獨立存在的實有，抑只是由吾人之心智所產生？中世紀參與共相論爭的，主要有兩大陣營：其中「實在論」(Realism) 認爲共相是一些客觀存在的實有，而「唯名論」(Nominalism) 則認爲共相並非一些實有，而只是一些名字而已。實在論以安瑟姆 (Anselm) 爲首。撇開實在論可再細分爲「極端」和「溫和」兩支不談，總的來說，實在論可說代表了一形上學的進路。相對而言，唯名論主要代表了一認識論的進路。如果單從實在論一方面看，共相問題與本文的課題之間的關係並不明顯；但若自唯名論的角度觀察，共相問題與本文論題的關連便充分顯現出來了。

一般而言，唯名論認爲只有個別感官事物才是眞正的實有，並主張共相不外是一些「名字」(Nomen)。然而「名字」又是一些甚麼呢？就此問題，唯名論傳統內部卻有很不同的意見。先是，唯名論的鼻祖諾薩林 (Roscellin) 認爲「名」不外是 Flatus Voci，換言之，只是由人類的發音器官所產生的氣流。諾薩林著作現幾全散佚，但單就 Flatus Voci 這各家共同引述的概念看，其顯示的立場已十分明確：從諾薩林的觀點看，共相不單止沒實有可言，甚至作爲「名」或語詞而言，共相亦看不出有甚麼概念意義內容可言❺。而不過是一

❺ 科普爾斯敦便認爲諾薩林對共相這種全面否定的態度不單打擊了極端的和溫

些只有物理和生理意義的「自然聲響」(Naturlaut) 而已。

　　與諾薩林相比下，阿比拉德 (P. Abelard) 的唯名論卻就「名」之本質提出了不同的看法。在 *Logica Nostrorum Petitioni Sociorum* 一書中❻，阿比拉德指出：共相或名並不只是Vox，而是Sermo。此中，Vox所指的乃純粹的自然聲響，而Sermo則指一些本身卽具有意義內涵的聲音 (Meaningful Sound)。Sermo 的提出，無論從那一角度看，對西方後世的影響都是非常重要的。首先，sermo的提出可使我們免於陷入極端的懷疑主義之中。作爲Sermo 或 Nomen，共相雖然不是一些實有，但卻亦不至被貶爲一些隨意的聲響。由於具有一定的意涵的原故，共相乃可以「賓詞」(Predicate) 的方式「普遍地」應用於不同的事象之上。換言之，共相的「共同」性還是有根據可言的。例如，吾人見人花於月下競豔之情境而可言月之美、花之美及人之美。而此中的「共同」性，與其說一定存在於個別事物之中 (Universale in re)，不如說是人類的認識能力於經驗了種種可能事態以後 (Universale Post rem) 而作出的「掌握」。

　　「掌握」者，concipere, conceptus 是也。爲使與諾薩林的「極端的唯名論」相區別，後世學者都習於把阿比拉德和後來的奧坎 (Occam) 就共相問題的立場稱爲「概念主義」(conceptualism)。對阿比拉德來說，無論我們把共相稱爲 nomen、稱爲 sermo 或稱

　　和的實在論，而且連後來唯名論中的概念主義觀點也一起否定了。見：F. Copleston, *A History of Philosophy*, Vol. 2, p. 165。

❻　以下有關阿比拉德的觀點，除科普爾斯敦哲學史外，主要參考了一、Ernst Bloch, *Zwischenwelten in der Philosophiegeschichte*, (Frankfurt/M: Suhrkamp, 1977)；及二、Kurt Flasch, *Das philosophische Denken im Mittelalter, Von Augustin zu Machiavelli*, (Stuttgart: Reclam, 1986), Ch. 19.

爲 Conceptus，某一意義而言，其皆可說是「由人類規創」（ex hominum institutione）而產生的。論者一般但見「唯名論」與經驗主義傳統之關連，卻往往忽略了阿比拉德以降這一支「概念主義」傳統對西方日後心靈哲學乃至語言學所產生的影響。就這一問題，德國波鴻魯爾大學（Bochum）的 Kurt Flasch 提出了十分精審的看法：「他（阿比拉德）指出人類如何於認識世界的當兒參與塑造世界的形象。他不再把人類視爲一單純的容受者，人再不只知對上帝的創造讚歎。阿比拉德開啓了人類對其世界所作出的參與的研究 —— 就這一點而言，阿比拉德無疑是一位帶有『現代性』意味的學者。……阿比拉德對人於世界詮釋的這份參與的重視，結果引發出一嶄新的語言理論……」❼ 從語言學的角度看，阿比拉德提出Sermo一說，充分地把語詞中「音」和「義」兩種成素不可分割的關係重新揭示出來。從另外一角度看，Sermo理論顯示了，人類語言現象中語音的眞正功能正在於意義的區別（Meaning Discrimination）。藉著語音的意義區別功能，吾人成功地對世界中的種種經驗作出了功能性的「掌握」。

三、「語音」是一個怎麼樣的研究對象？
——「語音學」和「音位（韻）學」

阿比拉德 Vox 與 Sermo 的二分，除了涉及唯名論內部的問題外，還顯示出，語音是可以從兩個很不同的觀點去觀察的。事實上，本文題目中的所謂「語音」（Speech Sounds）是一個非常廣義和寬鬆的用法。在研究語音時，學者卻可因採取態度的不同而發展出迥異的問題領域。廣義的語音問題，現代語言學便先後提出了「語音學」

---

❼ 見 Kurt Flasch, 同❻，pp. 216-217.

(Phonetics) 和「音韻學」(Phonology)這兩個無論研究宗旨和研究方法都不同的學科了。二者之中，語音學發展較早，目的主要是對人類各種語言的聲音作記錄和研究。在處理上，語音學基本上把語音當作爲一些生理和物理意義的自然現象；換言之，其所用的研究方法主要是一些自然科學的方法，包括運用各種儀器對人類的發音器官的肌肉運動作出監控和觀察；對人類不同民族發出的各種聲音的物理性質加以量度 (Phonometry)、記錄、標示和分析等工作。語音學雖然開發得很早，但由於只重視語音作爲一自然現象的一面，所以對於語音的意表功能可謂束手無策，更遑論就意義問題提供一圓滿的解釋。

音韻學的產生，可以說是由語音學的限制而引發的。本世紀初，俄國卡山學派語言學者庫爾德奈 (Baudouin de Courtenay) 首先提出：應把兩種不同的語音研究予以區別：其一是把語音當作一物理現象的研究，其二是把語音當作一語言社羣藉以溝通的聲音記號的研究。1928 年海牙舉行的第一屆國際語言學會議上，特魯別茨科依 (N. Trubetzkoy)、雅各布遜 (R. Jakobson)、和卡采夫斯基 (S. Karcevskij) 共同領導的布拉格語言學派正式提出方案，要把有關「語言的聲音」的學問與有關「言語的聲音」的學問區別。1939年，特魯別茨科依的經典作《音韻學綱要》出版，正式地揭櫫了現代音韻學的誕生❽。

所謂「語言」與「言語」之別，顯然就是索緒爾 (F. de Saussure) 有關 la Langue 和 la Parole 之區別。而「言語的聲音」

---

❽　參見N. Trubetzkoy, *Principles of Phonology*, (Trans.) Christiane A. Baltaxe; (Berkeley: University of California Press, 1969), p. 5. 本書德文原名爲*Grundzüge der Phonologie,* 1939年於維也納首版。

(Laut der Sprechakte) 實指由人類發音器官經一定的生理程序發出的、具有一定物理性質的聲音。研究這些聲音的學問就是上述的所謂語音學了。如果言語指的是人類日常的言語行為 (Speech Act, Sprechen) 的話，則「語言」是指一社羣賴以溝通的語言系統或結構 (Sprachgebilde)。作為音韻學研究對象的所謂「語音」，並不泛指人類發音器官所發出的一些物理聲音，而是對某一語言社羣而言具有區別意義的聲音。這意義的聲音一般可稱為「音位」。因此音韻學也稱為音位學 (Phonemics) ❾。音位研究的目的並不在於考慮語音的物理性質，而在於說明其如何構成意義。因此它不能如語音學一般，駁雜紛陳地包羅各種語言的語音（如萬國音標方案），而必須把研究範圍按不同的自然語言系統予以劃分、限制，然後作出結構性的說明。如果說「語言」本身就是社會建制 (Social Institution) 的一種的話，則「音位」便是一具有社會性的人文現象了。總而言之，音位學要研究的不是自然現象，而是社會人文現象；所用的方法主要是一些社會科學的方法。其所要解釋的問題，是某一特指的自然語言如何讓其有限數目的音位得以有效地分布配搭，以達成意義區別 (Meaning Discrimination)的功能。特魯別茨科依等吸納了庫爾德奈和索緒爾有關「語言」(la Langue) 的基本觀念，認為音位本身孤立而言是無意義可言的，彼認為意義並非音位本身的屬性，而是音位於有關的語言系統中的種種對立關係中 (Opposition) 所構成的。布拉格學派於音位理論的基礎上進一步發展了「區別特徵」(Distinctive Features) 的理論，對一語言的各個音位作進一步的分析性描述，並且透過各「特徵」的二元對立 (Binary Opposition) 去說明音位彼

---

❾ 由於 Phonology 一詞有時是指歷史比較語言學中「歷時語音學」，晚近學者大都把作為一系統性的，關於音位的研究稱為 Phonemics。

此相區別的機制❿。

　音位學的歷史地位，清楚地揭示了，就語音的辨義表意功能而言，傳統的語音學是不足的。然而，音位學從語音學中脫穎而出之初，由於自覺到研究使命、研究方法均有別於後者，因此處處力求與語音學研究分道揚鑣。由是，其發展出來的音位理論便往往迴避了實際的語音習慣。雅各布遜提出的區別特徵理論便被今天的學者批評為流於「高度抽象」了。其實布拉格學派各主要代表提出音位（韻）學研究的時候，早已充分意識到音位學和語音學在許多情況下是需要攜手合作的❶。經過多年的發展，音位學和語音學於各自認識到其功能的重點之後，卻反而在尋找新的接合可能。現代的實驗語音學(experimental phonetics)擺脫了傳統語音學只顧從事語音底物理性質的量度工作，而加進了如「音位範疇」、「音位界線」、「範疇感知」等與意義構成有關的考慮❷。另一方面，現代的音位理論亦愈來愈注意到各自然語言系統語音的「自然類」，和「特徵須有語音基礎」等問題了❸。今日的音位學研究於辨明研究宗旨的同時，愈來愈懂得借助先進的語音學技術（包括計算機監控、聲譜儀、大腦實驗等）去投入解釋意義所由起的問題了。

❿　可參考 Roman Jakobson and Morris Halle, *Fundamentals of Language,* (The Hague: Mouton, 1956)。

❶　雅各布遜本人常把音位學和語音學的關係比譬作國民經濟和市場調查之間的關係或喻作財務和統計學之間的關係。參見 Trubetzkoy, *op. cit,* p. 11。

❷　參見 William S. Y. Wang 王士元著：《實驗語音學講座》。載於《語言學論叢》，第十一輯，(北京：商務印書館，1983)，p. 78f。

❸　參見 Patricia A. Keating 著，王嘉齡譯：〈音系學與語音學的接面〉，《國外語言學》，1988年，第二期；pp. 53-57。

四、人類「發音」現象背後的深層機制

(一)語音對於人類語言運用而言是否絕對必要？

本世紀最偉大語言學家之一的索緒爾曾指出，人類使用的語言記號（sign）都可以被理解為由兩個不可分割的成素組成的。從形式上看，就是「能指」（signifiant）和「所指」（signifié）；從實質上看，「能指」是一記號的「聲音印象」（Sound Image），而「所指」即與之相應的「概念」或意義內容。索緒爾明確地指出，語言記號這兩個側面之不可須臾離，一若吾人在切開一張紙的正面時無法不同時切開其底面一樣❹。索緒爾此一態度，充分表明了：作為一語言單位而言，語音與其所指涉的概念意義是唇齒相依、不可分割的。換言之，索緒爾重申了阿比拉德 sermo 概念有關音、義的內部統一性。

索緒爾有一句名言：「在沒有語言之前，吾人的思想只是一團不定形的、模糊不清的渾然之物。」❺這話給我們一種感覺，以為如果沒有聲音，則語言甚至思想都是不可能的。索緒爾這個立場，其實應該分開兩個問題去考慮：第一個問題是：思想是否必須要語言才可存在？第二個問題是：語言是否必須要有語音才可存在？這兩個問題其實都是富於爭議的。其中第一個問題涉及很多理論上的假定，我們在本文裏不欲涉足。但如果我們把問題問得謹慎一點：人類日常健全的思想是否必須要語言才可以存在？則我們一般而言，都可以作肯定的

❹ 參見 Ferdinand de Saussure, *Cours de Linguistique Générale*, (Paris: Payot, 1982)。本文引述此書時，如不作特別說明，均採用高名凱譯的《普通語言學教程》，（北京：商務印書館，1982），p. 157。

❺ 同❹，p. 158。

回答。至於語音對語言是否必須一問題，索緒爾固認爲是肯定的。事實上，他把語言符號了解爲聲音印象 (Sound Image) 與概念的結合體一點已充分表示了他的立場。

語音使人類日用的語言得以構成、表達、流通，這是誰都不懷疑的事實。但這是否表示聲音或語音對於語言的構成是一項絕對必要的條件？竊以爲這問題的答案是否定的。我們只要設想：世界上有許多自幼或自出生開始卽已失聰，但結果終能克服重重困難，靠讀唇與人溝通，甚至發出聲音。更極端的例子是：有一些人如Helen Keller、Laura Bridgeman 等自幼年便失聰加上失明終亦能掌握人類的語言，而且達至一高度的文化水平。他們不單失去聲音的世界，而且連透過視覺觀察他人的發音器官的條件也被剝奪。如果他們還是能夠掌握我們的語言，則我們還有何理由堅持語音是語言習得的必要條件呢？

這一個問題，洪堡特提出了一個較爲合理的說法。總的來說，洪堡特認爲語音並非人類發展語言的必要條件，但卻是一個最自然、最有利或最合適的條件⓰。洪堡特提出的理由有以下幾點：一、對於正常的人來說，一副嗓子是「隨身」攜帶的。二、語音可以由吾人作出精確的控制；語音控制所造成的分別正可以爲意義的區別提供條件。三、語音可以出諸口、入諸耳、存諸心，是最好的意義溝通媒介。四、語音可有效地供自己和他人同時分享，因而保證了意義的客觀性⓱。但無論語音如何有利，它卻不是絕對必要的。

以上的討論，加上種種事實都充分顯出，語音是人類語言能力得

⓰　洪堡特：《人類語言結構》，p. 428。所謂「合適」，原文是 "Angemessenheit des Lautes zu der Operationen des Geistes..."

⓱　洪堡特：《人類語言結構》，pp. 428-429。

以有效展開的一項非常有利的媒介，但卻非絕對必要。這事實的確認，引出一個無論於語言學、語言哲學、乃至心靈哲學上的大問題：如果語音的運用並非人類語言活動的必要條件，則人類的語言能力於發音機能以外，顯然還涉及一更深層的機制；而所謂發音，實不過是語言活動的一些表層現象而已。語言活動此一「深層機制」是怎麼樣的一回事呢？在這一關鍵上，我們得討論 Articulation 這個問題。

(二)人類語言中的「分節」現象 (Articulation)

談到語音問題，許多語言學者會想到所謂 Articulation 這個概念。正如廣義的語音問題可以分出語音學和音位學兩種不同的研究一般，Articulation這個概念亦涉及類似的雙重意義。首先，對許多習慣於傳統語音學訓練的學者來說，Articulation 就是指「發音」；換言之，是指吾人操作發音器官（如舌、軟硬顎、唇、咽等）之肌肉以發出聲音這生理程序。因此，語言學界往往把所謂「發音語音學」(Articulatory Phonetics) 稱為「生理語音學」(Physiological Phonetics) 或「肌動語音學」(Motor Phonetics)⓭。

從經驗的角度看，人類語言行為一般情況下都涉及「發音」此一生理現象固是不容置疑。而發音有賴發音器官的使用亦似乎很理所當然。不過，在處理問題時，我們卻應該先不要把「語言現象」與「發音現象」等同。事實上，自古以來已有許多例子證明：人類卽使主要的發音器官先天或意外受損殘缺（包括舌頭），只要保留聽覺並假以

⓭ 參見 Hartmann and Stork 編，黃長著、林書武等譯：《語言與語言學詞典》有關條目，（上海：上海辭書出版社，1984）。有關發音語音學，可參見 William Allen Smalley, *Manual of Articulatory Phonetics*, (South Pasadena: William Carery Library, 1973)。

訓練，還是可以產生一定的替代作用的[19]。這起碼說明了發音器官的常規使用並不是言語行爲的必要條件，而且更說明了對於語言運用整體而言，聽的能力比講的能力更爲基本。更有甚者，雖然一般而言聽覺的喪失（先天和後天皆然）對於一個人的語言能力會產生非常嚴重的障礙，但是海倫凱勒（Helen Keller）的成功例子卻仍足以說明：即使在一個完全沒有聲音的世界裏，語言還是有可能發展出來的。由此可見，單純地把肌動層面的「發音現象」等同於「語言現象」是不合理的。總括而言，發音只是語言現象的外在表現。借用喬姆斯基的說法，發音只是人類運用語音的一個表層現象。基於此一原因，索緒爾卽把此一肌動現象的「發音」稱爲Phonation，以別於具有更深刻意義的 Articulation[20]。

事實上，articulation 一概念除可解作「發音」外，長久以來，還保有另一更深層的意義。總的來說，Articulation 是涉及人類心智透過符號運用而進行的組織活動。康德（Kant）於討論「人類理性的建築」（Architektonik）時便曾把Articulation界定爲「組織」（Gegliedert）[21]。所謂組織，就是把整體的一些部分作出有規律的編排。索緒爾便把 articulus 解釋爲「肢體、部分、一連串事物的小

[19] 參見 Roman Jakobson and Linda Waugh, *The Sound Shape of Language,* (Brighton: Harvester Press, 1979), p. 63。

[20] 索緒爾：《普通語言學教程》，p. 33。此外，海德格在論及有關問題時，亦有 stimmliche Verlautbarung 和 Artikulation 之分。參見海德格著：《存有與時間》，Martin Heidegger, *Sein und Zeit*, 12. Unveränderte Auflage, (Tübingen: Niemeyer, 1972), pp. 32-33, 161-164.

[21] 參見康德著：《純粹理性之批判》，Kant, *Kritik der Reinen Vernunft.* A833/B861.

區分」❷，而 Articulation 的根本意義其實就是「分節」。索緒爾甚至透過「分節」去界定語言：「我們可以……把語言叫做分節的領域：每一項語言要素就是一個小肢體，一個 articulus，其中一個觀念固定在一個聲音裏，一個聲音就變成一個觀念的符號 (le signe d'une idée)」。❸ 由此可見，「分節」其實就是語言把各種語音單位鉤勒連繫的運籌活動，和於此一運籌活動中達成溝通意義的能力。

從語言學史看，索緒爾之前洪堡特早便就 Artikulation 問題作了更詳盡的討論。洪堡特有一句名言：「語言並非一既成的產品 (Ergon)，而是一活動 (Energeia)。」❹洪堡特所謂語言活動其實並不是指後來索緒爾所謂的「言語」。說語言是一「活動」，主要的目的是要強調語言現象最後的原動力來自人類的「精神」，而對洪堡特來說，Artikulation 正好就是人類的精神心智藉以表現其活力的渠道。因此他進一步說：「Artikulation 是精神的力量作用於發音器官而產生的。精神逼使發音器官仿照精神自己的運作形式去處理聲音。」❺換言之，洪堡特認為人類語言的生理發音現象背後還有一更深層的活動基礎。語言的這一深層基礎，洪堡特有時稱爲「分節能力（感）」(Artikulationssinn)❻。此一分節能力用之於語言之上就構成「發音」這個現象。但是「分節能力」卻絕不只是發音而已。爲了說明 Artikulation 的根源不只是發音，洪堡特甚至設想，在一極端的孤立分析下❼，我們甚至可以把「那赤裸裸的分節能力」構想爲可以自

❷ 索緒爾：《普通語言學教程》，p. 31。
❸ 索緒爾：《普通語言學教程》，p. 158。
❹ 洪堡特：《人類語言結構》，p. 418。
❺ 洪堡特：《人類語言結構》，p. 441。
❻ 洪堡特：《人類語言結構》，p. 456。
❼ 所謂孤立分析，是指康德於討論範疇的發見時的所謂 abtrennen, isolieren 或 absondern。參見《純粹理性之批判》，A22/B36。

語音析離出來的一種心智能力一般。洪堡特指出：儘管「分節」一般
情況下都表現爲一些分節語音（和一些分節語詞），但「分節」作爲
人類的精神或心智能力本身而言，可被理解爲分節語音減去可被聽取
的物理語音後所剩餘者❷。誠然，這一條「公式」嚴格而言只是一項
思想實驗，是不可透過經驗驗證的。它的用意不外是強調「分節」是
比「發音」更爲基本的心智能力。也只有如此，我們才能理解，何
以後世學者可以於語言或語音的問題以外談及其他意義的、涉及人類
其他文化活動的「分節」現象了。例如說，當代結構主義人類學家
列維—史特勞斯（Claude Lévi-Strauss），便是因爲受到雅各布遜
有關音位分節問題的感召，終於發展出「生物社羣的分節」(Articu-
lation of biological groups) 概念，用以解釋人類社會中如亂倫
禁忌、親屬關係等文化現象❷。

五、雙重分節 (doublearticulation)

所謂雙重分節 (Double Articulation) 是記號系統涉及兩個組
織層面的結構方式。在語言學中，「雙重分節」問題有時被喚作「二
重模式」(Duality of Patterning)❸。德國一位現象學及人工智能
學者賀倫斯坦 (Holenstein) 便指出，雙重分節結構一方面固可被

---

❷ 洪堡特：《人類語言結構》，pp. 440-441。

❷ 列維—史特勞斯於爲雅各布遜《語音與意義六講》所寫的序言中，清楚地向
世界宣告了雅各布遜音韻學理論對他底人類學的啓發。參見 Claude Lévi-
Strauss, Preface to Roman Jakobson, *Six Lectures on Sound
and Meaning,* (Cambridge: MIT Press, 1978), pp. ix-xxvi. 此
外，列維—史特勞斯於《結構人類學》(*Structural Anthropology*) 一書
就有關問題亦有詳細討論。

❸ 參見霍凱特 (Charles F. Hockett) 著，孫乃修譯＜言語的起源＞，見王
士元編：《語言與人類交際》，(南寧：廣西教育出版社，1987)，p. 12。

視爲人類語言與動物語言的分別所在，但另一方面，雙重分節卻並不
限於語言現象，而甚至可說是許多由人類文化創制出來的記號系統的
基本特點❸。如果把問題收窄到人類語言的領域看，則雙重分節現象
便表現爲以下兩個層面：

第一分節 (first articulation)：
涉及語素 (morphemes)、語詞 (words)、或語句
(sentences) 等結構；
第二分節 (second articulation)：
涉及區別特徵 (distinctive features)、音位
(phonemes)、或音節 (syllables) 等結構。❸
(按：應該加上「音叢」(sound clusters))

在語言系統中，第一分節基本上是意義的分節，而第二分節則是

---

❸ 賀倫斯坦自己便嘗試說明書體 (Schrift, Writing) 系統亦表現了雙重分
節現象。參見 Elmar Holenstein, "Doppelte Artikulation in der
Schrift", in: *Zeitschrift für Semiotik,* Vol. 2, (1980), pp. 319-333。
此外賀倫斯坦亦提到：自從學界發現人類的遺傳基因是由四種核甘酸組成的
許多高層的遺傳密碼組成的以後，亦有人（包括雅各布遜）提出一些與人類
文化活動無關的現象亦可具備「雙重分節」結構。就這個問題，我認爲：遺
傳訊息的這種自然結構是否可與人類文化活動中的雙重分節現象相提並論，
全視乎「分節」是否可以完全抽離一切意識作用（包括所謂「集體無意識」）
而仍可以成立。換言之，我們要麼承認自然具有意識，不然便得於自然現象
與人文現象之間劃下實質上的界線。如果我們因爲遺傳密碼與人類的語言具
有同構性（isomorphism）而立刻把二者所表現的「雙重分節」歸入同
一類別的話，則我們不必等到遺傳密碼的發現，而甚至可以把門德列耶夫
(Mendeleev) 的發現「元素周期表」或德謨克利特斯 (Democritus)
的發現「原子說」也算作雙重分節的發現了！
❸ Elmar Holenstein, 同❸。

聲音的分節。借用葉門史列夫 (L. Hjelmslev) 的用語，前者是「義符性」(Plerematic)，而後者則是「音符性」(Cenematic) 的❸。從語言現象整體的一面看，第一分節比較偏向人類精神活動有意識地運作的一面，而第二分節則比較偏向無意識運作的一面。借用計算機的術語，兩種分節中，第一分節可以說是比較「高階」，而第二分節則較爲「低階」❹。洪堡特談論語言的 Artikulation 或「分節」現象時，辨別了「語音分節」和「語詞分節」二者❺。這個分野其實已經涉及了所謂「雙重分節」這個現代記號學中的重要問題。誠然，在處理「分節」現象的理論基礎時，洪堡特只能運用「精神活動」等觀念論傳統的哲學範疇去說明，因此上述區分於記號學上的意義並不明顯。眞正把所謂「雙重分節」現象納入現代記號學的象限去觀察是後來的事。

　　雙重分節可說是人類能夠發展複雜和高效率的文化活動的主要機制。作爲人類社會中最重要的記號系統而言的語言，其所表現的雙重分節現象便更顯得意義深遠了。就這一問題，法國著名語言學家馬丁內 (A. Martinet) 提出了以下幾點看法❻：

---

❸　參見 Louis Hjelmslev, "Essai d'une Théorie des Morphèmes", *Essais linguistique* (1959), 引見: Eugenio Coseriu/Horst Geckeler, *Trends in Structural Semantics,* (Tübingen: Gunter Narr, 1981), p. 33。

❹　而在兩種分節內部所涵蓋的語言單位亦可有高低的分別，例如音位便高階於區別性特徵而低階於音節。至於第一第二分節的重點在那些單位這一問題，則不同的學者便各有其偏重了。

❺　洪堡特:《人類語言結構》，pp. 430-432。

❻　參見 André Martinet, *Elements of General Linguistics* Translated by Elisabeth Palmer, (London: Faber and Faber, 1964). pp. 22-28。有關馬丁內這一方面的理論，參見 Bert Peeters, *Diachronie, Phonologie, et Linguistique Fonctionnelle,* in: *Bibliotheque des Cahiers de l'Institut de linguistique de Louvain,* nr. 64, (Louvain-la-Neuve: Peeters, 1992), 特別參見第十章。

一、語言「分節」現象的兩層分化使一語言系統能以最小數目
的音位達成意義區別功能，使語言得以成為一經濟而有效
率的系統。讓我們能以有限的資源作無限的應用。

二、語言雙重分節使能指和所指這兩個領域（馬丁內稱為Sig-
nificans 和 Significatum）於彼此相應之餘各自保有一
自己的系統。相對於變化較大的語義系統（所指）而言，
語音系統（能指）乃得以保持較大的穩定性。

三、語言的雙重分節的每一具體方式是因語言而異的。不同語
言於分節上的特色除了構成各語言的基本差別外，更構成
不同的語言羣體於面對經驗素材時的不同處理方向。

在「分節」的雙重架構中，「第一分節」的主要作用是意義的決
定 (Sense Determination) 或使用。第一分節問題的牽涉面是很廣
闊的。它先要假定一些意義已頗為完備的語言單元作為運用素材；而
其作用就是把這些意義單元組織、配搭、聯繫起來，以鉤勒出一些有
確定意識內涵的信息。換言之，第一分節首先涉及句法的掌握和運用
問題。從另一角度看，句法的具體運用復不能離開語彙。因為句子的
鉤勒除了涉及句法外，還要考慮把那一些有意義的單元聯繫起來的問
題，這也就是所謂選詞 (Choice of Words) 的問題。而後者又涉及
了索緒爾所謂的語詞「聯想關係」問題（葉門史列夫的所謂「類聚關
係」）和韋斯格爾柏 (Leo Wesigerber)、特里爾 (Jost Trier)
的所謂「語詞場域」(Wortfeld, Lexical Field) 等一籃子問題。

更有進者，第一分節更可以表現為高度抽象的語言活動，成就出
各文化傳統中的神話，甚至各哲學傳統中的範疇系統，為各該傳統提
供一定的導向。總而言之，語言的第一分節現象可說是一民族的語言

機制（如語法、語彙）構成後，如何具體地使用，以編織出一有意義
的文化生活環境的問題。此中涉及一些較「高階」的問題，需要另文
討論，此不詳述❸。

　　「第二分節」主要涉及意義區別 (Sense Discrimination)的問
題。用較爲技術性的說法，語言現象中的第二分節是語言產生作用的
根本機制：讓一些自身尙無完備意義的語音單元依照一定的系統對立
原則於各種可能的配搭聯繫中造成原初性的意義區別基礎。在語言現
象中，第二分節基本上就是聲音如何被轉換而構成意義的主要關鍵。
此一轉換問題，也就是人類的心智如何處理一些本身孤立而言意義並
未完整或甚至完全沒有確定意義的語音單元，如何加以編配運籌，以
達溝通目的的問題。本文所關心的「分節」問題，主要是指第二種分
節而言的。

六、語言的「音型」

　　「音位學」從傳統的「語音學」研究中脫穎而出，充分顯示現代
語言學家認識到語音於物理性質之外，還涉及一些社會人文方面的性
質。就能作出這一個觀念上的突破而言，我們把向有現代普通語言學
之父之稱的洪堡特同時看作爲音位學的眞正奠基者，想亦不爲過。

　　洪堡特一方面固繼承了德國觀念論的「精神哲學」傳統，但另一
方面卻能脫離傳統哲學的寞臼。與其像黑格爾一般以「精神」的謂語
去討論「精神」，洪堡特卻從語音這一可被吾人實際經驗的領域中，
找到討論的新支點！洪堡特的語言理論基本上從功能的立場出發。「語

❸　見拙著：〈從比較觀點看範疇論問題〉，《東西哲學比較論文集》，（臺北：
　　新文豐出版社，1992），pp. 577-640。現已收入本書 pp. 157～218。

言乃思想藉以構成的器官」❸，這一句廣被徵引的話即把這一立場顯露。緊接這一句話，洪堡特於說明語言的這一機制時，便立卽指出語音的重要性：「藉著語音，那本全屬於精神的、內在的和無跡可尋的思想乃可外在地表達於言語之中，而為吾人所感知。思想與語言是同一的和難以分割的。而前者本質上亦必須與語音結合在一起；否則思想根本無以變得清晰……」❹ 在較後的章節裏，洪堡特更把語音視為精神所覓到的一條「蹊徑」（Neuen Pfad），並說：「當思想把靈氣吹進聲音之中，則聲音便將依本身的特性，回頭為精神提供一靈動的（Begeistigende）刺激原則。」❺ 這一番看似神秘的話實質上要表達甚麼呢？

洪堡特於《人類語言結構》書中固常論及所謂「精神」作為一生命原則，然其所謂精神，其實並無特別的神秘色彩，更不像黑格爾的「絕對精神」一樣是一有內在目的性的絕對原則。洪堡特的所謂「精神」，不過指人類認知於種種環境刺激和情緒感受交加下的一些感而未通的「心緒」（Seelenregungen）❻，有一點像康德所謂的「雜多」。而這「精神」的唯一運作原則，不外是要從這一感而未通的條件開始，逐步自我釐清，進而自我鞏固、自我組織、和自我開發而已。而語音的功能，正是要為精神此一自行開發的歷程提供條件。

上文曾指出，洪堡特認為語音之於語言，嚴格而言雖然並非一必要條件，但卻是一最便利、最合適的媒介。除卻上文曾提到的幾個優點外❼，語音其實還有一更關鍵的長處，這就是洪堡特所謂語音所具

---

❸　洪堡特：《人類語言結構》，p. 426。
❹　洪堡特：《人類語言結構》，p. 426。
❺　洪堡特：《人類語言結構》，p. 474。
❻　洪堡特：《人類語言結構》，p. 473。
❼　參見⑯、⑰。

備的「清脆俐落」(Schneidende Schärfe, Sharpness) 的特性:
「語音與思想的相應性並不難理解。思想一如電光或一股衝動一樣,
摒除一切地把所有的想像力都集結於一個焦點之上,同樣地,語音秉
其清脆俐落和統一的姿態而給迸發出來。」**❸** 此中,洪堡特背後的意
思是:思想在種種刺激交加之下,於有所感觸而欲有所理解之際,必
須尋得某一有清晰表象功用的記號,才能把將要理解的意念清楚地予
以定位、確認、和當作一有統一意義的思維內容予以重現和進一步構
思處理。否則,思想將如一團迷霧一樣「根本無以變得清晰……」。
如今,語音之所謂「清脆俐落」,是說此語音與彼語音可以透過一些
清晰的判準而彼此辨別;如音之抑揚、馳張、緩急,乃至發音時肌動
部位之差別等。而這些本屬語音的判準遂成為思想尋求自我釐清、自
我組織的契機所在了。

　　洪堡特還認為,作為心智藉以構成的條件而言,人類運用語音並
不是隨意的,而是按照一定的模式而進行的。要說明語音的運用,洪
堡特提出了「音型」(Lautform, Sound-form) 的概念**❹**。此中,
洪堡特的 Lautform 與後來雅各布遜等所謂的 Sound Shape 可說
有異曲同工之妙**❺**。音型其實就是語音運用時的種種配合、組織的結
構模式。由於語音的功用歸根結底是要釐清思想的「心緒」,使表達
為明晰的「意義」,所以,音型便涉及語音用甚麼方式可以組合而轉
換成意義此一具體問題。語言的音型,與其說是一先驗的法則,不
若說反映了一民族長久以來假語音之途以整頓心緒的取向或「習慣」

---

❸ 洪堡特:《人類語言結構》,p. 427。
❹ 洪堡特:《人類語言結構》,pp. 425-457 ff。
❺ 雅各布遜晚年與Linda Waugh曾合著 *The Sound Shape of Language*
一書,可參見**❶**。

(Gewohnheiten)❻。從一種別發展 (Phylogenetic) 的觀點看，作為一個民族的語音習慣的音型，當然不能算是「先驗」的；然而，從一個別發展 (Ontogenetic) 的角度看，這些語音「習慣」卻一代又一代地，假語言習得的途徑，對每一個以各該語言為母語的個人構成難以規避的影響。就這樣地，語言的音型有如一隻無形的手一般，深入一民族的潛意識中，強烈地支配了和軌約了該民族於芸芸現象中的認知取向。

語音與意義之間的轉換問題，不同的語言學家的回答是很不一致的，而各人的偏重亦頗有差別。依作者有限識見所及，現代芸芸學者中，還是洪堡特最早就這問題提出比較全面的回答。在《人類語言結構》一書中，洪堡特提出了三種不同的語音與意義的配置轉換模式。洪堡特把這三種模式稱作：

A）直接模仿的（unmittelbar nachahmende）或描繪的 (malende) 模式，

B）間接模仿的（mittelbar nachahmende）或象徵的 (symbolische) 模式，

C）類比的 (analogische) 模式。❼

洪堡特《人類語言結構》一書談論這三種轉化模式的篇幅驟看雖然不多，資料雖然也不算太詳盡，但有關討論卻於全書理論結構上佔有非常重要的地位。洪堡特以後，談論語音和意義關係的學者雖不乏人，但能把各種轉換模式同時比較臚列，並作出精審的分析和判斷者，卻是鮮見。第一種模式的一較通行的講法就是所謂「擬聲法」。

---

❻ 洪堡特：《人類語言結構》，p. 446。
❼ 洪堡特：《人類語言結構》，p. 452f。

以下我們卽就擬聲、象徵、和類比三種音義配置模式按序討論。然而，在未進入這三種模式的細部討論之前，我們必須指出，由於人類對語言現象的認識還是非常有限，加上語音與意義之轉換關係可能涉及許多吾人無法掌握的因素，因此我們旣不能說三種模式足以共同窮盡一切，也不能說其個別地能解釋與音義聯繫有關的每一個細節。洪堡特本人便卽表示:「我們只能憑著耳聰，力圖對那不斷向吾人的感覺發出呼召的外間對象，和對吾人內心中在跌蕩著的種種意念作出解釋; 但在許多細節之上，這些解釋大都是顯得無能為力的。」❹面對著種種理論上的困難，本文以下的討論中，除了洪堡特本人的見解外，還將兼及其他學者的有關論點。此外，正如馬丁內所指出一樣，語音與意義的轉換亦可因不同民族的語言而異。在以下的討論中，我們將把注意力集中於印歐語的例子上，為三種轉換模式作出印證。至於各種轉換模式是否可用來解釋印歐語以外的其他語言（如漢語）這一問題，由於篇幅關係，將另文處理。

七、擬聲模式──語音與意義的第一種轉換模式

所謂擬聲，顧名思義，是指人類以自己的發音器官所能發出的聲音去模仿自然界中的一些會發出聲音的事物或現象。擬聲法在希臘羅馬時期的語言學論述中，就是所謂 Onomatopoesie。

洪堡特把擬聲模式稱為「直接模仿」的或「描繪」的模式，其想法是十分明瞭的。正如人類可以用線條和色彩去描繪自然事物視象（visual）的一面一樣，人類亦可以其發音器官發出聲音去象表、描繪自然事象音感（audial）的一面。兩種「描繪」其實都是同樣的直

---

❹ 洪堡特:《人類語言結構》，p. 452。

接的。透過模擬，聲音乃具備了意義（意指）。這一種直截了當的音義配置轉換模式，幾乎在所有語言中總可以找到好些例子。洪堡特在短短的篇幅中並沒有舉甚麼例子。而索緒爾則舉例說：如 Ouaoua（法）、Bow-bow（英）、Wauwau（德）、都有「狗吠」或「狗」的意義。此外，如 Tic-tak (Tick-tock), Glou-glou (Glug-glug)，甚至如 Pigeon（鴿子）一詞，由於是來自民間拉丁語的 Pipio，所以很可能也是擬聲的。索緒爾甚至認為一些感嘆語詞也近於擬聲。其所模仿者乃人類某些情感狀態下所發出的聲音❹。如德語到今天還在用的 au（或 aua）、haha 等。這些以模仿人類情感為主的擬聲字，在漢語系統中是非常普遍的，其中涉及的問題，將另文交待。

　　擬聲於大多印歐語言中雖然不乏例子，但一般而言，數量都十分有限。因此，擬聲大概只可算是人類語言發展早期的一些殘存現象。洪堡特對擬聲的殘存提出了很特別的解釋。他說：在語言發展的過程中，語音的運用，本質上是趨向以分節語音（Artikulierter Laut）的形式進行的。換言之，是一些由人類心智處理下的語音。但擬聲法的模擬對象卻是自然界（包括自然界中人的感嘆聲音）中的一些自然聲音，或所謂「非分節聲音」(Unartikulierter Laut)。過分倚仗模仿，勢令人類的分節能力不能充分開展，形成過猶不及的情形。在人類心智中的分節能力日趨發展的過程中，擬聲很快便趨式微❺。

　　擬聲不能充分發展的原因，我們可以稍作補充：人類語言是朝著雙重分節的方向發展的。這即是說，語言演化的趨勢是要發展出一組有限的語音元素（無論是音叢（Sound Clusters）、音節、音位、或區別性特徵）。這些語音元素本身的意義必須某一程度地是「未確定

❹　索緒爾：《普通語言學教程》，p. 105。
❺　洪堡特：《人類語言結構》，p. 452。

的」(Indeterminate) 的，才能保有一定的可塑性或可加工性，只有這樣，語音才能發揮意義區別的功能。人類的心靈必須掌握了一組這樣的語音元素，才能有效地運用其「分節能力」，動員這些語音成素，編列之、配置之，構成層出不窮的具體組合，表達出千變萬化的確定意涵。這就是雙重分節的真正精神所在：由第二分節負責意義區別，由第一分節負責意義決定。也只有這樣，語言才能滿足洪堡特、喬姆斯基等的要求：「以有限之資源，作無限之應用」(Sie muss daher von endlichen Mitteln einen unendlichen Gebrauch machen) ❺ 。如今看語言中的擬聲現象，其難於發展的理由並不難懂：擬聲法通常以一個音串去「描繪」某一特指的事象，因此整個模擬的結果就是一個「詞」(Onoma, Word)❺ 。擬聲詞的語音一旦用以象表具體實物或具體事態，則其意義便已完全地決定了或給完全釘死了。過早給釘死了的語音元素，當然難以再被靈活運用來區別意義了。

　　人類語言固有為各種現象命名的職責，而世上有待我們表達的事物事態、心境意念何止成千上萬。但人類一張嘴巴能發出來的聲音卻總有時而窮。給一一定了性的聲音，試問如何可以均勻地分配給

---

❺　洪堡特：《人類語言結構》，p. 477。洪堡特這一名句，喬姆斯基亦多次徵引，以表達其「生成語法」。參見 Noam Chomsky, "Goals of Linguistic Theory", in: *Current Issues in Linguistic Theory*, (The Hague: Mouton, 1970), p. 17。

❺　這就是何以希臘羅馬語言學論著把「擬聲」稱為Onomatopoisie 的原因。此外德國著名的心理語言學家布勒 (Karl Bühler) 便把擬聲稱為 Wortmalerei, 而把 Lautmalerei 一詞用來指廣義而言的以聲音鈎勒一切的功能。參見: Karl Bühler, *Sprachtheorie, Die Darstellungsfunktion der Sprache*. (Stuttgart: Fischer/UTB, 1982), p. 198。

(verteilen) 無盡止的事物和心境呢？再進一步說，在衆多有待人類表達的事項中，許多事項是根本不會發出聲音的，則擬聲除了不能經濟有效地運用語音外，其根本限制亦立刻顯現出來。例如「石頭」便不像「狗」一樣會明確地發出聲音；再如「勇氣」、「鼓勵」則更遑論矣！基於這種種原因，人類語言很快便發展出第二乃至第三種語音意義配置轉換模式了。

然而，儘管擬聲模式已經式微，但洪堡特在討論語音與意義的配置關係時，還是把擬聲列爲第一種有代表性的模式，這其實是非常有理論重要性的。因爲儘管擬聲模式在現代主要的語言系統中多顯得退化，但擬聲無可置疑是人類發展和運用語言過程中的一個始創模式。擬聲作爲一種具有代表性的、自成一格（sui generis）的模式的定位，不但有助於我們解釋人類心智的結構；而且，藉著把擬聲與後來發展出來的模式（象徵、類比）的對比觀察，我們甚至可更深刻地體會後兩者的本質和長處。這對語言的整體運作機制的理解是甚有價值的。

八、象徵模式——語音與意義的第二種轉換模式

語音象徵（Lautsymbolik, Sound Symbolism）是語言學界沿用已久的用語。廣義而言可以包括上述的所謂擬聲。這裏談的象徵模式是指洪堡特所謂的第二種語音與意義的配置模式。這種模式現代語言學界也有叫「聯覺」（Synesthesia）的。此外，無論我們談的是廣義的語音象徵或狹義的象徵模式，此中所謂「象徵」，是一語言學、心理學和美學上習慣的用法，而不是自皮爾斯（C. S. Peirce）、卡西勒（Cassirer）以來的記號學中的所謂Symbol（符號）。就這一點

雅各布遜便指出：此中的「象徵」，如用皮爾斯的用語，其實應該叫造 Icon（圖象）⑬。因為「象徵」所涉及的，都是一些以直接或間接方法從自然界（physis）中鉤勒出來的形象；只不過語音象徵藉以鉤勒自然的，並非視覺而是聽覺而已。

那麼象徵模式下語音和意義的配置轉換是怎樣的一回事呢？這一問題現代的語言學家們各有說法。洪堡特把象徵又稱為「間接模仿的」模式。這一種模式的產生，可從擬聲模式所面臨的困局說起。首先，擬聲所得之語詞，其語音（例如 /Miao/）與該詞所要描繪的事物（如一隻貓）所發出的聲音是同質的。這就是擬聲之所以稱為擬聲的理由。然而誠如上述，在人類要表達的許多事項中，許多事項根本不會發出聲音，這使得「直接模仿」成為不可能。這也同時表示，作為間接模仿的象徵模式，其語音與其要表達的事物或事象（意義）之間根本找不到直接的、同質的聯繫。那麼在象徵模式中，語音和意義得以轉換的理據何在、契機何在？在這一問題上，洪堡特採取了一個非常富於康德哲學色彩的回答：「所謂間接模仿，就是語音和對象之間存在著一「第三者」作為語音和對象於性質上的共通點。」⑭ 這第三種性質（Eine Dritte Beschaffenheit）是甚麼呢？

人類用言語表達一事象時，必先被該事象的某一顯著特性（Me

---

⑬　參見 Jakobson and Waugh, *op. cit.*, p. 178。洪堡特的所謂 symbol 或一般的語音象徵理論中的所謂 symbol，嚴格而言應等如皮爾斯有關記號的三分法中的 index。不過皮爾斯確曾指出 index 可以算是「某一意義的圖象」。參見 Charles S. Peirce, "Logic as Semiotic: The Theory of Signs", in: *Philosophical Writings of Peirce,* Edited by Justus Buchler, (London: RKP, 1972), p. 102。

⑭　洪堡特：《人類語言結構》，p. 452f。在《純粹理性之批判》中，康德即把時間形式了解為感性直覺與理解範疇之間的「第三者」。參見《純粹理性之批判》，A138/B177。

rkmal, Characteristic) ⑤ 所吸引。這些特性必對人之心靈做成某一種印象或感覺。今吾人欲以某些語音去鉤勒此一事象（而又找不到合適的、直接的擬聲詞的時候），到底會傾向選取那一些語音呢？答案是，我們會傾向於先選用一些語音，這些語音於我們的嘴巴上（發音之際）和於我們的耳朵中（聽取之時）所做成的印象或感覺⑥必須和該事象於我們的心靈中所做成的印象或感覺相類似。就這樣地，我們用以表達該事象的語音雖然和該事象本身沒有直接的關係，但二者卻分別對吾人之音感器官和心靈做成同樣的感覺。這種共同感覺後來的語言學家如雅各布遜等給叫做「聯覺」（Synesthesia）。透過此一共同感覺，語音乃得以和意義（事象）產生一間接的、也即是象徵性的聯繫。而用以表達此一「聯覺」的語音成素即所謂「聯覺音組」或「音感素」（Phonesthemes）⑦。

自從洪堡特奠立了現代普通語言學的基礎後，先後重點地談論過語音和意義象徵轉換模式的，除了洪堡特外，還有薩丕爾（Edward Sapir）、費爾斯（J. R. Firth）、雅各布遜等人。語音象徵形成的「音感素」有輔音性的（Consonantal），也有元音性的（Vocalic）。輔音的音感素中又有是單輔音的，也有是輔音叢（Consonant Clusters）的。

---

⑤ 這一說法，首先由赫爾德提出；見 J. G. Herder, *Abhandlung über den Ursprung der Sprache*, (Stuttgart: Reclam, 1979), p. 32。另參見洪堡特：《人類語言結構》，p. 427。

⑥ 這些印象，雅各布遜分別稱作 Motor Image 和 Acoustic Image。參見 Roman Jakobson, *Six Lectures on Sound and Meaning*, p. 37。

⑦ 參見 Jakobson and Waugh, *op. cit.*, p. 188f; 此外，參見 J. R. Firth, *The Tongues of Men and Speech*, (London: Oxford University Press, 1966), pp. 180–188。

先就元音而言，代表哥本哈根語言學派的葉門史列夫便曾舉例指出：英語Little, Bit, Kid, Pin等詞都擁有同一個元音，而它們都共同地帶有「細小」的意涵❺。爲了要測試單純的元音是否涉及意義，薩丕爾 (Sapir) 曾經進行一項實驗；他首先向五百位不同年齡的人提供 Mal 與 Mil 兩個音，並告訴他們其中一音指大桌子，而另一音則指小桌子，然後讓測試者選擇那一音當大桌子及那一音當小桌子。如果純粹從機會的角度看，以 Mal 爲大桌子的人數應該與以 Mil 爲大桌子的人數相若。但實驗的結果卻有80％的人選擇以Mal當作大桌子。Mal 與 Mil的差別只在於元音。由此可見元音的運用之於意義的區別是有著實質的影響的❺。後來更有學者以薩丕爾的實驗爲基礎，對英語的所有元音作出測試，結果顯示：就事物大小的感覺而言，英語使用者潛在地是以如下之次序爲準繩的：

i （如 ill）

e （如 met）

ae （如 hat）

a （如 ah）

u （如 moon）

o （如 hole）

❺ 參見 Louis Hjelmslev, *Language, An Introduction,* (Madison: U. of Wisconsin Press, 1970), p. 43。

❺ 參見 Edward Sapir, "The Status of Linguistics as a Science", in: *Language,* Vol. 5, (1929), pp. 207-214, quoted from Peter Farb, *Word Play, What Happens When People Talk,* (New York: Bantam, 1974), p. 130。

而且分析顯示，這一次序是與各元音發音時口腔之大小或與舌頭自口腔前端往後挪移的距離相符的[60]。

至於輔音方面，語音象徵的例子可說數不勝數。最古老的例子大概應該是柏拉圖提出的。柏拉圖於 Cratylus 中討論「最古舊的語詞的正確性」[61] 時即已提及許多輔音單獨而言可以表達某一些自然現象中的物理性質。如 /ρ/、/φ/、/σ/和/ζ/ 等送氣音分別表達了流動、顫慄、搖動、和沸騰；而/δ/表連結，/τ/ 表靜止，/λ/表軟滑等[62]。近世學者如萊布尼茲 (Leibniz) 等更進一步在這一問題上大力耕耘[63]。但總的而言，單輔音作為音感素的說服力較弱，有關的研究還未能達成令人滿意的結論。

相比之下，輔音叢 (Consonant Clusters) 似乎特別容易被用來做音感素。這個現象，於印歐語特別是日耳曼語系語言中，情況特別顯著。我們可以先看看英語和德語中的一些例子：

---

[60]　Farb, *Word Play, ibid.*, p. 131.

[61]　參見 Plato, *Cratylus*, 422C, 426A。

[62]　參見 Plato, *Cratylus*, 426D-427C, 434C。另一方面，亞里士多德則認為單純的輔音或輔音叢（如 L P）只是一些「沒有意義的聲音」。就這一點而言，所見似不及乃師！參見 Aristotle, *Poetica*, 1457a。

[63]　關於萊布尼茲就語音象徵問題的討論，可參見 Leibniz, *New Essays on Human Understanding*, Transl. by Remnant and Bennett, (Cambridge: Cambridge U. P., 1981), p. 278ff; 此外見 Leibniz, *Unvorgreifliche Gedanken, Betreffend die Ausübung und Verbesserung der deutschen Sprache*, (Stuttgart: Reclam, 1983)。最詳盡的二手資料可參考 Sigrid von der Schulenburg, *Leibniz als Sprachforscher*, (Frankfurt/M: Klostermann, 1973)。

（英　語）

音 感 素	聯覺內容	例　　　　　　　　　子
/st-/	穩固、踏實、固定……	Stone, Steady, Station, Stable, Stand, State, Statue, Stain, Stiff, Stay, Still…
/sl-/	滑溜、滑動感……	Slug, Slip, Slit, Slim, Slide, Slap, Slut, Slime, Slope, Slash, Slang, Slur, Sleep…
/str-/	緊張、鬥爭、嚴厲……	Strong, Strive, Strain, Stress, Strict, Strangle, Stringent, Strenuous, Struggle…
/spl-/	分裂、散發、散失……	Split, Splash, Splay, Splendid, Splurge, Splosh, Splendour…
/spr-/	噴灑、伸延、冒出……	Spring, Spray, Spread, Sprinkle, Sprout, Sprue, Sprawl, Spree, Sprint, Sprik…
/fl-/	飄揚、流動、飄忽……	Fly, Flow, Flip, Flare, Flame, Flash, Flux, Flick, Flag, Flame, Flee, Fling, Flush…
/pl-/	伸延、散佈……	Plate, Plough, Plant, Platform, Plastic, Platinum, Play, Plunder…
/pr-/	高貴、高傲、嚴肅……	Pride, Proud, Prince, Priest, Prink, Prude, Prowness, Pretty, Prudency, Prudery…
sh-/	振動、顫慄……	Shake, Shiver, Shock, Shimmer, Shift, Shudder…
/scr-/	不斷重複的動作……	Screw, Scroll, Scrunch, Scrape, Scramble, Scratch, Scutiny…

/sm-/	抹、盈握、掌按動作……	Small, Smile, Smeary, Smooth, Smug, Smelt, Smash, Smuggle…
/sn-/	醒鼻子、捏、厭惡性的……	Snatch, Sniff, Snuff, Snort, Snivel, Snout, Sniffle, Snuffle, Snake…
/sw-/	抹、撥、搖等動作……	Swim, Swing, Sweep, Swap, Switch, Swindle, Swift, Sway, Swirl…
/dr-/	帶引、拉動、疏導……	Drain, Drench, Drip, Drive, Drill, Draft, Drag, Draggle, Draw, Drawl…
/-ggle/	往返滾動……	Struggle, Wiggle, Goggle, Giggle, Toggle, Smuggle, Wriggle, Waggle, Niggle…

（德　語）

音感素	聯覺內容	例　　　　　　子
/st-/	穩固、踏實、固定……	Stein, stehen, Staat, steif, Stab, Stadt, Stand, standfest, ständig, stark, stets…
/sl-/	滑溜、滑動感……	schleppen, schlagen, schlafen, Schleim, Schlange, schlau, schleichen, schleifen…
/str-/	緊張、鬥爭、嚴厲……	Strafe, Strapaze, Streik, streben, streichen, streiten, streng, Stress, strömen, Strömung
/fl-/	飄揚、流動、飄忽……	fliegen, Fliege, Flamme, Fliessen, Fluß, Flink, Flott, Flügel, Flucht…
/sch-/	振動、顫慄……	Schalke, schaudern, schauern, schunkeln, schurren, schallen, schalten, schütteln…

/schm-/	抹、盈握、掌按動作……	schminken, schmücken, schmeiche-ln, schmiegen, schmuggeln, schmu-nzeln, schmutzig, schmal…
/schn-/	醒鼻子、捏、厭惡性的……	schneuzen, Schnauze, schnauben, schnarchen, Schnabel, schnüffeln, schnöden, Schnösel…
/schw-/	抹、撥、搖擺等動作……	Schwanz, Schwan, schweben, Schwung, schwach, schwirren, sch-wingen, schwenken, schwimmen…

　　從物理學或發音語學的觀點看，輔音本可大分為塞音 (Stops)、擦音 (Fricatives)、邊音 (Laterals)、顫音 (Trills) 四類[64]。輔音的作用，一般而言，是要於聲門中對氣流作出不同程度的阻礙。換言之，不同的輔音於吾人的發音器官中造成了種種不同類型的氣流湍動。而輔音叢於象徵模式中之所以被廣泛使用，顯然是因為輔音叢比起單一個輔音能構成較豐富和較多變化的發音運動，從而構成更豐富的「動感聯覺」吧！誠然，正如薩丕爾指出，不同語言對於是否容許輔音叢的運用或使用那一些輔音組合，是各有其自的[65]。卽使同在印歐語系中，日耳曼語和羅曼語就輔音叢的使用頻度便大有分別。十八、九世紀間的著名德國語言學家和哲學家赫爾德 (J. G. Herder) 便曾就德語中大量輔音叢的存在是否有利一問題向鄰邦自命語言聲調柔和的法國人提出爭拗。此中，赫爾德的回答當然是肯定而充滿民族

---

[64]　參見薩丕爾：《語言論》，Edward Sapir, *Language*, p. 51。後來學者亦有作不同區分者，如把鼻音、塞擦音加入等。

[65]　薩丕爾：《語言論》，p. 54。

自信的❻。此外，洪堡特亦指出，由於吾人無法揣度語言的初始狀態，而語言漫長的發展過程中，語音與意義的關係已變得錯綜複雜。所以，卽使在某一特定的語言中，這些以輔音叢爲主的語音象徵情形並不一定可構成一通則❼。

擬聲是直接的對象模仿，因此擬聲詞作爲一完成了的語詞而言，其意義已被完全確定下來，而象徵則不然。蓋象徵的間接模仿只能著眼於事象的某些可感性質，而不是事象之整體。因此，象徵的結果，一般而言不會是一些完整的語詞，而只是一些帶有某些動感特質的「音感素」(Phonaesthemes)。音感素就是「聲音感覺元素」的意思。這些音感素雖然已帶有意義，但其所負載的意義一般而言都是未完全確定的。換言之，音感素只會鉤劃出一未完全確定的、大概的、乏晰的 (fuzzy)、或模糊的意義方向。音感素並不像擬聲詞一樣直指某一具體的對象。而正因如此，一音感素（例如 /sl-/ 這一個輔音叢）乃可以同時應用於多種合符該模糊的意義方向的事象之下（如 Slug, Sleep, Slime）。就語音的有效運用而言，象徵顯然比擬聲經濟得多了。

象徵模式的另一項重要特性就是：象徵的音感素雖然不指向一實物，但就其作爲語音與事象的中間聯繫而言，象徵還是與自然保持一定的關連的。如果我們把語言了解爲一民族建立其世界觀的渠道的話，則我們更可推想，愈多運用語音象徵模式的民族，其於歷史發展

---

❻ 赫爾德曾因《論語言的起源》一文獲普魯士皇家科學院徵文大獎。然而，有關德語中輔音叢使用的問題卻見於其著作殘卷中＜論我國語言特質＞一節。參見: J. G. Herder, *Sprachphilosophische Schriften,* (ed.) by Erich Heintel, (Hamburg: Felix Meiner, 1975), p. 107f。

❼ 見 Jürgen Trabant, *Traditionen Humboldts,* (Frankfurt/M: Suhrkamp, 1990), p. 79。

過程中必愈能深刻地「掌握」自然界乃至技術世界的種種物理性質和運動！就這問題，我們何妨大膽一點問：　英國民族向來重視感性經驗，這和英語大量使用語音象徵是否有關？至於德語方面，作為德語語源學研究奠基者的萊布尼茲於回顧德語的往績時便很自覺地說：「大凡一切涉及可以被吾人用五種感官能力去掌握的事物，特別是涉及物質世界的事物，和技術及手工藝方面的事物，德國人於語言表達上都已達致一很高的水平了。」⑱

九、類比模式──語音與意義的第三種轉換模式

　　類比法是亞里士多德以來西方學術世界向來倚重的一個觀念。總的來說，類比是人類思維於沒有或找不到實質關聯的概念或事態之間求建立起關聯的一種主觀心智活動。中世紀神學裏，由於一切關於上帝（超越者）的「知識」都是人類使用自己有限的語言範疇所作的述說，類比法因此便廣泛地被用來說明（不能說證明）有關上帝的知識的所由起⑲。類比本來就是人類思維廣泛使用的一種基本模式，這種思維模式於哲學、宗教、文學和藝術活動中，一直以來即廣被使用。然而，以「類比」去說明人類語言結構，依余管見，還是以洪堡特為首。

　　洪堡特此中所謂「類比」，　指的是語音和意義於上述兩種關係模

---

⑱　參見 Leibniz, *Unvorgreifliche Gedanken, Betreffend die Ausübung und Verbesserung der deutschen Sprache*, (Stuttgart: Reclam, 1983), p. 8。

⑲　十五、十六世紀間，Thomas de Vio 首先著有專書，詳論類比於傳統哲學和神學上的應用。參見 Thomas de Vio (Cardinal Cajetan), *The Analogy of Names and the Concept of Being*, (transl.) Edward A. Bushinski, (Pittsburgh: Duquesne, 1959)。

式之外的另一種具有代表性的關係。在《人類語言結構》中，洪堡特就這第三種音義轉換模式提出了如下的論點：

> 「三、吾人根據將要表達的概念之間之關聯，表之以相近之音聲。舉凡意義彼此相鄰的語詞，即獲授予相近之音；然而，這一現象却不像上述的語音表達模式（按：指「象徵」）一般，從存在於這些音聲本身中的性質去著眼。這種語音表達模式如要成全，必須於一語音系統中假設某一羣完整的語詞的存在；或曰，這模式只能在這一系統的假定下才可以廣泛地使用。這一種表達模式是所有模式中收穫最為豐盛的，更有進者，透過此一模式，我們可以籍著對語言活動機制的觀察清楚地顯示出人類心智的整個活動機制。在這種模式下，本來各屬不同領域的概念與語音之間的類比關係必須從兩者的同步關係去追尋；這樣的一種模式我們可稱之為一類比的模式。」❼⓪

上面引文的要點是：在類比的轉換模式中，語音和意義之間並不存在著任何直接的或間接的聯繫，而只因概念的相近而構成語音的相近。而此一類比或「類近」的聯繫，由於無自然理據故，只可以被了解為基於系統內的整體安排而成立，也即所謂「約定俗成」。就其為「收穫最豐盛」和最有創造性而言，類比模式於語言上的使用，應該是非常廣泛和多樣化的。然而，在《人類語言結構》中，洪堡特就有關問題的討論除了流於簡略外，對「類比」的確實意義及其使用範圍似乎還有一些猶疑不決之態。比較肯定的一點是：洪堡特認為印歐語中用以表達語法形式（Grammatical Forms）的語音成素是按照「類比」的原則而生效的。此中所指的語法形式，主要是指語詞於形態上

---

❼⓪ 洪堡特：《人類語言結構》，p. 454。

的種種變化（如人稱、格、數、時、語態等）；用較現代的講法，是指語法中「形態音位」(morpho-phoneme) 的運用問題[71]。這些形態音位可以用前後綴的方式達成，如英語動詞後的 /-s/、/-ed/，或德語動詞前面的 /ge-/等；也可以透過元音有系統的變化達成，如英語的 sing 變爲 sang；又或可透過詞幹部分音位的重覆 (Reduplication) 以顯示，如希臘語 Leipo 變爲 Leloipa。這些音位的運用（例如英語中的 /-s/ 爲甚麼表「衆數」），除卻系統制約原則之外，是根本無因可循的，而這也正是類比之爲類比的原委。

　　形態音位的運用固然是語音和意義的類比關係的重要例子。但除此以外，語音的類比是否還有其他更爲廣泛的用場呢？就這一問題，十九世紀一位有名的心理語言學家史太恩塔爾 (H. Steinthal) 有一番解釋。他在其編輯及注解的《洪堡特語言哲學著作集》中曾指出：在《人類語言結構》的一份手稿中，洪堡特於談論「類比」的一段末後裏，本來舉了一個例子，只是這例子後來被洪堡特自己刪除了。被刪的例子是：德語 Gischt（浪花）一詞本身是象徵構成的，而 Geist（精神）一詞與之義近而得音。此中 Geist 詞的聲音與 Geist 之詞義之間卻沒有任何象徵性的關係，其之所以如此被配合，是要借助與 Gischt 一詞的音義對比而成立的。此一關係可以公式表示[72]：

如 Gischt—音(L)／義(B)　　　則 B：b = L：l

　Geist —音(l)／義(b)，

---

[71] 形態音位亦可簡稱爲 Morphoneme；其他名稱有馬丁內的「符素」(Moneme)，或派克 (Pike) 的所謂「法子」(Tagma)。

[72] 參見 Heymann Steinthal (hrsg.), *Die sprachphilosophischen Werke Wilhelm's von Humboldt*, (Berlin: Dümmlers, 1884), pp. 315-316；本書臺灣大學文學院研究圖書館藏有日治時購置之原本。

有謂「例不十，法不立」，更何況是一個被刪除了的例子呢？然而，這樣的一個例子卻顯然有助於我們了解洪堡特對所謂「類比」的原初構想。而其被刪除的事實，亦有助於我們推想此一原初構想的可能弱點。單就這個例子看，Geist（精神）固然意義與 Gischt（浪花）相近而語音亦相近。所不同者，是Gischt乃一「具象」的概念，而 Geist則遠為「抽象」而已。但如果說 Gischt 的音是象徵性的話（激盪四濺故），則為甚麼我們不能把 Geist 的音（激越飄忽故）也視為是象徵性的呢？（事實上，在語音象徵的例子中，Smile 的情況是很類似的。）換言之，這被刪的例子根本不能有效地把「類比」清楚地從「象徵」區別出來。正是這個原故，洪堡特在《人類語言結構》的其他章節中常常把「類比」與「象徵」相提並論❼，並且還暗示類比不外是一種獨特的象徵模式。這在在顯出，洪堡特對類比這種音義配置模式的基本觀念雖已形成，但卻還沒有達到一個自己感到滿意的全面理解。

現代語言學傳統中，真正就語音與意義的類比關係的廣泛運用作出解釋，而達成一較為圓滿的理論者，是日內瓦學派的索緒爾。在《普通語言學教程》第三編的第四、第五、和第七幾章中，我們可以找到關於類比問題的很詳細的討論。洪堡特說類比是「收穫最豐盛」的一種音義配置模式，但到底豐盛到那一地步呢？這個洪堡特並沒有交待得很清楚的問題，索緒爾打了一個比喻說：「法語中五分之四都是印歐語的，但是從印歐母語一直流傳到現代法語而沒有經過任何類比變化的詞，整個卻只佔一頁的篇幅。」❼這個比喻雖然可能有一點誇張，但總的而言可見類比對於語言發展的重要。索緒爾遂贊同新語

❼ 同❼，p. 316。
❼ 索緒爾：《普通語言學教程》，pp. 241-242。

法學派的看法，把類比視作語言演進的一項主要動力❼ 。

　　索緒爾認爲: 語言中的類比，是一個語言的使用者依照一些既成的範例或轉換模型 （Modèle），透過有規則的模仿 （Imitation régulière)，從一原初的語詞按例導生出與該詞相關的另一語詞的現象。索緒爾指出，類比可以說是語詞世界的一些形式上的彼此模仿。模仿的結果固然可以引至一些原有用詞被新詞所取代(Paraplasme)，如拉丁語中 Honor 結果取代了 Honos 一詞。但更重要地，模仿產生的新詞可能根本沒有在取代任何沿用的舊詞，而是開闢了嶄新的語詞。這一現象索緒爾稱爲「類比創新」(Analogical innovation)。例如❼

$$
\text{Réaction : Réactionnaire} = \text{Répression : X}
$$
$$
\text{Pension : Pensionnaire} = \text{Intervention : Y}
$$
$$
X = \text{Répressionnaire}
$$
$$
Y = \text{Interventionnaire}
$$

　　上述例子中，Réaction-Réactionnaire, Pension-Pensionnaire 等關係就是所謂的既成範例或模型; 而 Répressionnaire, Interventionnaire 等就是一些依類比創新原則構成的新詞了 ❼ 。

---

❼　索緒爾: 《普通語言學教程》，p. 229。

❼　索緒爾: 《普通語言學教程》，p. 231ff。

❼　這一類的類比創新除了於日常語言中經常可見外，更可於哲學等學問中發見。例如海德格便曾基於理論的需要，仿照希臘文 Systasis 與 Systema 的關係，或 Synthesis 和 Synthema 之間的關係以類比的方法從 Ekstasis 一概念推導出 Ekstema 一概念。參見海德格: 《邏輯學的形而上基礎》，Martin Heidegger, *Metaphysische Anfangsgründe der Logik im Ausgang von Leibniz*, (Frankfurt/M: Klostermann, 1978), p. 269。

這意義的類比，索緒爾把它歸於人類心智的有意和自覺的活動。彼認為，在長久使用下，一語言（按：主要是指印歐語中）必積存了許多基本的表語元素，或所謂「法素」（Syntagms），如一些詞根、前綴、後綴等。在具體的表語環境中，使用者是可以就情況的需要，隨機地把這些元素分解（Decompose）和重組（Reshuffle），從而構成新的語詞的。因此，索緒爾舉例說，一些表面上是新締造的語詞，如法語的 in-decor-able 嚴格而言其實早已於有關的語言中「潛存」（Potential Existence）[78]。索緒爾因此點出：類比是既創新而同時又保守的。所謂創新，如上所述，固指一語言能藉著類比開創出許多嶄新的概念語詞。而所謂保守，是指類比於開拓新概念領域時，與其是完全憑空地「捏造」出一些前所未有的語言成素，不如說是讓一些固有的語素找到新的接合配搭可能，從而把固有的語素潛在的發展能力予以釋放。正如索緒爾說：「語言好像一件袍子，上面綴滿了從本身剪下來的布料製成的補釘……絕大多數的詞都是這樣或那樣從古老的形式拔下來的聲音要素的新結合。」[79]因此，語言類比創新的結果，往往標誌著該語言負載的文化傳統的觀念世界於向前發展之餘得以進一步深化和鞏固。

洪堡特和索緒爾有關類比的理解雖各有偏重，但總的而言，卻是可以互相補充的。他們基本上肯定了「類比」於印歐語的語詞構成乃至概念構成上起了非常關鍵性的作用。討論顯出，「類比」的運用是很多樣化的。統而觀之，可以歸納為如下幾類：一、形態音位的運用，包括人稱（Person）、性（Sex）、格（Case）、數（Number）、時（Tempus）、態（Mood）等。二、詞類（Parts of Speech）的區

---

[78] 索緒爾：《普通語言學教程》，p. 233。
[79] 索緒爾：《普通語言學教程》，p. 241。

別與轉移。如英語根據某一詞根加上/-ly/構成副詞,或加上/-ness/、
/-hood/、/-ment/ 等構成實詞。三、把多種本屬不同詞性的語素予
以分解和重組,隨機地構成高度抽象的語詞。在各種各式的「類比」
的交加運作之下,人類的精神文化能不開出繽紛璀璨的花果嗎?

　　人類都能依照類比的規則從事一定程度的語言創造與開發固然是
一件令人賞心的事,但這之所以可能,其真正的機制何在呢?要解釋
這個問題,我們要回到類比法作為三種音義轉換模式的最後一種這個
問題上。與 /str-/、/sl-/ 等本身帶有某些象徵意義的輔音叢比較起
來,印歐語中存在著許多如en-、con-、-s、-ness、-ment、-able
(英)、in-、con-、-tion、-ment、-naire (法)、ver-、er-、-h
(k)eit、-bar (德) 等類比性的語音結構。而這些語音單元的意義建
構途徑與擬聲及象徵的途徑是迥異的。

　　首先從語音材料的組成上看, en-、con-、或 -ment 乃至其他
如 anti- 等語音結構是可以由元音性和輔音性的音位結合而成的。它
們因而都能以「音節」(Syllables) 的形式被吾人聽取; 在使用上
看, 它們一般而言都以「前綴」或「後綴」(Pre- and Suffixes)
的方式, 或所謂詞根的形式參與語詞的構造。作為詞根而言, 它們
其實都負載了頗為明顯的、 為使用者自覺地理解的意涵, 一如英語
enable, endanger, enrich, encourage, enslave 等詞中的/en-/
帶有「使……」的意思, /con-/ 之帶有「集合」的意思, /anti-/ 之
帶有「對抗」的意思, 和 /re-/ 之帶有「再次」的意思等。論者或可
辯曰: 這些詞根的起源往往可以追溯到一些古老的單詞上去, 或甚可
追溯到一些古典語言或一些外來語言的語詞或詞根上去。然而, 重要
的是, 一切語源上的或「歷時」性的解釋卻都不能說明這些類比詞根
的聲音與其意義之間的關係; 因為, 這些詞根的音義轉換關係, 到頭

來始終是一「共時」(Synchronic) 的問題。儘管我們可循一「歷時」的方法溯求得出一更原始的單詞或詞根，但卽使在此一更爲原始的階段中，有關詞根的音義轉換機制這一「共時」的問題還是有待解釋的。

以類比模式構成的詞根固然也是由一定數目的音位組成的音串。然而在這些音串及其意義之間，我們卻無法有如「擬聲」或「象徵」的例子一般找到直接的或間接的自然理據。設想德語的 /er-/ 和英語的 /en-/ 都帶有「使……然」的意思，但這個意思看不出和各該音位串連之間有甚麼實質關係。它們的意義不能透過對聲音性質本身的分析而獲得，而必須於某一特定的語言系統中的一些一貫的約定法則中才可被「發見」或說明。一旦離開了各該語言系統的這些一貫約定 (Convention)，則這些音位組合的「意義」便卽煙消雲散，無跡可尋。

總而言之，語音與意義的類比轉換，說到最後其實是語音的高度運用問題。我們在討論擬聲和象徵兩種模式時曾指出，兩者所動員的語音元素在不同程度上都是帶有意義的：擬聲詞的語音給釘死於一具體事象之上，可說用得最死；象徵法的音感素只帶有一未完全確定的、模糊的意義方向，可算用得較活。不過，由於構成象徵音感素的那些音位或多或少還是負載了一些與經驗聯覺有關的意義，因此使用上還是有一定的限制。例如 /sl-/ 中的 /s/ 和 /l/，在以象徵模式串連起來的情況下，便不能用來鈎勒一些與其聯覺內容（滑溜、拉抹）不符的事象。如今，類比法最突出、最靈活和最成功的地方，就是其所動員的語音元素眞正被當作爲一些本身完全沒有任何意義決定性的「音位」。在類比的模式下，音位成爲一些完全意義中立 (Meaning-neutral) 的符號。在類比的使用下，它們由於已經被視爲一些不帶

有任何意義或意義方向的語音「元件」，理論上乃可以任意地組合起來，構成區別，用以隨意地鉤勒人類心靈可以想見的任何意念。

在象徵的模式中，英語 /sl/ 這個音感素中的 /s/ 是具有聯覺意義的，/s/ 與 /l/ 合起來構成了「滑溜」這模糊的意義；/s/ 亦可與 /t/〔嚴格言是 /d/〕合起來構成另一模糊的意義:「穩固」。但如一旦落入類比模式的運用中，/s/ 即失去其聯覺意義，而只被當作一個識別用的籌碼。本身意義中立的 /s/ 可被用來加到一動詞的後面表達一語法（英語）上的特性，如名詞的衆數或動詞的第三人稱現在時；此外，亦可以被利用來與其他 「籌碼」 合起來構成如 /syn(m, l, s)-/、/super-/、/sub-/、/sur-/、/post-/、/dis-/、/-ous/、/-wise/、/-less/、/-est/、/-ness/、/-ism/、/-ist/、/-istic/ 等大概只存在於人類思維中的、抽象的意義元素。人類運用上天賜予自己的嗓子，逢到了天馬行空的靈動境界。

無論語音和意義兩者之間以什麼模式彼此轉換，說到底始終是如何以音表意的問題。由於類比模式的語音組合所要表述的，一般而言並非一些可感的現象，而是人類心靈抽象活動所產生的種種意念。類比模式的音位組合的多樣化即顯示了人類心靈抽象活動的多樣化。洪堡特於《人類語言結構》中便指出說:「言語運用其素材之可能方式（按: 指語音），可謂到了難以斗量的無垠境界! 運用的層面調較得愈高，言語於內涵和於外延上的運用便愈見增長。在最超拔激越的境界中，言語導至了觀念的開拓 (Ideenerzeugung) 和思維的全面發展。」**⑳**

---

⑳ 洪堡特:《人類語言結構》，p. 501。

十、結論：從語音與意義的轉換模式引出的哲學反省

綜觀人類語言三種語音和意義的轉換模式，我們可以獲得許多珍貴的啓示。作為一套人際溝通的記號系統而言，人類的自然語言系統的表現，可謂多姿多彩。上面我們指出，人類的語言表現了一雙重分節的性格，也卽「意義決定」與「意義區別」兩種功能的分野。有了這種分工，人類運用起語言的素材時，才能符合所謂「思維經濟原則」。人類語言必須符合經濟原則，才能「以有限的資源（語音），作無限的使用（意義）」。洪堡特在處理語音和意義如何轉換的問題時，把「轉換」問題了解為一涉及語音如何「配置」或「分配」（Verteilung，Distribution）於概念意義之上的問題。此中的所謂「分配」，其涉及思維經濟原則的考慮，其理甚明！

一個依照嚴格「雙重分節」原則發展出來的、「理想的」記號系統必須具備一項特性。這就是：「意義區別」功能必須與「意義決定」功能完全清楚地分開。換言之，第二分節中的記號本身務必完全符號化、隨意化。這其實是說，在一高度發展的、雙重分節的記號系統中，那些負責區別意義的基本單元自己必須是完全沒有意義的。

把這個要求質之於人類的自然語言系統，我們乃可以提出兩個問題：一、人類的自然語言系統是否為一雙重分節的記號系統？二、若果上一問題的答案是肯定的話，那麼它是否為一理想的雙重分節記號系統？第一個問題現在已很少人會懷疑。但第二個問題卻仍是頗有爭論的。而爭論的焦點是語音到底是否隨意的問題。就這一問題，索緒爾作出了肯定的答案 ❸ ，而且於語言學界中獲得了廣泛的支持

❸ 索緒爾處理隨意性問題時雖有「絕對隨意性」和「相對隨意性」之分。但所謂相對，只是就語素的組合而言，而非就語音與意義的關係而言的。參見《普通語言學敎程》，p. 181。

⑧。但另一方面，反對的聲音卻同樣的眾多⑧！

這個富爭議性的問題，柏拉圖在 Cratylus 對話錄中早已提出。在該對話錄中，Cratylus 和 Hermogenes 二人就語詞之意義根源問題分別提出了出於「自然」和出於「約定」兩種觀點。在洪堡特的「三分法」中擬聲和象徵其實都可以歸入「自然」一範疇之下，其分別只在於其對自然的模仿是「直接」抑為「間接」而已。如今，洪堡特把三種模式並列，可謂是繼承了這個柏拉圖以來的問題之餘，求於「自然」和「約定」兩個觀點之間作出「兼容」的裁決。

所謂語音（能指）是隨意或不隨意，很明顯地是相對於意義（所指）而言的，也因此是與目下在討論中的音義轉換問題有關的。我們借用洪堡特的區分，揭示了上述三種不同的音義配置模式後，已不難看出，所謂語音是否隨意一問題實不能一概而論。因為，三種音義配置模式中，語音相對於意義而言的「隨意度」是不同的。很明顯地，三者中擬聲模式因為是出於客觀對象聲音的模擬，因此音義的關聯是最不隨意的。而三者中類比模式是最富於結構性和最形式化的；由於最不涉及對象（也是最為抽象），其音義之關聯也是最隨意的。至於象徵模式，由於間接地仍涉及與自然可感性質的對應，因此音義之間的關聯原則上並非隨意；但由於象徵模式的語音不像擬聲詞一樣給完全固定為某一意義，而只規劃一模糊的意義方向，因此也一定程度地保留了給進一步「加工完成」的隨意性。

---

⑧ 索緒爾的支持者主要有 Meillet, Vendryes 等。

⑧ 近代西方反對語言為完全隨意的，最早以萊布尼茲為代表。索緒爾後持反對意見的有Jespersen, Grammont, Damourette, Bolinger, Benveniste 等。有關爭論可參見 R. Jakobson, "Quest for the Essence of Language", in: *Selected Writings II*, (The Hague: Mouton, 1971), pp. 345-359。

學者如索緒爾力言語音整體而言是隨意，顯然是過於偏重類比模式使然也❽。首先，索緒爾認爲擬聲詞 (Onomatopoeia) 的例子太少和太不系統化，因而認爲不足以挑戰語音的隨意性❽。這個講法我認爲是不夠全面的，因爲作爲音義配置的一種獨立的類型(Typus)而言，擬聲模式的地位不因其例子的多寡而有所益損。此外，除了擬聲詞外，語言裏還有許多同隸擬聲模式的「感嘆詞」(Interjections)。這些語詞於一些語言（如漢語）中大量存在的事實更是絕對不容忽視的❽。更有進者，即使不考慮擬聲模式，象徵模式由於間接地象取自然，亦顯然不是隨意的。而且，象徵性的音義轉換的例子可謂層出不窮，於印歐語的語義構成上更一直扮演著舉足輕重的地位❽。就這一問題，雅各布遜曾一針見血地說：「任何把語言記號視爲一些單純地只是約定的、和『隨意的符號』的嘗試，到頭來，皆不外是一些誤導

❽ O. Ducrot 與 T. Todorov 二氏卽指出，語言學家凡重視類比者莫不肯定語音之隨意性。見 *Encyclopedic Dictionary of the Sciences of Language*, (Baltimore: Johns Hopkins UP, 1979), p. 131。

❽ 索緒爾：《普通語言學教程》，p. 104。

❽ 漢語感嘆詞使用之廣，可參見胡樸安著：《從文字學上考見中國古代之聲韻與言語》，（香港：龍門書店，1969年重刊）。書中，胡氏把感嘆之語音稱爲「自然音」。書中許多與本文有關的討論，筆者將於本文之「下篇」詳予討論。

❽ 近年以來，美國加州柏克萊大學賴可夫 (Lakoff) 和約翰遜 (Johnson) 等學者建立的認知語意學便致力於指出，人類的語言與思維的構成，歸根究底而言，主要是從人類於活生生的日常經驗中的一些印象圖式 (Image Schemata) 導出的。參見 George Lakoff, *Women, Fire, and Dangerous Things: What Categories Reveal About the Mind*, (Chicago: University of Chicago Press, 1987); Mark Johnson, *The Body in the Mind, The Bodily Basis of Meaning, Imagination, and Reason*, (Chicago: U. of Chicago Press, 1987)。

的、過於簡化的論斷而已。在人類語言結構的不同層面中，圖像性
(Iconicity) 扮演了廣泛而必要的（儘管同時顯然地只是一次要的）
角色。」❸

　　由此可見，人類的自然語言系統發展的結果雖然形成了一雙重分
節的記號系統，但是總的來說，卻絕對不是一理想的、純粹的雙重分
節的記號系統。然而，這一情況是否有值得遺憾之處呢？要回答這問
題，我們可試從現代大腦神經科學的角度去觀察。現代大腦科學的研
究顯示了人類的左腦和右腦於功能上是有一定的差別的。一般而言，
左腦主要負責類似計算機的符號化運算操作，而右腦卻負責種種直接
與自然環境和與內心感情有關的信息。而晚近許多研究已經說明，人
類正常的心智運作，必須由類於計算機的左腦和處理自然感知和內心
情感的右腦的共同協作才可達成❸。在這一觀察下，如果要求人類的
語言系統成爲一高度理想的、純粹的雙重分節系統（不涉於自然現象
之模擬，而只涉及純粹的符號運作的）則無異於要求人類放棄右腦，
只用左腦去生活，其不可思議可見。更有進者，今日的認知科學和
計算機科學在理解到其一直存在的限制之餘，更致力於右腦的運作模

---

❸ 參見雅各布遜(Roman Jakobson), "Language in Relation to Other
Communication Systems", in: *Selected Writings II*, (The Hague:
Mouton, 1971), p. 700。

❸ 關於人類大腦左右不對稱問題，當今學界有許多重要的討論。其中，特別強
調左右半球於差別中的協作關係的有: Karl Popper and John Eccles,
The Self and Its Brain, (Berlin: Springer, 1977); Roman Jakobson:
*Brain and Language, Cerebral Hemispheres and Linguistic
Structure in Mutual Light*, (Columbia/Ohio: Slavica Pub. Inc.,
1980); Walter A. Koch, *Evolutionary Cultural Semiotics*, (Bochum:
Brockmeyer, 1986)。此外，可參看拙作＜從雅各布遜對大腦左右半球不
對稱性之討論談起＞，《分析哲學與科學哲學論文集》，(香港: 新亞書院,
1989)，pp. 131-153。現已收入本書 pp. 95～128。

擬，意圖從中尋得新的突破。那麼，我們的自然語言之爲「不純粹」
又何憾之有呢？

　　儘管許多語言系統中類比模式的發展可謂一枝獨秀，但從哲學的
觀點看，非類比的模式（包括擬聲和象徵模式）的存在是不能排除和
不必排除的。因爲擬聲和象徵模式的運用，不同程度地說明了人類的
心智不能完全離開一可感的世界而開展。就這一問題而言，擬聲和象
徵性的語音運用模式可說一直伴隨著人類心智的成長，爲人類對可感
世界的掌握與理解締造了有利的條件。加強了人類心智與可感世界之
間的聯繫，使免除了完全抽離可感世界的潛在危險。

　　另一方面，類比的運用總的而言大大地增強了人類心靈從事概念
比較和抽象思維的能力，使人類的語言發展得更爲經濟和靈活。在一
些語言中（特別是屈折語），類比支援了語法形態的運用；類比使人
類能夠進而建構「世界」可感一面以外的多元內容；類比高度地開發
了人類心智的創造力與想像力，創造出繽紛的、層出不窮的概念；從
而充實了人類的精神生活，豐富了人類的文明，並於人類社會締造出
行之久遠的傳統。

　　三種模式的共同存在反映了人類心智發展的一項事實：人類存活
於此天地之間，一方面不離於感性經驗，另一面卻不囿於感性經驗；
人類的心智一方面不能離開現實，但另一方面又不願滿足於現實。康
德於《純粹理性之批判》的「成素論」末後名爲「人類理性自然辯證
的終極目的」的一項附錄中便說：

　　　如是地，人類的所有知識從直覺開始，從而發展出概念，最後以
　　觀念爲終結⑩。

────────────

⑩　參見康德：《純粹理性之批判》，A702/B730。

　　回到洪堡特的名言：語言乃思想得以構成的器官。經過以上的討論，我們可以把洪堡特這個判斷收窄到單純的語音層面去表達：語音是具有認知功能的，而且此中所謂「認知」，其所指者，除了具體或模糊的經驗感知外，尚可包括無窮可能的意向活動（Intentional Acts）。人類的語音是涉及許多不同層次的結構的，從較爲複雜的、已具備一定意義的語詞、語素，到意義模糊不確定的音叢，再到完全意義中立的音位，可眞的是「五音令人耳聾」！這些不同層次的語音元素之使用，標誌著人類心智不同程度的發展——從直接捕捉，到間接刻劃，到抽象表意……

　　回到本文原初提出的問題：語音的觀察，對人類心智之謎是否能增益一點啓迪呢？透過上述就語音的一些「低階」的微觀省察，我們大概不能說我們因此便能就人類心智的實質運作機制作出任何決定性的解釋。不過，就語言乃人類文化的最基本條件這一點而言，以上的討論起碼讓我們看到了人類心智所走過的一些足跡。至於我們能否憑這些足跡充分地推想人類心智的眞貌，這個我不欲多言了！

從洪堡特語言哲學看漢語
和漢字的問題

一、引　論

　　威廉·洪堡特 (Wilhelm von Humboldt, 1767-1835) 是近代德意志政治文化史上一位既多才多藝、又富於時代感和承擔感的人物。在政治舞臺上，洪堡特曾歷任普魯士內務部文化教育司長，國務院常務大臣和不管部大臣等要職；在外交事務上，曾任駐梵蒂岡、維也納、倫敦等使節，還曾經以普魯士第二號代表的身分出席有名的「維也納會議」(Congress of Vienna)。在文化教育司長任內，洪堡特提出了許多劃時代的教育理念，他曾就大學相對於國家的行政獨立自主性力爭，爲著實踐理念，還倡辦了有名的柏林大學。除卻於公職上的貢獻外，洪堡特於學術上的成就也是驕人的。洪堡特雖然不是一活躍的文藝創作者，但他對德國古典文學的貢獻使後人給他冠以繼歌德和席勒之後的「第三號人物」(Numero Drei) 的美譽❶。洪堡特亦長於史學，廣博的史識使後學如朵依森 (Gustav Droysen) 稱他爲德國史學的眞正奠基者❷。

---

❶　參見 Peter Berglar, *Wilhelm von Humboldt im Selbstzeugnissen und Bilddokumenten*, (Reinbek, Rowohlt, 1970), p. 8。

❷　參見 Paul R. Sweet, *Wilhelm von Humboldt, A Biography*, Vol. Two, (Columbus: Ohio State University Press, 1980), p. 438。

　　從中年開始，洪堡特對人類的語言現象產生了非常濃厚的興趣，曾先後撰寫有關論文多篇。洪堡特通曉的語言凡數十種，除了主要的古典及現代印歐語言外，還及於巴斯克語、匈牙利語、立陶宛語、埃及的科普特語、美洲大陸的印第安語。此外還習曉了亞洲語言如韃靼語、緬甸語、馬來語、大溪地語、加維語、東加語、日語，最後還有漢語。到了晚年，特別在經過喪妻之痛以後，語言學研究幾乎成為洪堡特生存的唯一寄託。他一生的最後著述是長達三卷的《論爪哇島上的加維語》(*Über die Kawi-Sprache auf der Insel Java*) 一書。全書的宗旨是要借加維語這一特殊現象去說明不同語言類型之間的比較關係。由於正文部分過於專門，今日談論此書者，可謂絕無僅有。然而，該書長達一大卷的序言《論人類語言結構之差別及其於人類心智發展之影響》(*Über die Verschiedenheit des menschlichen Sprachbaues und ihren Einfluss auf die geistige Entwicklung des Menschengeschlechts*) (以下簡稱為《人類語言結構》) 曾以單行本的方式多次重刊。該「序」由於觸及許多有關人類語言問題的基礎反省，結果成為現代普通語言學的經典作品。洪堡特有關語言的各種反省在他有生之年並沒有受到特別的重視，但到了二十世紀後，他的許多觀點獲得了新的肯定。在美國方面，先是透過鮑阿斯 (Franz Boas)、薩丕爾 (Edward Sapir) 的討論而再受到注視，後來在喬姆斯基 (Noam Chomsky) 的極力推崇下❸，洪堡特作為

---

❸　喬姆斯基對洪堡特的讚譽於其著作中到處可見，最代表性的是 "Goals of Linguistic Theory" 一文。參見Noam Chomsky, *Current Issues in Linguistic Theory*, (The Hague: Mouton, 1970), p. 25。關於喬姆斯基與洪堡特語言哲學的比較，最特出者可參見: Hans-Heinrich Baumann, "Die Generative Grammatik und Wilhelm von Humboldt", in: *Poetica. Zeitschrift für Sprach- und Literaturwissenschaft*, Vol. 4, (München: Wilhelm Fink, 1971), pp. 1-12。

語言學宗匠的地位更進一步得到肯定。在歐洲大陸， 自二〇年代開始，德國出現了濮戚 (W. Porzig)、特里爾 (Jost Trier) 和韋斯格爾柏 (Leo Weisgerber) 等所謂「新洪堡特學派」(Neo-Humboldtians)。至於其他如索緒爾 (Ferdinand de Saussure) 和雅各布遜 (Roman Jakobson) 等現代歐陸語言學名家， 他們與洪堡特雖然沒有明顯的門派關係， 但從其處理的語言學問題上看，其與洪堡特於觀念理論上的關連是不容否定的❹。

　　作爲普通語言學的創始者,洪堡特於面對這各種不同類型的語言，抱著的基本上是一「求同存異」的態度❺。人類不同民族都不約而同地發展出以語言進行溝通的能力， 而且， 只要付出適當的努力， 又都能彼此學習對方的語言。此中就人類語言能力一般機制的揭露， 卽是所謂「求同」。 另一方面， 人類雖然都有運用語言的能力，但各民族藉以表達語言的途徑和媒介又可大相逕庭， 甚至可就同樣的事態構成不同色彩的理解。 此中就各民族語言機制的特殊性的揭示， 就是所謂「存異」。 以現時較爲流行的講法，「求同」 就是探討所謂 「語言共相」(Language Universals) 的問題。 談到「語言共相」，一般學者大都喜歡從語法層面去尋找。 然而， 對洪堡特來說， 人類各種語言之間的眞正共相並不在於語法，而在於都是同一個「語言能力」(Sprachkraft) 的表達。 所謂「語言能力」，洪堡特有時叫作「語

❹ 有關洪堡特學說對現代語言研究的影響，可參見: Robert L. Miller, *The Linguistic Relativity Principle and Humboldtian Ethnolinguistics, A History and Appraisal*, (The Hague: Mouton, 1968)。

❺ 有關的理論問題，可參見 Helmut Gipper, "Individuelle und Universelle Züge der Sprache in der Sicht Wilhelm von Humboldts", in: Klaus Hammacher(ed.), *Universalismus und Wissenschaft im Werk und Wirken der Brüder Humboldt*, (Frankfurt/M: Klostermann, 1976), pp. 199-223。

言精神」(Sprachgeist)，或乾脆叫做「精神」。至於語法，對洪堡特來說，涉及的反而是各種語言分殊的一面。對洪堡特來說，人類共有的「語言能力」可以在透過不同的媒介和機制而有不同的表現，形成不同的「世界觀」。語言的運作媒介主要有語音、語法和語義三者。三者之採用對不同語言來說，雖然都有一定的共通性，但其具體運用方式和三者彼此間的相對關係卻又因語言而有差異。對洪堡特來說，對個別語言這些特殊性（包括其各自的語法機制）的掌握及理解和發展語言的共同性是同樣地重要的。只有對各種語言之同與異的同時掌握，我們才能對人類語言的活力和創造力有眞正深刻的體會。

二、語言之「音型」於人類語言機制中的作用

洪堡特的語言學基本上是植根於德國的觀念論傳統的。其有關語言的理論中，我們可察覺到許多康德和黑格爾哲學的痕跡。但與其說洪堡特只在以語言學重演康德和黑格爾的哲學，不如說他因爲不滿觀念論傳統過於奧晦、只能思辨而難以觀測的限制，而力圖另闢蹊徑，從一較能容許經驗觀察的層面去重新整頓觀念論傳統的問題，而這就是語言中的語音層面。

洪堡特有一句廣爲傳誦的名言，謂語言不是一些旣成的「產品」，而乃人類精神面對世界時的一些「活動」❻。作爲精神的一些活動，

---

❻ 見Wilhelm von Humboldt, "Über die Verschiedenheit des menschlichen Sprachbaues und ihren Einfluss auf die geistige Entwicklung des Menschengeschlechts". in: Andreas Flitner and Klaus Giel (ed.) *Wilhelm von Humboldt, Werke in Fünf Bänden*, Band 3, Schriften zur Sprachphilosophie. (Darmstadt: Wissenschaftliche Buchgesellschaft, 1979), p. 418。本書並無中譯本，一切有關引文，均由作者依上述版本之德文直接譯出。以下簡稱爲《人類語言結構》，而徵引之頁碼，亦以上述德文版本爲準。

語言現象必涉及一套運作機制，敎人可以隨機地加以靈活運用。正如上述，語言的運作機制一般來說，可以分別從語音、語法和語義去考慮。但此三者中，洪堡特顯然特別看重語音的地位，並且認爲，語法和語義的問題本身都可以從語音的問題上找到答案。在《人類語言結構》書中，洪堡特即持此說:

「人類語言的……建構原則(constitutive Principe) 有二: 一是『內在語感』(innerer Sprachsinn)(所謂內在語感，我指的並非某一特別的能力，而是就其於語言的建立與使用而言的整個心智能力本身……)。二是『語音』。此中，語音既由(發音)器官的性質所決定，復建基於一些既成的習慣之上。內在語感乃一發自內心的、支配語言的原則，爲一切提供了指導性的動力。語音其實可說是一能容納形式的、被動的資料。語音一旦爲內在語感所滲透，乃被轉化爲分節語音 (Articulate Sound)，並因此而同時具備了理智與感性這兩種既統一，而又交互影響的力量。由於這原故，在人類漫漫的符號活動中，語音遂成爲語言底眞正的、甚至似乎是獨立的創造原則。」❼

爲了說明「語音」問題於語言問題一般之重要性，作者較早前曾著〈洪堡特《人類語言結構》中的意義理論 —— 語言與意義建構〉一文❽(以下簡稱爲〈語音與意義建構〉)，並嘗試指出: 洪堡特就是透過對「語音」的系統處理，而達成對語法、語義，乃至語言的一般運作機制的解釋。以上我們可先把上述文章的主要論點總結，作爲本文進一步討論的預備。

---

❼ 洪堡特:《人類語言結構》，p. 650。

❽ 關子尹:〈洪堡特《人類語言結構》中的意義理論——語音與意義建構〉，參見:《分析哲學與語言哲學論文集》，(香港: 新亞書院，1993)。以下簡稱爲〈語音與意義建構〉。現已收入本書 pp. 219～267。

1. 未有文字之初，人類的意義世界，主要透過語音開發。對洪堡特來說，語音雖然不是人類發展語言的「必要條件」，但卻是除了表情和手勢外「最自然和最有利的條件」。

2. 一民族的內在語感作用於語音質料上，即形成所謂「分節語音」。此中，「分節」(Artikulation) 其實就是人類心智組織運籌語言元素的能力。基於經濟原則的要求，人類的語言的「分節」一般都分從兩個層面進行。從形式上看，就是「第一分節」和「第二分節」。前者涉及如何自一些已有一定意義的語言元素的運籌，以組成更複雜的語言單元的問題（如從語素 (Morphemes) 或語詞(Words)串合成句子），後者涉及的卻是一些本身並無意義可言的語言單元如何被調節、組合而產生出一些有意義的語言單元的問題（如從區別特徵、音位、音叢、音節等單元組合而成語詞）。這兩種分節洪堡特稱之「語詞分節」和「語音分節」。而「語音如何構成意義」這問題其實正是第二分節的問題。在這「二元化的」或「雙重的」分節機制中，第二分節主要負起了「意義區別」(Meaning Discrimination) 的工作，而第一分節則負起「意義運籌」(Meaning Manipulation) 的工作。換另一個說法，第一分節是既成意義的「使用」問題，第二分節是意義的原始「建構」問題。近代音位學 (Phonology) 研究顯示，每一民族的語言對語音元素的使用都是十分有節制的。換言之，每一語言通常只用為數有限的基本音（音位）以達成一切的意義區別工作。一俟有意義的語素和語詞給建構出來，人類便可進一步以第一分節於日常生活中進行無盡止的意義處理工作。有了語言這雙重分節的機制，人類乃能如洪堡特所言：「以有限的資源，作無窮的應用」。

3. 物理意義的語音，本身當然不能自行「組織」起來。但藉著人類精神

底「分節」能力的介入，物理意義的語音乃成為心理意義的語音，或曰，成為處於人類溝通意欲下的語音。人類精神對語音的運用日久，乃形成一定的語音習慣，也就是所謂「音型」(Lautform)。一語言的音型一旦形成，該民族即能以具有某一定形態的語音，進行意義建構的工作。語音因而成為人類的意義世界的最有力的開發媒介。

4. 人類運用語音以建構出意義，固然依循一定的「音型」，總的來說，人類語言運用語音涉及三種主要的模式：就是「擬聲」、「象徵」、和「類比」。這三種運用語音的模式普遍地存在於世界各種語言中，不同者，是使用的比重因不同的語言而有所參差而已。

5. 三種語音運用模式中的擬聲和象徵模式分別以直接或間接的方式表達人類於環境中可感知的現象 —— 包括一己和他人的感情和自然界的物理性質。在這兩種模式中，語音和其所表達的意義之間，是有某一程度的感知上的理據可言的。至於語音的類比運用，洪堡特雖有論及，但到底所指若何，卻有一點舉棋不定。他似只求強調語音類比能開發較抽象的概念，但至於類比模式的構義機制問題，卻談得很少。這一方面的討論，後來結果由索緒爾發展完成。依索緒爾之見，在類比模式中，語音的運用基本上與可感性質毫無關係，語音只單純地被當作一些可資辨別的符號，用以刻劃人類心智所能產生的無盡的抽象意念。在類比的運用下，語音和其所表達的意義之間沒有任何感知上的關連，此中語音的唯一構義依據，就是系統內的約定俗成。三種模式中，語音類比代表了人類對語音的高效率使用。語音類比為人類心智無法限囿的抽象活動別闢蹊徑。因此，洪堡特和索緒爾等學者都認為類比是最「能產」的語音運用模式。

6. 語音的靈活使用（特別是涉及語音類比時），得先以一強勢的語

音系統爲基礎。所謂強勢的語音系統，是指一民族必須習於充分地、盡量地利用語音的各種可能的細微變化，去表達種種可能的情境與心境。此中所要求的語音變化，包括單音及音叢 (Sound Clusters) 的使用，多音組合結構，音變等。

7. 印歐民族的語音系統，大都容許音叢的使用，是強勢語音系統特徵之一；其容許以多音節的結構去詮述概念，是強勢語音系統特徵之二；而其利用語音變化（如前後綴、元音變化、音位重覆等）以建立有力的語法範疇（形態音位）系統，是強勢語音系統特徵之三。此一強勢的語音系統，爲印歐語言的語義系統和語法系統提供了有力的支援，對於印歐民族的抽象性思維和結構性推理思維均大有裨益；前者表現爲抽象語詞的大量開發，後者則表現爲長句、和層套式的複合句子結構。

三、漢語研究於洪堡特語言理論中的地位

洪堡特建立普通語言學，由於要就世上多種不同的語言作觀察與比較，乃提出了「語言類型學」(Language Typology) 的問題。洪堡特把人類語言大別爲四種：分別是「屈折語」(Flectierende Sprache)、「膠著語」(Agglutinierende Sprache)、「複合語」(Polysynthetische Sprache) 和「分離語」(Isolierende Sprache)。其中，洪堡特最強調的顯然是網羅了所有古代及現代印歐語言的「屈折語」。所謂「屈折」就是透過語詞底語音元素的「內部屈折」(Inflexion) 以進行表達和溝通的意思。基本上，洪堡特擺脫不了西方人的優越感，因而認爲印歐民族的屈折語是人類語言較爲「進步」的表現。而屈折變化最爲豐富的梵語 (Sanskrit) 更被洪堡

特視爲「最完美」的語言。洪堡特認爲，屈折語是人類語言發展趨向高效率的結果。有了這個「進步」的或「完美」的標準後，洪堡特便常把其他語言謔稱爲「不那樣完美」的語言。從現代的觀點看，洪堡特這種顯得呆板的分類法，特別是關乎完美標準的想法已難繼續立足。而事實上，即使單從洪堡特自己就不同語言類型所作的觀察來看，所謂「完美」標準，亦是充滿矛盾的。這一矛盾，從洪堡特對漢語的理解便最能被反映出來。

洪堡特對漢語的研究興趣是由當時法國一位載譽的漢學家阿貝爾‧雷姆薩(Abel-Rémusat)所觸發。雷氏於1822年出版了*Elémens de la grammaire chinoise*一書。在乃弟阿歷山大的推介下，洪堡特開始與雷姆薩聯絡，並致志研習漢語。到了1826年3月7日，洪堡特自柏林給雷姆薩寫了一封長信，盡陳自己對漢語理解的心得。該信翌年於巴黎發表，名爲〈致阿貝爾‧雷姆薩先生的信：論語法形式的通性與漢語精神的特性〉(Letter à Monsieu Abel-Rémusat sur la nature des formes grammaticales en général et sur le génie de la langue chinoise en particulier, Paris 1827)❾。發信後不久，洪堡特復於3月26日於柏林的普魯士皇家科學院的例會上以「論漢語語法結構」爲題 (Über den grammatischen Bau der chinesischen Sprache) 發表演說。演說留下的手稿到了本世紀初

---

❾ Wilhelm von Humboldt, "Brief an M. Abel-Rémusat, Über die Natur grammatischer Formen im Allgemeinen und über den Geist der chinesischen Sprache im Besonderen." Translated into German by Christoph Harbsmeier. 信件原文以法文書寫，德文翻譯參見 Harbsmeier 著: *Zur philosophischen Grammatik des Altchinesischen im Anschluss an Humboldts Brief an Abel-Rémusat*, (Stuttgart: Frommann-Holzboog, 1979), pp. 17-88。中譯由作者據德譯本譯出，以下簡稱爲〈致雷姆薩先生的信〉。

被 A. Leitzmann 收輯於其所編的《洪堡特全集》中❿。上述這兩種文獻，可說是洪堡特除了《人類語言結構》外直接討論漢語的最重要著作。

在洪堡特的分類下，漢語可歸入「分離語」之中。洪堡特對漢語既曾下過工夫，當然看出漢語無論整體而言，或分別就語法系統、語音系統、乃至語義系統而言，其結構都表現了許多獨特之處。但最令洪堡特驚訝的，是漢族語言整體結構雖與屈折語大異，但卻創造了高水平的文明。站在「求同存異」的立場上，洪堡特遂把梵語和漢語視爲人類語言於型態上最不同的兩個極端。洪堡特認爲，梵語和漢語以迥異之型態，卻能競放異彩，分別展示人類精神文明的奇葩。這一事實，說明了人類語言的創造性與活力，是可透過不同的途徑去表達的。於是，在論及漢語時，洪堡特在讚嘆之餘，還力圖分別從語音、語法和語義等層面找出漢語語言機制獨特優點的眞正所在。對洪堡特來說，理解漢語於特殊條件下的獨特優點，對於普通語言學的建立，和對於語言的創造活動的理解都是極爲重要的。

平心而論，洪堡特就漢語乃至漢字的觀察大都只觸及原則性的問題，而未及提出深入細節的探討。儘管如此，洪堡特憑其廣博的胸襟就漢語和漢字發展所提出的觀察，對國人而言，卻不乏新意，實不失爲一有助加強吾人自我理解的他山之石。以下我們卽試站在洪堡特的觀點，或條陳其意見，或引申其論點，旨在對一些國人歷來都關懷的問題，提出一些「另類」的反省。

---

❿ Wilhelm von Humboldt, "Über den grammatischen Bau der chinesischen Sprache." in: *Wilhelm von Humboldts Werke*, Band 5, hrsg. von Albert Leitzmann, (Berlin: B. Behr's Verlag, 1906), pp. 309-324. 引文由作者據德文譯出，以下簡稱 <論漢語語法結構>。

四、從洪堡特觀點看漢語的語音構義問題

(一)從漢語和漢字的特殊關係看古漢語的「語音構義」問題

　　「形」、「音」、「義」向來便是我國小學三個大問題。小學傳統分別發展了文字學、音韻學和訓詁學以對。然而，這三個問題卻又彼此息息相關。如果要討論漢語的意義建構問題，我們似乎必須就形、音、義三者的微妙關係作進一步的說明。

　　所謂「音」，根本上是屬於語言的問題，而「形」顯然是屬於文字的問題。從語言學的觀點看，語言和文字是兩套截然不同的記號。人類社會何時開始有語言，這個問題大概是人類自身永遠無法清楚和有效地回答的。然而，我們一般都相信，人類使用語言的歷史遠比人類使用文字的歷史悠遠。事實上，在人類文明漫長的發展過程中，文字的創造是十分晚近的事。而我們亦很清楚，人類未有文字之前，必已長久地以語音去處理意義的問題。換言之，語音與意義之間的轉換問題，必遠在未有文字之先便卽已存在。不過，從另一面看，自從文字產生以後，語音和意義之間的原初關係便必受到某一定程度的影響。這一影響索緒爾稱之爲文字對語言的一種「篡奪」(Usurp)❶。這種篡奪，大大地增加了今人研究古代聲韻時的困難。由於漢字本來便非標音文字，上述困難便來得特別顯著了。

　　這一種困難，對印歐語言和對於漢語，於程度上是大有差別的。

----

❶　參見 Ferdinand de Saussure 著，*Cours de Linguistique Générale*，(Paris: Payot, 1982)。本文引述此書時，如不作特別說明，均採用高名凱譯本《普通語言學教程》，(北京：商務印書館，1982)，p. 48。

印歐民族秉其強勢的語音系統，進一步發展出拼音文字是很順理成章
的事。相反地，漢語以一弱勢的語音系統，若採納拼音文字，便會形
成意義區別上的限制。因此，以意象符號構成的漢字系統的發展，亦
是順理成章的事。作為標音語言的印歐語言，其文字主要還是和語音
有一對應關係的。字體本身除了作為語音的代號外，並不於口語之外
決定任何進一步的意義。所謂「文字對言語的篡奪」大不了只是語體
與文體等風格上的分別而已。漢字則是由一些本身帶有意義的圖象所
構成的，這些圖象提供了口語的意義之外更多的資訊。因此所謂「文
字對言語的篡奪」，便是言語底構義功能的篡奪。用一形式的說法，
意（義）、語（音）、字（形）三者在印歐語文系統中是一「直線關
係」，而在漢族的語文系統中則是一「三角關係」⓬。

　　漢字一旦產生，漢語的語言環境便隨即而更改。漢字的意象符
號，長久以來，即為漢語分擔了很大部分的意義區別功能。正如洪堡
特指出一般，漢字不知不覺間已成為「漢語的一個內在的成分」⓭，
再也不能與漢語分開觀察。這是處理漢語漢字的意義問題所不能不察
的。

　　然而，把話說回來，一如一切語言的發展規律，漢族先民在未有
文字前卻又必曾經歷過單靠語音以彼此溝通的階段。遠古時代這種單
純的「語音構義」習慣，即使到了有了文字以後，還是有一定痕跡可循
的。其中，甲骨文中存在著大量純粹表音的假借字，即古漢語以語音

⓬　「直線關係」與「三角關係」之辨，作者於課堂上採用多年，最近才發覺前
　　人已多論及。參見：張世祿：〈漢字的特性及其對社會、文化的作用〉，
　　見《張世祿語言學論文集》，（上海：學林出版社，1984），pp. 555-
　　561。
⓭　洪堡特：〈致雷姆薩先生的信〉，p. 84。

概括意義證據之一❶。秦漢以前「同音通假」這一「以音爲主」的現象，卽殘存側證之二❶。又如南北朝以後，因讀古書覺得字音不合而有所謂「協韻」之舉者，是側證之三❶。乃至宋王聖美倡「右文說」，提出「聲符帶義」，及有清一代的訓詁學中，有「因聲求義，音近義通」之說，是側證之四。因此，從意義建構的理論層面看，我們必須把「語音構義」問題看作爲人類的語言溝通機制中的當然基礎。在這個原則下，儘管我們指出了今時今日漢語和漢字於構義問題上有種種難以分割的關係，但是，漢語如何達成「語音構義」工作這一問題，還是有獨立處理的必要的。因爲到頭來，未有文字之前，漢族的先民如何彼此溝通還是一個有趣而且應該回答的問題。從理論層次看，我們大可先單獨處理了「語音構義」的問題，然後再處理漢字發展以後漢字如何參與和改變了漢語的構義機制，形成了吾人今時今日的語言文化現實。

洪堡特特別強調語音於人類語言機制中的重要性，固如前述。爲了具體地說明「語音構義」的運作機制，洪堡特提出「擬聲」、「象徵」和「類比」三種模式。在分析這三種語音構義模式時，洪堡特列舉的例子，幾乎都是取自印歐民族的標音語言的。這不禁令人懷疑，這三種模式是否能應用到一些非標音的語言（如漢語）上去呢？

---

❶　如對甲骨文從事六書分析，吾人不難發現，其中假借字所佔的比例較《說文解字》中的假借字要高出許多倍。參看李孝定：＜從六書的觀點看甲骨文字＞，見：《漢字的起源與演變論叢》，（臺北：聯經出版社，1986）。又參看李著：《漢字史話》，（臺北：聯經出版社，1977），p. 38f。

❶　同音通假乃古代本已存在的字之間，因同音而彼此替代的現象。如《尚書・盤庚》「曷虐吾民」及晉陶潛＜歸去來辭＞「曷不委心任去留」兩句中，「曷」字皆通「何」。《左傳・魯隱公三年》「生孝伯，蚤死」句中，「蚤」字通「早」。

❶　見王力：《漢語音韻學》，（北京：中華書局，1981），p. 269。

在上一節的討論裏，我們指出了把漢語「語音構義」問題予以獨立處理的可能性和必要性。這種研究目的雖甚明瞭，但實踐起來卻甚困難。語音的問題，由於「古今不同，南北有異」，要準確掌握上古，特別是未有文字以前的語音，真的有如捕風捉影。這問題如質諸印歐語言，情況尚可，但如質諸中國語言，其難則更甚。主要的原因是：義、音、形於印歐語既呈直線關係，而其文字之形體本亦純粹為標音，則只要不考慮書面語的文體問題，要把義、音二者之關係孤立出來觀察，並不是一件難事。但反觀漢語，由於義、音、形三者呈一三角關係，而今日吾人能採用的資料又以文字材料為主，要從三角關係中硬把義、音之關係孤立觀察，本就是難事。加上中國傳統的小學對語音的處理通常只以「反切」、「雙聲」、「疊韻」等間接方法進行，要對古代語音作準確訓讀，幾乎可說是不可能的❶。由是，要探討未有文字之先的語音構義問題是一回事，但吾人於探求的過程中，卻無奈地要參照文字資料，並接受問題的先天局限。

語音和意義之間的關係，理論上大可分從兩個層面去處理。其一是研究「某一定音值的語音與有關意義的對應及流變」，其二是研究「語音構成意義的機制和理論依據」。其中，第二個問題比第一個問題來得更為根本。因為第一個問題的解決不一定代表第二個問題的解決，但倒過來看，如果解決了第二個問題，則第一個問題便起碼有一些眉目。清代小學名家輩出，研究音韻與意義關係者大不乏人，然而整體而言，清人的有關成就，似乎只側重於第一個問題。而洪堡特論列語音底三種意義建構模式，和今天我們要談的漢語的「語音構義」

---

❶ 有關的困難，可參見張世祿著：《中國音韻學史》，（上海：上海書店，1984，據1936年版重印），上冊，p. 35，下冊，p. 319。

問題，涉及的卻是第二個問題。

(二)胡樸安的「語音構義」理論

作者對前賢的貢獻心懷敬意之餘，在這裏提出漢語的「語音構義」問題，主要是要看看洪堡特有關語音構義理論的普遍觀察，能否應用到日後發展出非標音文字的古漢語之上。此問題如能獲得明確的回答，則無論答案是肯定或是否定，均必有助吾人增進對自己的語言的理解。在探討這問題的過程中，令作者最為雀躍的，就是接觸了近人胡樸安《從文字學上考見中國古代之聲韻與言語 (1941)》一書[18]。胡著所要處理的，正好就是我們的所謂「語音構義」問題。胡著基本上撇開了清代音韻學研究的傳統，於別闢蹊徑之餘，竟與洪堡特的語音理論有許多暗合之處。

正如上述，漢語的語音構義問題無奈地是要參照漢字資料的，這一點，從胡著的書名即顯然立見。胡所要參照的「文字學」，指的是許慎的《說文解字》。從歷史的角度看，《說文》本是一部按字形（部首）編列的字典。但清人自戴震提倡把《說文解字》九千餘字自形系改為聲系以來，便有如段玉裁（《諧聲表》）、張行孚（《說文諧聲譜》）、朱駿聲（《說文通訓定聲》），以至章太炎（《文始》）等不下十位學者付諸實行，發表專著，滙成一有力的音韻研究傳統。

---

[18] 胡樸安：《從文字學上考見中國古代之聲韻與言語》，本書原刊於1941年7月出版之《學林》月刊第九輯，後有香港重印本，(香港：龍門書店，1969)。重刊本附有原本之頁碼，以下徵引之頁數，即以原本者為準。重印本還附有兩篇載於《學林》的論文，分別為＜從文字學上考見之中國古代婦女(1940年11月)＞，及＜從文字學上考見古代辨色本能與染色藝術 (1941年1月)＞，均為一時之佳作。除了胡樸安上列各文外，可參見任繼昉著：《漢語語源學》，（重慶：重慶出版社，1992）。

然而大體仍不離上面所謂「使語音與意義對應」的工作。正如胡樸安於書中所云，「猶是書本子上的聲韻，非原始人口中的聲韻」⑲。至於胡著的意義，正如胡著於香港重刊時編者於卷首所說，乃「晰述聲韻言語發生之徑途，爲自來文字學者所未發」⑳。

與其把《說文解字》九千多字按其「聲部」重新編排，胡樸安只選取了其中三數百字爲樣本，卽按照其聲韻的構義機制和構義依據而大分爲四種「音」和四種「語」。按其次第，卽如下列：

1.「四音」— a.自然音 b.效物音 c.狀況音 d.轉移音
2.「四語」— a.單獨語 b.聯合語 c.推展語 d.說明語

此中，胡樸安指稱無意識而發乎自然者謂之「音」，音一旦被吾人有意識地用以溝通，則成爲「語」。要注意的是，胡樸安這「四音」與其所謂「四語」之間雖然有一定的關係，但其中的關係卻是頗爲錯綜複雜的，而非一一對應的。此外，如果單就「語音構義」一問題而言，「四音」其實已作出充分的回答。至於「四語」，雖然與音韻問題有關，但卻已非純粹的「語音構義」問題，而進一步觸及最原始的、也卽未有文字以前的「構詞」問題了。以下我們首先重點分析「四音」，再談一談「四語」。

1.所謂「四音」

基本上，「四音」中首兩項的「自然音」與「效物音」其實都可歸入廣義的「擬聲」，也卽洪堡特所謂「直接的模仿」。此中，洪堡特把擬聲界定得比較狹，主要用以指胡樸安所謂效物音，反而索緒爾

⑲ 胡樸安：《從文字學上考見中國古代之聲韻與言語》，p. 167。
⑳ 見上引胡著重刊時編者卷首按語。

(de Saussure) 把擬聲界定得較廣，包括胡氏的「自然音」和「效物音」。

(a)自然音

　　胡氏所謂「自然音」，與現代人所謂自然世界並無關係。自然音其實是指人類基於生理的（如飽餓）或心理的（如喜怒）原因，自然而然地發出的聲音。正謂：「皆由人身生理上自然發出之聲韻……發出時，或亦稍有心理上之感動；其感動也，亦是自然。」❷ 胡樸安逐遍索《說文解字》諸字，透過有關的釋文，去揭示出古人的這一些音。由於人的生理及心理複雜，「自然音」還可以再分為「哭笑類」、「驚懼愁怒類」、「呼吸聲氣之類」、「飲食歌詠之類」、和「呼號歐吐之類」等。這些音總括而言，都是與人類廣義而言的情緒，和足以影響人類情緒的生理狀況有關的。胡樸安臚列各類自然音共一百五十九字，於此不能盡錄，且援引數例，以明其大旨❷：

/喤/	平光切	本小兒墮地第一哭聲，後亦指大哭之聲
/呱/	古乎切	聲小之哭聲
/咺/	況晚切	朝鮮謂兒泣不止聲
/咷/	徒刀切	楚謂兒泣不止聲
/嗆/	丘尚切	氣出喉中，稍有阻塞之聲，哭極音絕之聲
/泣/	去急切	無聲出涕，哭聲之極微者
/喑/	於今切	宋齊地謂泣不止，以至於無聲
/咳/	戶來切	小兒笑或笑聲之微音
/咥/	直結切	大笑忘情

---

❷　胡樸安：《從文字學上考見中國古代之聲韻與言語》，pp. 116-117。

❷　同❷，pp. 117-132。

/嗃/ 其虐切 笑聲之大而稍斂者

/啞/ 於革切 笑聲小於哇嗃而大於唏

/唏/ 希豈切 微有笑聲而無笑形

/㫊/ 呼來切 笑聲甚微而顏不改

/蚩/ 赤之切 輕侮人之笑

/噴/ 普魂切 怒極發聲，口沫分散

/吒/ 陟駕切 怒聲與噴同，惟噴聲張而吒聲斂

/啐/ 七外切 猝然遇驚所發之聲

/吁/ 況于切 啐之驚聲急，吁之驚聲緩

/嘖/ 士革切 大呼以恐駭他人

/謷/ 五牢切 哭訴至不肖人言者

/警/ 古弔切 謷而忍抑之聲

/歜/ 尺玉切 盛怒所發之聲

(b)效物音

　　胡樸安所謂「效物音」，乃自清人張行孚《說文發疑》中的〈字音象物聲〉理論發展而成的。效物音首先可用以指謂一些本身會發出聲音的事物（如動物與草木），或一些敲打之而能發音之事物（如礦物器皿）。此理並不難懂，且舉數例以明之❷:

/牛/ 語求切 牛之鳴聲

/馬/ 莫下切 馬之鳴聲

/雅/ 五下切 楚鳥（烏鴉）之啼聲

/鳩/ 居求切 鳩之啼聲

/木/ 莫卜切 擊木渾而濁之聲

/葉/ 與涉切 風吹葉之聲音

/石/ 常隻切 擊石清而促之聲

/金/ 居音切 擊黃金堅而清之聲

/銀/ 語巾切 擊銀膩而抑斂之聲

/銅/ 徒紅切 擊銅宏而渾濁之聲

/鐘/ 職容切 撞鐘之聲，與銅同韻

/矢/ 式視切 矢脫弦而出之聲

除可以表述名詞外，效物音亦可表述各有關物事之形容詞。例如[24]：

/牟/ 莫浮切 牛鳴

/獷/ 古猛切 吠聲大作如狂

/唬/ 許交切 虎之怒號

/呦/ 伊好切 鹿鳴

/玲/ 郎丁切 玉聲

/錚/ 側莖切 五金聲之最堅利者

/轟/ 呼宏切 羣車之聲

/彭/ 薄庚切 擊鼓之聲

(c)狀況音

胡樸安所謂「狀況音」正就是洪堡特的所謂「象徵」語音，也是其所謂「間接的模仿」。這一運用語音的方式，主要涉及一些既不會自己發音，也無從敲擊聆聽之的現象（因此不能直接模仿之）。而所謂間接模仿，就是於要描述的事象(1)與用以描述這現象的語音(2)之間，容許一有中介作用的「第三者」(3)充當 (1)和 (2)的聯繫。洪

[24] 同[21]，pp. 138-145。

堡特所要求的這「第三者」，後來如雅各布遜等學者稱為「聯覺」(Synesthesia)。而用以提供「聯覺」，以便刻劃出有關的事象的那些語音元素，現代語言學一般叫做「音感素」(Phonesthemes)。簡單地說，這種建基於音感素的語音構義機制是這樣的：當吾人見某一事象時，內心必產生某一種感受；今吾人既欲表之以音，則所選用之音，其於吾人嘴巴上（講）和於吾人耳朵中（聽）所做成的印象，必須和該事象於吾人心中所產生的感受相類似。

這一種構義機制，胡樸安有如下解釋：「狀況音者，相其形狀，譬況其音也。既非實有其物，如動物口中所發之聲以效其聲以為音，如植物、礦物、人造器具可以擊玲其聲而效其聲以為音。」❷此中，在無實物之音聲可象之條件下，「相其形狀，譬況其音」正便是洪堡特所謂「間接」模仿之意。此中的構義機制，胡樸安列舉了一些例子以作說明：「譬如大之音，大固然有其物，然而不能限定一物也；大固然有其形，但不能限定一形也。則大之音將何所緣而起乎？相其形狀，譬況而出之，自然有開張之音。又如小之音，小固然有其物，然而不能限定一物也；小固然有其形，然而不能限定一形也。相其形狀，譬況而出之，自然有收斂之音。」隨著更推而廣之地說：「不僅一大字之音已也，凡字含有開張之義者，皆有開張之音，如弘、宏、廓、溥、介、純、夏、憮、尨、墳、嘏、丕、洪、戎、訏、甫、壯、冢等是也。不僅一小字之音而已，凡字含有收斂之義者，皆有收斂之音，如窄、狹、秒、微、隘、細、幽、纖、幺、的、忽是也。」❷

---

❷ 胡樸安：《從文字學上考見中國古代之聲韻與言語》，p. 146。

❷ 同❷，p. 146。除了大、小兩音之外，胡樸安進一步舉列高、低、上、下、開、閉、張、馳八個音為例。上述十個例子中，除認為每一音本身就是一狀況音外，還指出每一個都有可能引申出「從某聲而得其義」的其他音。例如：「枒」為樹之大者，「忕」為心之大者；「削」、「梢」、「稍」、「消」均從「小」而得音而帶「小」義等。這些自一音引申他義的現象，如從言語之角度看，都可生出下面所謂的「推展語」。

　　從「語音構義」的觀點看，胡樸安就「狀況音」列舉的所有例子，其實都是一些以「元音」作為「音感素」的「語音象徵」現象。薩丕爾 (Edward Sapir) 以實驗方法，測計出英語使用者對於「小」和「大」的感受，基本上按照 /i/, /e/, /ae/, /a/, /u/, /o/ 這個元音順序去揣度❷，就是以元音作為音感素的一個很有概括性的總結。然而，作者在拙作〈語音與意義建構〉中已清楚指出，印歐語言用以表達語音象徵的音感素，重點不在元音，而在輔音，或說得準確一點，主要在輔音叢 (Consonant Clusters)的運用。從語音學的角度看，輔音所含蘊的變化比元音要多，而輔音叢的變化又更比單輔音為多。胡樸安在提出「狀況音」這個概念之餘，完全不談輔音或輔音叢於漢語的語音構義問題中所可能扮演的角色。這除令人感到惋息之外，更促使吾人對「狀況音」或語音象徵於漢語中的用度作較審慎的估計。

　　要回應這個問題，中國傳統的小學似亦有一定途徑可尋。先就輔音言，傳統所謂「雙聲」，基本上就是涉及聲母的問題。然而，「雙聲」所涉之輔音，不過是一些單輔音，而單輔音由於變化有限，其音值的構義功用本就較難捉摸，此其困難之一。此外，「雙聲」所處理的，只是此音之聲母與彼音之聲母之關係，而不是該一共同的聲母「如何構義」的問題，更遑論有關的輔音是不是以「狀況音」或「象徵」的方式去建構構義了，此其困難之二。

　　除了「雙聲」外，另一可能的研究方向應數「複聲母」問題。「複聲母」乃「輔音叢」的一種，其在印歐語中，乃司空見慣之事，

---

❷ 參見 Edward Sapir, "The Status of Linguistics as a Science", in: *Language,* Vol. 5, (1929), pp. 207-214, Quoted from Peter Farb, *Word Play, What Happens When People Talk,* (New York: Bantam, 1974), p. 130。

所不同者，只是使用的程度而已。以現代漢語而論，漢語語音除了有
單音節的特性外，單音之中，複聲母根本上並不存在。學者如薩丕爾
便說漢語根本不容許兩個輔音放在一起[28]。然而，本世紀自高本漢
(B. Karlgren) 等提出遠古漢語可能有複聲母的問題後，中國學者
自林語堂、陳獨秀以下參與討論者不知凡幾[29]。數十年爭論的結果，
雖難謂有絕對之定論，但總括來說，算是贊成者衆，而贊成一方的理
論亦較有力。學者如周法高和李方桂等，更就古漢語雙聲母系統作了
十分詳盡的重建工作。這許多有關漢語複聲母的研究如果都能成立，
則古漢語中曾存在的輔音接合可能之多，甚至許多現代印歐語也難望
其項背。而衆多的輔音接合可能中，有許多更是現代印歐語所不習見
的，如 dg-、tp- dm-、ml- nd-、mbl-、nh-等。

　　論者或有不願接受漢語複聲母說者，便往往以如此的輔音系統過
於繁複爲由。如王力於引申高本漢理論所得之結果後，便說：複聲母
將「不勝枚舉……上古的聲母系統，能這樣雜亂無章嗎？所以我不能
接受高本漢上古複輔音的擬測。」[30]然而，從本文的角度看，古漢語
複聲母研究如果有問題，則問題亦不在於引申出的系統是否過於複雜
這一點。竊以爲近人就漢語複聲母研究雖然深入，但其研究主要集中
於複聲母音表的羅列、音值的鑑定和音值的轉變問題。但對於某一複
聲母「爲何」帶有某義或構義的依據問題，卻顯得忽略。當然，論者

[28] Edward Sapir, *Language, An Introduction to the Study of Speech*, (New York: Harcourt, 1921), p. 54。

[29] 關於古漢語複聲母研究近數十年的發展大略，可參見竺家寧：《古漢語複聲母研究》。是書爲竺君1981年於臺灣中國文化大學中文研究所提交的博士論文的自印本。此外，可參見李方桂：＜幾個上古聲母問題＞，見：《上古音研究》，（北京：商務印書館，1982）。

[30] 見王力：《漢語語音史》，（北京：中國社會科學出版社，1985），p. 25。

或可以語言中語音的使用乃「隨意」一說作辯，但正如洪堡特或今胡樸安的語音理論所顯示，語音的運用，發展到極至時雖確有隨意之用度，但卻絕非說語音的運用全都是隨意的。擬聲之爲直接模仿，象徵之爲直接間接模仿，自然音、效物音、狀況音之爲用……不是都說明了，起碼有一些語音的構義機制是「非隨意」的嗎？回顧現代西方的日耳曼語言（如英語、德語），能見所及，其輔音叢結構的構義依據大致上都是有理可循的。而所循之「理」，就是把有關的輔音叢（包括複聲母）了解爲一些能喚起一定的「聯覺」以直接或間接地表象感性對象的「音感素」。例如 /sl-/ 之有「滑動感」之聯覺內容，/fl-/ 之有「飄忽流動」之聯覺內容一般。作爲洪堡特所謂的「第三者」，聯覺基本上爲「語音象徵」或「狀況音」的構義依據提供了線索。

　　近人研究複聲母的途徑甚多，有從形聲字者、有從聲訓者、有從《廣韻》又音或《說文》讀若，乃至有從疊韻聯綿詞或同源詞者……不一而足。而偶有用方言俗語爲材料者，往往被譏爲陋俗。然而作者以爲，只要能就複聲母作爲「狀況音」的構義依據有所說明者，雖鄙俗又何妨！今且以粵人的俗語舉例數則：粵人形容痛哭流涕者往往說「啡哩弗列」，形容風吹旗動又往往說「啡哩弗勒」，此中有若能證成 /fl-/ 爲古複聲母，則其中的語音構義依據即可透過日耳曼語中的 /fl-/ 得以理解。同樣，粵人見他人吵鬧往往說「砭令朋郎」，亦有把大口喝水叫「嘰哩骨碌」者，此中莫非有 bl-，pl-，和 gl- 等古複聲母之陳跡，而這些複聲母又可被了解爲「狀況音」呢[31]？

---

[31]　古籍中往往有把「風」叫「噴輪、焚輪、飛廉、毗藍、勃嵐」等，都是雙唇音帶邊音的語音結構。引見李思敬：《音韻》，（北京：商務印書館，1985），pp. 116–117。陳獨秀於 1937 年於《東方雜誌》卷三十四第二十及二十一號發表的〈中國古代語音有複聲母說〉一文卽有類似的說法，引見竺著，p. 37。

　　如果漢語古複聲母的存在是可以成立的話，另一個重要的問題便須妥善回答了。問題是：如果古漢語中複聲母確曾普遍存在，則其必有一定的構義功能，若複聲母的存在是有用的，何以終於被完全淘汰？此中，我們要問的不單是「何時淘汰」、「如何淘汰」的問題，而是「何以淘汰」、和「淘汰以後如何補償」的問題。德國哲學家中，赫爾德 (Herder) 和萊布尼玆 (Leibniz) 都自覺到德語中的輔音叢對其國民之意義，難道我們掉了這許多複聲母而不應該追問究竟嗎？

(d)轉移音

　　胡樸安所謂「轉移音」大體上可比擬爲洪堡特的所謂語音「類比」模式。關於「類比」的問題，洪堡特雖列出其名，但討論並不詳細，且有一定的猶疑。眞正完成及發揚洪堡特的語音類比觀念的，是索緒爾。今先述胡樸安「轉移音」之大意。胡樸安先指出「轉移音乃聲韻發達之極端，卽言語發達之開始」❷，轉移音要出現，必先要假定一定數量的單獨語和少數聯合語的存在。而「轉移音卽以此言語之音轉移爲又一言語之音也」❸。胡樸安以「天」、「顚」之音爲例。古時天顚一音，都解作「人首」。由於「首」居於人之絕上，於是凡與「在上」或甚至與人之「顏面」有關，又或輾轉而意義有關者，都從顚之音，或得近顚之音。按此原則而求得之字音，胡樸安列出者凡二十二項；依次爲吞、忝、眞、槇、滇、瑱、嗔、謓、瞋、愼、瞋、趁、賮、鎭、臚、稹、瘨、塡、窴、闐、輯、禛等。若以西方中古的類比理論分析，此中「顚」或「天」可叫作「類比原項」(Analogon)，而引出的二十二個項目可稱爲「類比衍項」(Analogates)❹。而類

---

❷　胡樸安：《從文字學上考見中國古代之聲韻與言語》，p. 148。

❸　同❷。

比或轉移音就是說，　由於衍項之意義可被想像為與原項有某一些關連，因而得音。例如，「滇」乃古益州地勢之最高者；「瞋」乃張目，而目在面上；「鎮」乃「博壓」，乃由上而下；換言之，都與「顛」之為「在上」的意義有關。

　　胡樸安論轉移音又有「以一字之音為轉移」和「以二字以上成一詞，或以名詞、或以動詞或以形容詞之音為轉移」兩種。茲舉數例以明之：

　　以一字之音為轉移者[35]：

門，聞也。	鉤，曲也。
戶，護也。	禮，履也。
君，尊也。	八，別也。
室，實也。	判，半也。
像，象也。	喪，亡也。
士，事也。	否，不也。
倉，藏也。	僑，高也。
尾，微也。	攜，提也。

　　以二字以上成一詞，或以名詞、或以動詞或以形容詞之音為轉移者[36]：

　　馴，馬順也。順音轉移。

　　矇，童蒙也。蒙音轉移。

---

[34]　參見：Thomas de Vio (Cardinal Cajetan) 著，*The Analogy of Names*, Chapter 4, "The Distinction of the Analogon from the Analogates", (Pittsburgh: Duquesne University, 1959), p. 30ff.

[35]　胡樸安：《從文字學上考見中國古代之聲韻與言語》，p. 149。

[36]　同[35]，pp. 149-150。

> 汪，深廣也。廣音轉移。
>
> 頸，頭莖也。莖音轉移。
>
> 眇，目少也。少音轉移。
>
> 盲，亡目也。亡音轉移。
>
> 泉，水原也。原音轉移。
>
> 城，盛民也。盛音轉移。
>
> 片，判木也。判音轉移。
>
> 王，天下所歸往也。往音轉移。
>
> 敎，上所施下所效也。效音轉移。

　　此中，應注意者有一點。轉移音固以一言語之音轉爲另一意義相關的言語之音。但此中所謂「轉移」，基本上只就類比原項之音（如/聞/）與類比衍項之音（如/門/）之間的關係而言，而二音得以轉移的依據是因爲類比衍項之意義可透過原項意義的聯想而得（如門所便於聽聞，戶所藉以保護）。換言之，轉移音只爲類比衍項之得音提供依據。至於類比原項之得音依據何在，基本上是不能訴諸「類比」或「轉移音」以爲解釋的。要進一步追查類比原項語音的構義依據，一般來說有四條路可走：一、是原項的音可由自然、效物或狀況音等較原始的途徑解釋；二、是循環求解，古人所謂「互訓」大概是這個意思；三、是保留原項得音爲不得而知，或爲不可解；四、是乾脆指有關的語音爲隨意而立。這四種途徑，沒有一種是可以把問題完全概括的，這顯出了人類語言的探討，實在難以要求「眞相大白」。但撇開類比原項的語音構義是一個理論盲點不談，語音之類比或胡樸安所謂「轉移音」，未嘗不對漢語用音遣詞的孳乳機制提出了一重要而有效的解釋。

2.所謂「四語」

胡樸安所謂「語」是「言語」的簡稱，是指人類自覺地用以表達心意以爲溝通的聲音。「四音」中的「自然音」與「效物音」於發音之初，原只是人類經歷實在情感（如喜怒）或實物（如牛馬）時於生理或心理之自然回應，但這些音發得多了、習慣了，便能有意識地「用」之以表象事物，於是乃成爲「單獨語」之一種。至於「狀況音」，其於發音的過程中，由於本無實物實事以爲模仿對象，而必透過對某些事象的「觀察」與「理解」，以虛擬其音。因此，「狀況音」一出口即有意識，並具有意義，並且立即成爲言語。由狀況音得出之言語，最初亦以單獨語爲主。至此，我們應就「單獨語」加以解釋。

(a)「單獨語」

人類生而必注意周遭事象，若不論事象是簡或繁，都獨立地給予一名稱的話，則便構成「單獨語」。例如人類從/牛/之聲音固得「牛」此一稱謂，到後來，於注意牛這動物外，復注意到「牛鳴」這一事象，於是爲此一事象別予一名曰「牟」。後來又注意牛在徐徐而行走之事象，乃綴其音而別予一名曰「牧」。基於同樣理由而產生的單獨語，單就與牛有關者，即有多起，玆先按胡著所引者列舉如下[37]：

「牟」	牛鳴
「牧」	牛徐行
「牡」、「牭」、「特」	公牛（後通指畜之爲公者）
「牝」	母牛（後通指畜之爲母者）
「犢」	牛子

[37] 同[35]，p. 151。

「牰」	二歲牛
「犙」	三歲牛
「牭」	四歲牛
「犨」	牛息聲
「牢」	牛圈
「𤙍」	喂牛
「牮」	牛舌病

此外，表不同顏色的牛的單獨語計有牻、犡、犖、犦、犉……。除胡樸安上舉各例之外，《爾雅・釋畜》篇尚有下列與「牛」有關的單獨語：❸

「㸬」	千斤牛
「犤」、「㹃」	數千斤牛
「犦」、「犎」	腫領牛
「㸠」	庳小牛
「犦」	髀膝尾皆有長毛之牛
「犝」	無角牛
「㹟」、「㹒」	兩角俯仰不一之牛
「犉」	黑唇牛
「牰」	黑脊（目匡）牛
「犛」	黑耳牛
「牧」	黑腹牛
「犈」	黑脚牛
「㹑」	意義未詳！

---

❸　郝懿行：《爾雅義疏・釋畜》，咸豐六年刻本影印，（北京：中國書店，1982）。

「單獨語」這種充斥之現象，絕不只見於「牛」，其他如「羊」、「馬」、「犬」等六畜名目分化之雜，絕不在牛之下。胡樸安認爲「單獨語」主要是人類言語未發達時之現象。以與「牛」有關各言語爲例，其名目分化之廣，固反映了古人對「牛」觀察與認知之深。然而，就語音之運用來說，除了殊不經濟之外，更往往顯得繁瑣，也因此極不利於溝通與傳播。因爲，音有盡，而意無窮。這些充斥的「單獨語」在人類語言進一步發展的過程中，除了一些能引出新的用法和意義的個例外（如「特」、「牧」、「驕」等）結果大都廢而不用；倘非中國古代文獻豐盛，相信至今根本不可能爲吾人所知！「單獨語」式微的結果，「聯合語」乃起而代之。

(b)「聯合語」

順著漢語單音的特性，「單獨語」固然也是單音的。以無數單音去表達萬象之不合經濟原則固如前述。今所謂「聯合語」，其構義機制之大勢，就是摒棄意義過於特殊和瑣碎的單音詞，用意義較爲普遍的兩個音去組合成新的言語。

依胡樸安的分析，聯合語構成之始，主要是把兩個單獨語拼合起來，如「趑趄」之爲行不進，「逶迤」之爲斜行，「瑾瑜」之爲美玉，「蓂蒲」之爲瑞草……。當以二音結合取代單獨語之習慣漸漸形成後，「聯合語」便日益蓬勃。聯合語主要有兩大類：其一乃以不同詞性的兩個言語組合成一雙音的言語，如以形詞冠於一名詞之上，如「父牛」、「母牛」、「小牛」，或以動詞附於名詞之後，如「鳥飛」、「兔走」、「雞鳴」等。其二是把詞性相同、意義相關而稍異的兩個言語結合成一新的有統一意義的言語，這種聯合語，胡樸安稱之爲「統言析言之類」，如[39]：

統言：謂之齋戒	析言：齋三日謂之齋，七日謂之戒
統言：謂之喘息	析言：疾息謂之喘，平息謂之息
統言：謂之商賈	析言：行商謂之商，坐賈謂之賈
統言：謂之肌肉	析言：人肉謂之肌，鳥獸肉謂之肉
統言：謂之門戶	析言：兩扇謂之門，一扇謂之戶
統言：謂之郊野	析言：郭外謂之郊，郊外謂之野
統言：謂之糧食	析言：行道所需謂之糧，居止所需謂之食
統言：謂之繩索	析言：麻謂之繩，草謂之索
統言：謂之朋友	析言：同師謂之朋，同志謂之友
統言：謂之負擔	析言：在背謂之負，在肩謂之擔
統言：謂之沐浴	析言：濯髮謂之沐，洗身謂之浴
統言：謂之變化	析言：自有而無謂之變，自無而有謂之化
統言：謂之貧賤	析言：無財謂之貧，無位謂之賤
統言：謂之卜筮	析言：以龜謂之卜，以蓍謂之筮
統言：謂之妒忌	析言：以色謂之妒，以行謂之忌

　　聯合語的發展，顯示了漢語發展過程中一個源遠流長的趨勢──就是複音詞的孳乳。根據一些統計，複音詞的數量從《論語》的25.1%至《孟子》的29%便有顯著分別，而現代漢語中複音詞的數目已多達37%[40]。

(c)「推展語」

　　胡樸安首先把「推展語」大別爲「以音推展」和「以義推展」兩

----

[39]　胡樸安：《從文字學上考見中國古代之聲韻與言語》，pp. 156-161。

[40]　引見申小龍：《中國語言的結構與人文精神》，p. 32。

大類。二者之中，當以後者較爲早出。關於「以義推展」，胡樸安舉
「初」、「洪」二字爲例。「初爲裁衣之始，推而展之，凡一切之始皆
謂之初，洪爲水勢之大，推而展之，凡一切之大皆謂之洪。後世之訓
詁，如《爾雅》、《廣雅》所載者皆是。」❹ 然而，由於「以義推展」
與語音構義問題完全無涉，所以胡樸安立刻把討論限於「以音推展」
問題之上。以下論「推展語」，均指「以音推展」而言。胡樸安指出，
《說文解字》許多條目下，有「……從X，X亦聲」者，都是「以音
推展」之例。然而，「以音推展」的實質內容是甚麼呢？

　　推展語的發生，根本上與轉移音的習慣有關。但胡樸安卻不認爲
轉移音一定會產生推展語，反而多次強調，轉移音得出的言語，很多
情況下只能算作單獨語，而非推展語。譬如，　史之轉爲吏、分之轉
爲貧、豊之轉爲禮、內之轉爲訥等例子中，　胡樸安把「吏」、「貧」、
「禮」、「訥」分別理解爲得自「史」、「分」、「豊」、「內」的轉移音。
但作爲言語而言，「吏」、「貧」、「禮」、「訥」都只能算作單獨語。這
一論點驟看頗令人費解，但只要以「新洪堡特傳統」中的所謂「語詞
場域理論」(Wortfeldtheorie, Semantic Field Theory)❷ 或索緒
爾所謂的「聯想關係」(rapports associatifs)❸ 比擬之，則其理甚

<hr>

❹　胡樸安：《從文字學上考見中國古代之聲韻與言語》，p. 162。「以義推展」
　　的推展語，可說是漢語抽象概念構成的許多途徑中的一條重要途徑，有關漢
　　語抽象概念的問題，容以後別爲文討論之。

❷　「語詞場域」概念，主要由特里爾及韋斯格爾柏二人提出。參見：1. Jost
　　Trier, "Sprachliche Felder", in: *Zeitschrift für deutsche Bildung*,
　　Band 8, (Frankfurt/Main: Verlag Morik Diestermeg, 1932),
　　pp. 417-427. 2. Leo Weisgerber, "Zur innersprachlichen
　　Umgrenzung der Wortfelder (Veranstalten und Stattfinden)",
　　in: *Wirkendes Wort,* Band 2, 1951/52, pp. 138-143.

❸　索緒爾：《普通語言學教程》，p. 174f。

明。胡樸安的意思其實是說：轉移音固爲音韻滋生的要門，如果只屬從一音轉移爲另一音並以之爲言語者，則亦爲一單獨語。但如果同一個音轉移日久，居然能以一音之寡而轉生許多個音，並都以之爲言語，形成一「羣」音近而又意義相關的語詞的話，則此中所成全的，已不單是「轉移」，而更是「推展」了。換言之，「推展語」必須假定一組音近義近，同條牽屬的「語詞場域」的存在，方可言之爲「推展」。

胡樸安就「推展語」舉出「侖」、「垚」、「音」、「勹」四例，茲將自此四字推展出來的「語詞場域」(Wortfeld) 列出[44]：

「侖」：《説文》：「思也。從亼册。會意。」有條理分析之意。

論：言之成理者。

倫：人事之有條理者。

棆：木之無疵者。

淪：水之成紋有理者。

掄：擇之條貫有序者。

輪：車之有輻而見條理者。

「垚」：《説文》：「高也。從三土。會意。」有崇高長大之意。

趬：行輕而擧足。

譊：口諠，高聲。

翹：高擧尾巴。

曉：日之高也。

顤：高長頭。

嶢：高山。

[44] 胡樸安：《從文字學上考見中國古代之聲韻與言語》，pp. 162-163。

驍：高頭大馬。

獫：犬之高者。

燒：火之高者。

繞：纏之長者。

「音」：《說文》：「聲也。生於心，有節於外。」有壓抑節制之意。

喑：啼極無聲。

暗：日無光也。

瘖：因失音而聲極幽闇者。

黯：色之深闇者。

窨：地室也。

闇：閉門也。

「勹」：《說文》：「裹也，象人曲有所包裹。」有包容滿實之意。

包：人裹妊也。巳在中，象子未成形。

胞：面有生氣，面皮飽滿。

胞：胎衣，裹胎兒而滿實也。

飽：猒也，滿也。食飽則滿實。

匏：瓠也。瓜壺能藏物使滿實也。

袍：襺也，外衣也。能包括滿身。

褒：今抱字。古以衣褒，卽以衣負兒於背，襁褓也。

泡：水上浮漚，似面生氣之胞。

匋：瓦器甒也，器能充物使滿實。

陶：再成丘也，丘形有包括滿實之象。

此中要注意者：推展建基於音之轉移，然而，正如前述，有關的

「類比原項」本身的意義既可以是有理可循的，但亦可能是無以斷定的。總的而言，推展語於語言學上的意義不在於說明某一兩字音的構義根據，而在於以一音一語爲線索，系統地追索一意義相關的語詞場域也。

推展語的問題，在傳統音韻學中，涉及「聲訓」和「聲符載義」等問題。對這問題最早而又最概括之論，當推北宋王聖美的「右文說」。王氏作《字解》因避王安石之字書而失傳。所謂「右文說」可從沈括的引錄見其端倪：「王聖美治字學，演其義以爲右文，古之字書，皆從左文，凡字，其類在左，其義在右，如木類，其左皆從木，所謂右文者，如戔、小也。水之小者曰淺，金之小者曰錢，歹而小者曰殘，貝之小者曰賤，如此之類，皆以戔爲義也。」❹ 右文說的提出，從小學的發展來看，固予學者如王安石等單憑字義以爲穿鑿之風以當頭一棒，復對清代的音韻學和今人所謂「形聲多兼會意」之說❹提供了研究的方向。就漢語的構義理論而言，可說把音聲的構義功能發揮得淋漓盡致了。

(d)「說明語」

胡樸安認爲，所謂「說明語」基本上是人類語言和知識都發達以後，由於言語衆多，爲了重新反省、歸類和整理的要求而產生的。以人生種種哭笑現象爲例，《說文解字》中有七種哭八種笑，分別都可成爲單獨語。後來爲了統其所屬，乃產生「哭」、「笑」這兩個說明語。其他如「鳥」、「獸」、「禽」都基於同樣原則而列爲說明語。胡樸

---

❹　沈括著：《夢溪筆談》，卷十四。

❹　形聲字中聲響之載義問題，近人言之最詳者，當推黃永武：《形聲多兼會意考》，（臺北：文史哲出版社，1983），五版。

安指出， 說明語的產生是相當後起的， 故於《說文解字》中並不多見，反而《爾雅》一書，由於本來就是爲了整理義近類別之作，因此所收說明語較多。

用現代的說法， 說明語的功用是經驗的抽象和歸納。 說明語之爲言語，基本上是一些有高度概括性的「共相詞」。但要注意的兩點是： 一、充當說明語的語詞不一定需要新鑄，而可以徵取原來的單獨語或推展語， 賦之以新義而成。 例如「獸」本來是某一種狗的單獨語， 但後來用作說明語以指百獸。二、一說明語所概括的意義是可以隨人類的知識而改變的。例如「禽」曾用作走獸之總名，但今人則以「禽」專指飛禽。

(三)漢語語音構義問題與漢語的「語音匱乏」現象

論者在比較漢語與其他語言的語音系統時，常常指出， 漢語的語音系統顯示了一定的弱勢。洪堡特雖沒留下對漢語語音系統的細部研究， 但他對這問題卻有一很明確的判斷： 漢語的整體弱點在於「語音匱乏」 (Lautarmut) [47]。從語言學的角度看， 語音是傳達意義的基本符號，這也是「語音構義」作爲一獨立課題的意義所在。經過上一節有關漢語「語音構義」問題的討論，我們是否可對漢語的「語音匱乏」現象有所說明呢？

從上述各項討論所見，「語音構義」 的問題於漢語中基本上是存在的。而有關的各種構義機制於一定程度上亦是有跡可尋的。這使我們在比較印歐語言和漢語的過程中， 於重新肯定漢語的特色之餘， 找到極爲重要的「語言共相」。 這與洪堡特「求同存異」的要求可謂吻

---

[47] 洪堡特：＜致雷姆薩先生的信＞，p. 84。

合。 胡樸安在總結《從文字學上考見中國古代之聲韻與言語》一書時, 即有以下一語:「吾甚希望有同志者先於聲韻一方面在書本子上盡量發掘, 以研究言語之發生與推展, 建一中國言語學之系統, 再比較世界言語之發生與推展, 是否與中國言語之發生與推展相同, 爲言語的考古學。」❹ 胡氏於卷末申明「吾不懂言語學, 更不懂世界任何一國的言語……自然音、效物音、狀況音、轉移音、單獨語、聯合語、推展語、說明語八個名詞, 是我所剏制的, 是否合用, 敬請閱者多所指教。」❹ 以洪堡特之學當時於國內根本不普及而言, 以上所述應確是胡氏自己推敲研究的結果。胡樸安的「四音」, 在漢語語音構義的問題上, 實已把洪堡特的基本想法和區分模式完全體現出來了。而胡氏「四語」, 更就漢語有意識的運用、濫觴與拓展提出了更進於洪堡特的反省。 其可貴處, 他日或應由西方的洪堡特學者回頭處理之。

總的來說, 胡樸安的自然音和效物音對應於「擬聲」, 狀況音對應於「象徵」, 而轉移音則對應於「類比」。換言之, 胡樸安所謂「四音」亦可化約爲洪堡特的三種「音型」。此中, 如果自然音和效物音反映了我國先民的「模仿力」的話, 狀況音便可謂反映了我先民的「觀察力」, 至於轉移音, 其所反映的, 基本上是我先民的「想像力」。這三種「音型」於漢語中都表現了一定的構義功能, 而其中所涉的構義依據亦大致上與其他有代表性的語言一致。然而, 正如前述, 我們揭示了漢語語音的普遍性之餘, 亦不應忽略其特殊性。現茲就三種「音型」於漢語語言環境下的具體得失分說如下:

洪堡特三種語言模式中, 漢語於第一種模式的使用最爲發達, 而

---

❹ 胡樸安:《從文字學上考見中國古代之聲韻與言語》, p. 167。

❹ 同❹。

此中又以涉及人類感情方面的模擬最爲突出。胡樸安於「自然音」條
目下，便臚列了大量與哭、笑、喜、怒、哀、樂等與人類情緒感受有
關的擬聲詞。這是否意味着中國人自有言語之始卽較注意一己及他人
之感受？中國文化向被認爲有重視人事世界的取向。要瞭解這個傳統
怎樣形成，這些本已爲國人所忘懷，但卻殘存於《說文》等典籍中的
「太古遺音」是否可提供一絲線索呢？

　　再就語音的象徵使用看，就胡氏分析所顯示，漢語裏象徵模式的
使用基本上只限於元音，輔音的象徵運用，在漢語中卻顯得非常隱
晦。這情況，至今日而不改。比起西方的許多語言，漢語對於象徵
語音的運用是很明顯地是遠遠遜色的。若從印歐語系中的日耳曼語來
看，我們知道，語音的象徵運用是有高度的認知作用的。特別是日耳
曼語中的輔音叢，幾乎可說是日耳曼民族用以揣度自然世界底物理性
質和運動素質的鑰匙。胡樸安於書中未及處理古漢語可能存在的複聲
母問題，固爲可惜之事。但以複聲母研究成果豐盛的今天，我們是否
可就複聲母的構義機制與構義依據問題再進一階呢？無論如何，古代
漢語是否有複聲母是一回事，但只要複聲母之喪失成爲今日之事實，
則就此而言，漢語語音的象徵構義作用，在與印歐語言比較起來，簡
直是無足輕重了。如果我們說漢語語音基本上顯得疲弱的話，則從語
音象徵的簡陋上看，可謂已略見其端了。此外，無論古漢語是否有複
聲母，今日漢語複聲母的絕跡必然地引出一種理論上的考慮，就是今
日漢語如何能對本有強大構義功能的複聲母的匱乏作出合適的補償。

　　就語音的類比使用而言，作者在〈語音與意義建構〉一文中曾申
論：洪堡特就語音的類比構義模式的陳述，立場不太明確之餘，還有
舉棋不定之態。而且，洪堡特就語音構義機制雖然明確三分，但在
討論時，象徵和類比兩模式卻往往並論。後來，其門人史太恩塔爾

(Steinthal) 又透露出洪堡特在說明「類比」時曾用 Gischt/Geist 互轉之例（後刪去）。作者因而指出，眞正朝向雙重分節和語言經濟的原則去爲語音的類比作出恰當詮釋者，並非洪堡特，而乃後來的索緒爾。從洪堡特就類比問題的猶疑到索緒爾類比理論的完成，我們可區分如下：洪堡特雖已略具日後索緒爾的想法，但沒有進一步發揮，反而在塗抹掉的一個例子中透露出其一種近似於語音象徵的類比。這一種類比其實與象徵同樣都建立於意義的想像轉移之上。所不同者，只是前者較爲具體，後者較爲抽象而已。至於索緒爾的語音類比，則把語音完全當作一些本無意義的語音區別籌碼，而讓其隨意地組合之，成爲一些用以識別人類心靈各種可能的意向的、和有高度抽象意義的語素（如-ness, -hood, -able, re-, en-, post-, dis-, sub-等）。這些語素復可進一步自由游離，與不同來源的詞幹互相配搭，爲印歐民族構成意義嶄新的新詞，促進了印歐民族於思維上的開發。

以上述兩種意義的「類比」質之於漢語，我們幾乎可以肯定地說：由於漢語是單音節的，而後來漢字又不是標音文字，要於漢語系統中發展出索緒爾的類比模式是先天地不可能的。事實上，索緒爾在討論語言中的類比時，曾經提出漢語作爲一比較。索緒爾便認爲漢語不能產生他所指的類比，理由是漢語語詞大都是一些「單純詞」、和大都是「不能分解」的❺。綜合觀之，漢語最多只能有洪堡特構思中的類比，也卽是胡樸安所說的轉移音或推展語。此中，轉移或推展都必須先以某些已有一定意義的語素爲基礎，再憑想像力以爲意義之轉

❺ 參見索緒爾：《普通語言學教程》，p. 234。索緒爾謂漢語的「單純詞」不能分解，嚴格而言，只能就漢語語素不能有音節層面 (Syllablic) 的分解而言。儘管如此，漢語卻可有「聲」和「韻」的分解（雖然這些分解對一般人來說顯得太隱晦）。最重要的是漢語引生出漢字後，漢字乃可以有部件上的分解，從而引出下文所謂「文字類比」的問題。

移。

　　然而，漢語語音這一種意義轉移卻隱藏著一個頗嚴重的問題。問題是：卽使漢語中存在著這些洪堡特式的語音類比關係，這些語音上的關係對於日常生活中的吾人來說，都是難以被清楚察覺的。漢語中的所謂語音轉移通常只是一個單音與另一個單音的同值或近似的觀察，所謂近似，通常更只是「雙聲」、「疊韻」、乃至「旁轉」等關係。與印歐語詞於詞幹之外更容許獨立的和清楚易辨的語素參加類比轉移關係的情形比起來，漢語中的語音類比變化亦疲弱得多了，而其所謂「雙聲疊韻」等類比轉移關係亦簡直是隱晦得多了。試想除了專業的學者外，有多少中國人於日常生活上和於思想時會注意到「聲旁載義」、「音近義同」等守則呢？這樣的話，漢語的語音類比儘管可以成爲音韻學家的研究對象，但對於常人來說，是意義不大的。而要國人以這一意義的語音類比，從事「能產」的思維工作，簡直是不可能和不切實際。

　　洪堡特和索緒爾等都認爲語音的「類比」是人類語言乃至人類思維「最能產」的機制。正如洪堡特說：「語言乃精神的工作（Arbeit des Geistes）」❺，漢語中語音類比雖然可以找到一些例子，但與印歐語言中的語音「類比」相較之下，無論於數量和於靈活性上來看，都絕對稱不上是一種「能產」的意義處理模式。今吾人說明了漢語語音對於漢語意義世界不能提供足夠的生產力，我們是否要因而感到氣餒呢？把話說回來，中國悠遠而且璀璨的文化傳統，世人有目共睹。硬說中國的語言沒有「創造力」和「生產力」，實難以令人心服。而問題是，漢語最關鍵性的「生產力」倘不在語音，到底應該往那裏去

---

❺　洪堡特：《人類語言結構》，p. 419。

找尋呢？

五、從洪堡特觀點看漢語的語法機制

(一)語音的語法功能與漢語語音的相對弱勢

　　在洪堡特的語言理論中，語音是極重要的一環。在〈語音與意義建構〉一文中，作者已就洪堡特的語音構義理論詳細說明。洪堡特雖一再談論漢語，但單就漢語語音構義問題的討論卻並不多。本文前段中，作者卽借用近人胡樸安的理論，指出洪堡特的語音構義理論，是可以應用於漢語之上而有所發明的。

　　對洪堡特來說，語音除了上述的構義功能外，還可發揮強大的語法功能。在這裏，我們首先看洪堡特怎樣界定「語法」。洪堡特把「語法」(Grammatik) 大分為「句法」(Syntax) 和「形態構詞法」(Morphologie)。所謂句法就是造句之法，一般來說是由語詞的秩序安排 (Wortstellung) 去決定的。句法和語音的關係並不顯著。至於所謂形態構詞法，主要涉及語詞的形態變化，如動詞、名詞、代詞乃至形詞之變化 (Inflexion)，和不同詞性的轉換等。在印歐語言中，這一干問題，主要由「音變」去承擔。語音的變化，使每一語詞的語法特性（例如，是名詞或動詞，還有有關的數、格、時等細緻變化等），都給清楚的制定下來。語音用之於語法之上，卽構成所謂「形態音位」(Morpho-Phoneme)，並成為印歐語言的語法範疇中極重要的一環。

　　對洪堡特來說，印歐語言中的形態語法範疇的重要性，在於其對印歐民族的心靈的影響。洪堡特說：「這些語法範疇，看來不甚顯眼，

卻是一就手的工具，讓人可按思想的需要，把句子彼此聯繫，讓思想
得以展翅翱翔；它們容許和促使心靈把思想底最微細的差異和最含蓄
的連繫都給表達出來。正如概念於一個人的腦袋中在編織著一張無間
的羅網一樣，它們（語法範疇）在這語言底優秀的組織中親睹了同樣
的完整性和同樣的無間性。藉著種種細微變化中的浸淫，它們爲這些
幾乎無法感知的變化找到恰當的表達。」⓾ 語音的語法功用，其意義
竟深遠至於此，是許多人意想不到的。那麼，漢語的語音系統之於中
國人的思維，能否構成同樣的好處呢？洪堡特的答案是否定的。理由
是漢語語音系統相對於印歐語言的語音系統來說，顯得過於疲弱了。
談到漢語語音系統，近人張世祿指出：「中國語言早已具有了『單音
綴的』和『孤立的』兩種特性。」 ⓾ 要了解漢語語音系統「積弱」的
意思，得先就「單音節」和「孤立」兩個問題一談。

　　漢字爲單音節基本上是沒有人懷疑的，但漢語是否單音節則爭論
較多。我以爲漢字和漢語兩者都是單音節的。一般反對漢語爲單音節
之說，其所持之據，不外謂從「言語」和「語詞」的角度看，漢語可
以有複音詞一點。但如細心審度的話，這說法是不能成立的。因爲印
歐語言之所以稱爲多音節，亦不僅在於複音詞的存在，而是因爲其可
用多個音去表達一個語素，如英語中的Honey, Every, Sorrow等。
今觀漢語語詞中的所謂複音詞，除了極少例外（一般都是如「葡萄」、
「苜蓿」等外來語），都還是一些由多個語素（Morphemes）以不
同方式組合而成的，而其中每一個語素單獨來看，都是單音節的（如
「天下」、「白丁」、「黔首」、「計程車」等）。就這問題，黃季剛亦說：

⓾　洪堡特：＜致雷姆薩先生的信＞，p. 65。
⓾　張世祿：《中國音韻學史》上冊，（上海：上海書店，1984），據1936年版複
　　印，p. 7。

「中國語言以單音爲根，一音之發，必表一完整之意，與西人之爲複語種族不同。其間有二音者，必本於胡語，如珊瑚之類是也。」❸由此看，漢語之爲單音節，並非只就言語上講，而是就思維的深層分解上講的。

至於所謂「孤立」，是指相對於印歐語言來說，漢族自先民階段起即不尙於把語音的運用複雜化，而喜歡讓語音清楚地間開。而印歐語言習於使用的，以語音變化爲基礎而讓語詞彼此掛鉤連繫的語法範疇，漢語自始即不予考慮。洪堡特把漢語歸入「分離語」一類型，亦是此故❺。總合了單音節和分離兩種性質，客觀的後果就是構成了漢語語音的弱勢。

印歐語法中的「形態構詞法」得以一強有力的語音系統作支援，固如前述。今漢語語音的相對弱勢既然得證，洪堡特乃可就漢語的語法作如下的初步判斷：「其他語言的語法既有形態構詞法的一部分亦有句法的一部分，但漢語卻只知有句法。」❺

(二)漢語語法只有句法是不是一種缺憾？

本文初段，我們曾指出，洪堡特並不因爲漢語的語法機制異於印歐語言而認爲漢語是一種「較不完美的語言」。相反地，洪堡特把

❸ 黃侃：《文字聲韻訓詁筆記》，（臺北：木鐸出版社，1983），p. 99, 56。
❺ 洪堡特：《人類語言結構》，p. 674。
❺ 洪堡特：〈致雷姆薩先生的信〉，p. 18；〈漢語語法結構〉，p. 310。論者或會爭議說漢語於句法之外亦有其構詞法。但重要的是，一般所謂漢語構詞法絕不可能是洪堡特所謂的建立於「音變」之上的 Morphologie，而只是從句法引申出來的，或者可說是句法的局部考慮的構詞法。我們只要翻看陸志韋有關《漢語的構詞法》一書各章，即可得此結論。參見陸志韋等著：《漢語的構詞法》（修訂本），（香港：中華書局，1977）。

漢語和梵語並列為人類語言兩種形態迥異，卻同樣各領風騷的完美典
範。當然，洪堡特或許某一程度上有懾於中國古老文明之嫌，但無論
如何，洪堡特力圖為漢語於語音系統匱乏的條件下，能夠維持有效和
有活力的語言運作這一點作出解釋。

　　洪堡特就這問題的基本態度主要有兩點：一、面對其語音系統的
相對弱勢，漢語相繼地開發了一系列有代償作用的語言機制，以作平
衡。這些代償機制中有一些是涉及語音系統本身的，有些卻涉及語法
系統乃至語義系統的。二、漢語基於其語音系統的匱乏，乃放棄了其
他語言的語法優點，並且把其本身於語音上的缺點轉化為其他民族所
無的優點。以上兩論點中，第一點國人頗有論及，但第二點對作者來
說，可謂耳目一新，洪堡特對漢語反省之所以為他山之石，莫過於
此。茲就此二問題於(三)、(四)兩節分述如下：

(三)漢語語音系統中所產生的代償機制

　　洪堡特在其有關語言的著述中，零星地提到許多漢語就本身語音
系統匱乏而產生的代償機制。這些代償機制中，有一些是涉及語音本
身的，有一些已涉及句法和修辭，甚至涉及漢字的問題。這幾種代償
機制雖屬不同層次，但卻有一共通點，就是都與漢語語音系統的弱勢
所造成的意義區別或意義制約不足有關。但為了層次的區分，以下先
只就與漢語語音系統本身有關的代償機制交代。至於其他於語音以外
如語法和語義等代償機制，將於後續的有關章節討論。

1.以聲調變化加強語音的變化。洪堡特多次指出，漢語乃世上罕有的
　聲調語言 (Tonsprache)。漢語的聲調不同於其他語言的所謂聲
　調。大多其他語言即使有所謂聲調，亦只有語調上的制約性，唯漢
　語的聲調才有意義的制約性和區別性。

2.輕微的音變。在〈致雷姆薩先生的信〉中，洪堡特在指出了漢語語詞無形態變化之餘，竟能指出兩種例外：其一、名詞轉作動詞時音調隨之而轉。他沒有舉出例子，但對國人來說，除了名詞轉動詞外，其他詞類轉換亦可帶來調乃至音的轉換，乃熟知之事也（如「君子好逑」、「以女妻之」、「如惡惡臭」、「非所以要譽於鄉黨朋友也」等句子中「好」、「妻」、「惡」、「要」等詞）。其二、一些複合詞由於帶「子」而其作為名詞的語法特性立顯❺。

3.複詞化的趨勢。漢語以單獨語起家，而逐漸引入聯合語，而且詞數與日俱增。所謂聯合語，其實就是複音詞。單從語音的角度看，複音詞的流衍具有增加語音複雜性和區別性的作用。但除此之外，複音詞對於漢語的意義世界的孳乳本身亦大有貢獻。洪堡特還注意到漢語複音詞構成的多種可能途徑：如同義詞的結合，反義詞的結合，語詞重疊（Verdoppelung, Reduplication）❺。

(四)漢語語法的約制不在「形式」而在「精神」

漢語語法只有句法而無形態構詞法，固如前述。那麼，從表面上觀察，漢語的語法便得由句法去獨力承擔了。往下推論，我們不難得出一種想法，以為漢語不單語音系統呈現弱勢，而且連語法系統也呈現弱勢。對於這種想法，洪堡特是完全不贊同的。

漢語的語音系統無法支援形態語法範疇，固是事實。如從印歐語言的標準來看，這固然是很不愜意的事。但另一角度看，洪堡特卻說：「表面上看，『漢語』似乎是一種最不完美的語言。但細察之下，

❺ 洪堡特：〈致雷姆薩先生的信〉，p. 53；〈漢語語法結構〉，p. 315。
❺ 洪堡特：《人類語言結構》，p. 728。

根本不然。反而，漢語表現了極大的優點，就是能對心智構成極爲有力的影響，儘管這影響是比較片面的。」⑤ 洪堡特指出，漢語由於不能好像印歐語言一樣，倚仗語音去承擔語法的工作，乃逼使中國人的心靈必須於遣詞造句時格外留神，對詞藻的運用，作出全面的駕馭。因此洪堡特說：「聽來充滿弔詭，但卻屬實：漢語語法（實指形態語法）的表面匱乏，正好全面提高了中國人的心靈對言語的形式聯繫的掌握，反而，意圖建立一些不成功的語法結構會使心靈顯得睏盹之餘，復因形式意義與實質意義的混淆而變得隱晦。」⑥ 洪堡特又指出，漢語語法就形態語法範疇方面雖然不如印歐語言，但漢語語法的特點卻正在於「放棄其他語言所共有的長處，另行開發他人所無唯己所有的長處。」⑥ 我們知道，印歐語言中的形態語法範疇的特點就是透過種種語詞的形態變化，把一長句中的各項概念有系統地組織聯繫起來。今漢語語詞雖缺乏形態變化，卻反促使精神把注意力集中到概念的實質意義上去。再者，漢語的語詞一般都以非常緊湊的方式給鮮明地排列襯托出來，予人「有力和恰當」⑥ 的感覺。具體地說，就是捨棄一強勢的語音系統所能提供的種種過於繁冗的語音變化，讓精神集中於一些關鍵性的概念上，以期達到「言簡意賅」的，「純粹的智性的愉悅」（rein intellectuelles Vergnügen）的效果⑥。透過這一語法策略上的調整，「漢語把一項缺點轉化爲一項優點」⑥。

　　洪堡特這番話和他的語音理論比較起來，顯得抽象得多了。但歸

---

⑤　同㊿，p. 673。
⑥　同⑤，p. 674。
⑥　洪堡特：＜致雷姆薩先生的信＞，p. 61；＜漢語語法結構＞，p. 321。
⑥　洪堡特：＜致雷姆薩先生的信＞，p. 64。
⑥　洪堡特：＜漢語語法結構＞，p. 321。
⑥　洪堡特：＜致雷姆薩先生的信＞，p. 81。

根結底來說，可謂反映了他對人類語言問題的根本看法。我們知道，洪堡特的語言理論是建立在當時極為流行的觀念論哲學之上。基本上，洪堡特把語言現象看作人類的心智活動的結果。語言靈動的表現，就是人類精神活力的表現。洪堡特所指的漢語語法的特長，正就是因為省卻了種種可能的語法範疇，而逼使精神發揮高度的專注，使句子中的語詞以一合適的語序給組合起來。洪堡特指出，漢語語法端賴詞序構成。而一語句中各詞項的次序是否「合法」，是根本沒有語音形式上的制約性的，而是由說話者「心中有數」(im Inneren des Geistes)地制定的⑥。至於聽者方面，語序的詮述亦同樣得由聽者自行去「摸索」⑥。洪堡特對漢語語法的這種理解，從西方形態語法觀點看，未免難解。然近日觀張世祿及其門人申小龍的書，卻見張氏等提出了相近的看法。他們指出印歐語法側重於「形攝」，而漢語語法的關鍵則在於「神攝」。一者重視 Form，另一者重視 Geist，其與洪堡特之見，可堪印證⑥。

對洪堡特來說，漢語這種特有的語法系統，對於漢語的使用本身，既會構成一定的特色，亦會留下一定的影響。這些特色或影響可了解為漢語因語音匱乏而產生的另一層面的代償機制。茲就其中較重要者分述之：

1. 虛詞的大量使用。洪堡特很重視小品詞 (Partikeln) 於漢語中的地位。他有時甚至認為漢語語法就是小品詞和詞序合而構成的。⑥洪堡特此中所說的小品詞，或可叫語法詞 (grammatischen

---

⑥ 洪堡特：《人類語言結構》，p. 715; <漢語語法結構>，p. 312。
⑥ 洪堡特：《人類語言結構》，p. 536。
⑥ 引見申小龍：《中國語言的結構與人文精神》，p. 43f, p. 57f。
⑥ 洪堡特：<漢語語法結構>，p. 316。

Wörter); 指的主要是我們所謂的虛詞 (leere Wörter)。他認為漢語虛詞並不同其他語言中的小品詞。「漢語虛詞的目的不在於表達語法範疇，而在於顯示思路的轉折。」[69] 洪堡特還指出漢語虛詞固沒有一固定的詞性，甚至其功能上的意義也是不固定的，真可說是「義隨心轉」。他還曾以「之」、「也」、「而」等虛詞為例，以明所指，於此不贅[70]。洪堡特此中所謂「思路的轉折」，如再細分，除了可涉及句子結構外，還可有表達情緒感受等其他用途[71]。

2. 成語和俗語的運用。洪堡特指出，由於漢語於形式上沒有嚴格的語法制約性，聽者或讀者乃有較大的解釋空間，但這同時意味聽者和讀者於心靈層面的參與和精神上的壓力也較大，而產生溝通誤會的機會也較大[72]。然而洪堡特跟著指出，為了舒緩過多這方面的理解壓力，中國人發展了「為數難以估計的」，而且「作為語言習慣地被視為天經地義的」(durch die sprachliche Gewohnheit geheiligt) 成語和俗語。[73]

3. 句子尚短。洪堡特認為短句乃漢語的特色。「幾乎所有漢語句子都是極短的，即使一些在翻譯裏看來長而複雜的句子，其實大都是由多個短小精悍的句子組成的，漢語句子這一特性似乎對中國人的心

---

[69] 洪堡特：〈致雷姆薩先生的信〉，p. 47。

[70] 洪堡特：〈致雷姆薩先生的信〉，pp. 44-47；〈漢語語法結構〉，pp. 316-320。

[71] 張世祿認為漢語所有的虛詞都可以歸入表示句法結構的關係詞和表示句子語氣的語氣詞兩大類。引見申小龍著：〈論張世祿語言哲學的民族性〉，見：《中國語言的結構與人文精神》，p. 49。另見張世祿著：《古代漢語》。（上海：上海教育出版社，1978）。

[72] 洪堡特：〈致雷姆薩先生的信〉，p. 52。

[73] 同[72]；〈漢語語法結構〉，p. 320。

靈最為合適。」❼ 由於沒有形態語法範疇的制約，漢語不利於長句的產生。漢語基本上崇尚短句，俾思想易於掣肘；其他如「三字經」、「四字詞」，詩詞裏如五言、七言、詞牌等的格律都與漢語追求「言簡意賅」一原則有關。

4. 短於推理，長於直覺。而由於缺乏語法形式，漢語語詞的意義便必須由精神隨機地揣摩之。與西方語言比較起來，漢語不便於構成如西語一般條理分明、關係錯綜的長句子，而寧取較短的句子。但儘管如此，漢語精簡的短句卻因摒棄了機械式的關係結構，讓有關的語詞的意義能鮮明地彼此襯托。這種趨向的結果，使得中國語言不利於推理思維，卻往往泄於直覺性的哲理和情感❼。

5. 談語法不能抽離語言的實際意義脈絡。就語言的實際的使用和理解問題，洪堡特有一項很有趣的觀察：以西方的古典語言而論，吾人在處理一段文獻時，「可以先著手於語法的解釋與結構的分析，然後才翻字典為各語詞求解。而此一技倆對於漢語卻是行不通的。」❼ 其中的原因是，漢語的理解基本上以意義為中心。對於洪堡特來說，漢語語詞的語法既無語音或其他形式上的制約，因此必須於具體的語言脈絡與意義場合中才能清楚的顯示❼。

---

❼ 洪堡特：＜致雷姆薩先生的信＞，p. 52, p. 69。

❼ 同❼，p. 67。最有趣的是，十八世紀初時，萊布尼茲曾慨歎當時的德語只長於技術和實務的描述而短於哲學性和感情性的語彙。想不到百多年後洪堡特可「禮失而求諸野」，在漢語中找到萊布尼茲認為德國人所欠缺者！參見：G. Leibniz, Unvorgreifliche Gedanken, *betreffend die Ausübung und Verbesserung der deutschen Sprache*, (Zwei Aufsätze), (Stuttgart: Reclam, 1983), pp. 9-10。

❼ 洪堡特：＜致雷姆薩先生的信＞，p. 50；＜漢語語法結構＞，p. 309f。

❼ 洪堡特：＜致雷姆薩先生的信＞，p. 48。

6.所謂「失之東隅，收之桑楡」，由於漢語語詞的語法特性不能像西方語言中的語詞一般淸楚地給區別，因此，吾人要衡量某一語詞於某一語序組合中是否得當，唯一的把柄就是在實際的語句中認淸楚所有有關的語詞的「意義」。這整體地提高了語義問題於漢語中的重要性。加上漢語語音本來的匱乏，終於促使中國人另闢蹊徑，爲意義世界的高度掌握創造新條件。這與漢字的構成和發展，可謂配合無間。

六、從洪堡特觀點看漢語和漢字的意義孳乳問題

(一)「思想的文字」與「文字的類比」

在1822年致 Welcker 的一封信中，洪堡特曾指出，表意文字如漢字與標音文字最大的分別是：後者可稱爲「言語的文字」(Schrift der Worte)，而前者則是「思想的文字」(Gedankenschrift)[79]。此中引出一個很重要的問題，就是：這兩種文字取得意義的途徑有甚麼不同呢？洪堡特這一項區分本來是針對印歐民族的標音文字與中國人的表意文字而發的。前者是因音而得義，而後者取得意義的機制卻不限於音聲，而兼及於視覺意象。此中，標音文字與言語之間有一信息上的一一對應關係。換言之，標音文字只是「忠實地」從語音的向度傳達了人類現實生活中的言語內容。如果這些文字是有意義的話，

---

[79] 這封信是洪堡特在開始研習漢語不久時寫的。參見 Wilhelm von Humboldt, *Werke in Fünf Bänden*, Band V. *Kleine Schriften*, *Autobiographisches, Dichtungen, Briefe,* (Darmstadt: Wissenschaftliche Buchgesellschaft, 1981), pp. 251-259。

則這些意義亦早已於有關的言語中全面體現了，其文字本身對於意義的構成來說，是沒有分毫增益的。相反地，表意文字則大大不同。除了一些特殊情況（如漢字六書中的假借）外，表意文字的意義建構都在不同程度上涉及視覺意念的結合。這些「思想」或「意念」不只貯存於言語的音聲之中，還藏身於字的形體中。

如果把洪堡特這一區分稍加推展，我們不難發覺，即使在漢字裏，我們亦可以找到一個類似的對立。這就是漢字裏分別帶有「聲符」和「意符」這一現象。在本文前段的章節中，作者詳述了漢語的語音構義問題，在討論過程中，我們先假定語音是可以獨立地進行構義工作的。我們發現漢語的語音構義活動，基本上與其他語言相似，都是由簡到繁，由直接到間接地循擬聲、象徵和類比這個發展梯階進行的。我們揭示了，漢語語音與中國人的意義世界有千絲萬縷的關係。而這些由音聲所得的意義的訊息，在漢字產生以後，基本上都錄載於一些有關的「聲符」中了。然而，在總結討論時，我們便曾指出，漢語中這些和意義有關的語音變化不易引起使用該語言的人的注意，形成語音的構義機制徒足供聲韻學家玩賞，而不足以對普通人於意義的掌握上提供重要的指引的問題。

這一個想法，洪堡特似亦贊同。在〈致雷姆薩先生的信〉中洪堡特便說：「語源學（Etymologie）讓我們得知語言中概念的關連。就漢語而論，語源學自然地具有一雙重性格：它既建基於文字（Schriftzeichen），也建基於言語（Wörter）；然而，它只有在前者『字形』中才來得顯著醒目。」[79] 他甚至說，漢字部件所謂醒人之目，至於「直撲眼簾」(springen geradezu in die Augen)[80]。

[79] 洪堡特：〈致雷姆薩先生的信〉，p. 80。
[80] 同[79]。

　　我們知道漢語的語音系統是一語音變化相對地簡單薄弱的系統。洪堡特指出，語言中音變的作用是要增加語音的分殊性，從而增加語言的絕對資源。這些由語音分殊而構成的資源愈豐富，則概念與概念之間的聯繫便愈見明晰。今漢語語音分殊的匱乏，對於依音聲以辨別概念而言是會造成障礙的。本來，漢字形部的視覺信息與聲部的聽覺信息，可說是漢語意義系統的兩個支柱。如經之於緯，委實是不可偏廢的。然而，如果我們從日常溝通的需求上看，則便應有所偏重了。總括而言，漢字聲符雖然帶義，但由於語音變化不多，不足以應付日益繁重的意義區別工作。在這一關鍵上，漢字裏的意符或形部的構義功能，便成為上述各種「代償機制」以外最具重要性的代償工具了。

　　漢語音韻系統語音變化較少，是不爭的事實。至於漢語較弱的語音系統，對於日常生活是否有影響、是否有不足，這問題對於習以為常的國人來說，是很難下判斷的。但在西方人心目中，這種不足似乎是很當然的。德國哲學家萊布尼茲便曾指出，中國人長於書寫而短於言辭。並說往往見中國人彼此談話，言語不能盡達己意時，要「用手指在空氣中描出字形」[81]。洪堡特更臆度說：「會講會寫的中國人，大概在說話或思想時，都許多時會想起有關的文字。」[82] 在總結漢字對於中國人思維的影響時，洪堡特說：「一般而言，漢字的影響在於把吾人對語音及語音與概念的關聯的注意力 （Aufmerksamkeit） 轉移。此中，用以取代語音的，並非一具象圖形 （如埃及的聖書文字），而是一約定俗成的字符；由於字符的意義必須從其與概念的關係中去尋求，因此吾人的精神必須直接面對著概念。」[83] 從洪堡特的立場出

---

[81]　G. Leibniz, *Unvorgreifliche Gedanken*…, *op. cit.*, p. 27。

[82]　洪堡特：＜致雷姆薩先生的信＞，p. 80。

[83]　同[82]。

發，語言活動基本上本來是「精神」如何對語音加以有效運用的問題。漢語語音系統既顯得匱乏，則人類的精神乃很自然地把「心力」轉移到字符上去。印歐民族的文字是言語的機械的表達，是不耗費「精神」的；相反地，漢字的意義必須由精神去駕馭之，一個個的漢字裏，精神都烙下其活動痕跡。在這問題上，洪堡特遂指出，漢字之要求精神直接參與，與漢語語法之要求精神高度參與，理由是如出一轍的❽。洪堡特稱漢字是「思想的文字」也就是這個原因。洪堡特還精警地指出，中國人的文化成長是和漢字的發展不可分割的。他還說：「漢字的種種型構中，本卽顯示了哲學工夫（philosophische Arbeit）在其中。」❺漢字世界有如一個無價的思想寶庫，在默默無言地靜候著一代一代國人的汲取。

我們在討論漢語的語音構義問題時，指出「擬聲」、「象徵」、和「類比」三種語音運用模式雖然都曾存在，但由於漢語語音系統的相對弱勢，在印歐語言中被視爲最「能產」、最靈活的語音類比模式，在漢語中不能充分地發揮。更重要者，是卽使已發揮出來的一絲絲的類比意義關係，亦因爲語音系統的匱乏和音、義關係的隱晦而難以於吾人日常生活中產生積極的作用。那樣，中國人思維的「生產力」是否因此便注定了不能有長足的突破呢？在這個問題上，洪堡特提出了一個非常有啓發性的觀念。洪堡特指出，漢字一旦介入，便改變了漢語的意義建構機制。漢語語音雖然具有一定程度的類比功能，但總的而言，眞正能充分體現「類比」原則的強大功能的，卻不是「語音的類比」，而是「文字的類比」（Analogie der Schrift）❻。

❽　同❽。

❺　同❽，p. 81。

❻　洪堡特：《人類語言結構》，p. 477, 728。

(二)孫雍長的「轉注」理論

　　從索緒爾就語音「類比」的討論可見，「類比」之所以富於創造性，是其能容許吾人於使用語言時，能自覺或不自覺地把構成語詞的一些語素（如re-,-ment, -naire等）自然地游離和重組，因而在原有的語言成素中注入新的活力。從傳統文字學的角度觀察，今洪堡特的所謂「文字的類比」其實就是文字的意象符號各種部件（也是一般所謂的「部首」和「類首」）的游離與重組的現象。在漢字系統的各種結構中，與「文字的類比」上述的基本精神最切合的，大概要先數廣義的「轉注」問題。

　　「轉注」乃漢字「六書」之一。「轉注」的意義，向來都備受爭議。由於向無定論，轉注於六書之中，總的而言，亦最易被忽視。近年孫雍長君著《轉注論》一書[87]，竊以爲可就有關問題進一新解。孫雍長吸收了前賢如鄭子尹等的理論，他首先力排清代自戴震、王筠、段玉裁以下把六書區別爲「四體」（指事、象形、會意、形聲）「二用」（轉注、假借）之說，力證「假借」與「轉注」亦乃造字之法。在討論「轉注」時，孫氏除了提出自己獨特的理解模式外，還力稱廣義的「轉注」乃漢字「孳乳寖多」過程中「最爲能產」的支配原則。孫著中的申論牽涉頗廣，不能盡錄；現只取其中某些論點，視其能與「文字類比」現象相表裏者條陳如下：

1. 「轉注」乃針對「假借」過分發展的整治措施

　　孫雍長認爲「轉注」的產生與「假借」有關。漢字「假借」的產

[87]　孫雍長：《轉注論》，（長沙：岳麓書社，1991）。

生原因有二: 一是漢語以單音爲主，要表達天下萬物，語音不敷應
用; 二是有一些概念過於抽象，一時無法以六書中前四種與意象有關
的造字法爲之造字，乃求之於假借。《說文》稱假借爲「本無其字，
依聲託事」。「本無其字」是針對上述的一些抽象概念而言，由於本身
沒有字，而借用一些音近的字以爲己用，就是所謂「依聲託事」了⑱。
假借字用得多了，漢字系統便普遍地出現了一個字有多種風馬牛不相
及的用法的現象。 換言之，在漢字系統形成的過程中，假借一方面
有其必要性，但另一方面卻又構成不利溝通的條件。面對這種現象，
「轉注」乃被引進，對被混淆了的「假借字」進行「加注意符」的工
作，以達成清除歧義 (Disambiguation) 的目的。

2. 「轉注」的造字機制

談到「轉注」，許愼《說文解字》固以「建類一首，同意相受」
爲之釋。此中「建類一首，同意相受」，依孫氏之見，正好陳述了
轉注的造字機制。就以《說文》中的經典例子「考」、「老」爲例，此
中，「丂」乃一本已存在，而卻有多種用法的「轉注原體字」。在多種
用法中，「丂」可解作今「考妣」之「考」⑲。由於從字形上看，「丂」
作爲「考妣」之「考」的意義並不明顯，又易與「丂」的其他用法相

---

⑱ 六書中的「假借」與先秦兩漢流行的「同音通假」是兩回事。「同音通假」
是古人因地域、方便等原因而養成的積習。 其中，由於正字和通假字都是
「旣有其字」的「同音相代」現象，因此，同音通假對於漢字的意表系統來
說，根本是不必要的。唐以後，漢字使用規範漸成，同音通假便自然地給淘
汰了。 參見: 夏劍秋、夏炳臣著，《通假字小字典》的編者前言，(長沙:
湖南人民出版社，1986)。

⑲ 金文中卽有「皇丂」(《齊鎛》)、「厥丂」(《司土司敎》) 等用法。引見孫
雍長:《轉注論》，p. 49。

混，乃漸生一種要求，把「丂」移附於某一能標示其義之所屬的「類別」之下。這一個標示類別的過程，就是所謂「建類一首」。就上述例子來說，所標出之「類首」就是「老」。而轉注字之產生，就是把轉注原體字「丂」移附於與其大意相符的類首之下，也即為「丂」加注意符「老」而成「考」一字；而這就是所謂「同意相受」了。（金文「考」字原來寫作「𦒻」，即把老丂二字合寫在一起的，後來才簡化為「考」。）

3.轉注有從假借字之「本義」出發，亦有從「借義」出發

轉注基本上固為了清除假借所產生的歧義。今轉注之加工改造，固可以從假借字的「本義」（也即「被假借字」）著手，亦可以從其「借義」著手。換言之，可以把假借字按其本義當作轉注原體字，也可以按其借義作轉注原體字，才分別移注於標其大意的類首。按本義轉注的例子有如「其」之授予類首「竹」而成「箕」、或如「衰」之轉注為「蓑」、「然」之轉注為「燃」、「莫」之轉注為「暮」。按借義轉注的例子則有如「隹」（本「鳥」解）之轉注為「唯」、「羊」之轉注為「祥」、「唐」之轉注為「塘」等。

4.一字如有多個借義，則往往可引生出一羣轉注字

一假借字如有兩個以上的借義，乃可把該假借字當作轉注原體字，再分別移附於不同的類首之下，產生出一羣轉注字。如「隹」除可轉注入類首「口」而得「唯諾」之「唯」外，又可移入類首「心」而成「思惟」之「惟」。轉注除可為假借字的本義或借義另造新字外，有時還可同時為本義及借義（部分或所有）都另造新字。例如「易」本義為以手相賜贈解，後來除按不同的借義轉注得出「蜴」、「場」等字

外，還按本義而轉注得「賜」，而把「易」留給其他如變化、交易、不難等借義。又如「莫」本解日暮，後除把本義的「莫」加「日」轉注為「暮」外，還按多種不同的借義而轉注為「墓」、「慕」、「幕」，而原來的「莫」字，結果留作「莫須有」的「莫」。

5.轉注可自引申假借產生同源字，亦可按孳乳需求自行推衍出同源字

假借固以「諧音假借」為主，但此外亦有所謂「引申假借」。多個諧音假借字轉注而得的各字之間音聲雖近，但意義卻無關連。但如一字有一個或多個於取義上具引申關係的假借字，則自此而生的轉注字與原體字之間除卻音近之外，一般還意義相近，也即有「同源字」的關係。例如「井」之轉注為「阱」、「象」之轉注為「像」、「敖」之轉注為「遨」、「北」之轉注為「背」等。此外，由於語言的孳乳要求，即使在根本沒有引申假借使用的情況下，人們亦可按相同原則，以同一個「字種」為轉注原體字，按其基本意義再加注有不同意義色彩的意符（類首）而得出一羣同源字。如從「辟」轉注為「避」、「闢」、「僻」、「嬖」，或從「巠」轉注為「經」、「徑」、「頸」、「涇」等。循這一途徑而產生的同源字現象與傳統所謂「聲旁載義」的現象可謂不謀而合。事實上楊泉《物理論》中「堅」、「緊」、「賢」三字亦可了解為循上述的途徑轉注產生的。但此中有一點是非常重要的，上述這些同源字之間的義近關係通常不能單憑「音近」就可以確立，而必須先讓有引申關係的各概念的聲音落實到一個有形體的「音譬」之上，然後再進行加注意符的工作以竟全功。

6.許多形構上屬形聲的字很可能是循轉注的方式造成的

一般論者，大都認為漢字之中，以形聲字佔全體的大多數。然

而，經過孫雍長的分析，許多一般以爲是形聲字的，其實都可以改列爲轉注字。要說明這一點，我們可借用索緒爾有關「共時」與「歷時」的區分去解釋。蓋一般認爲是形聲字的，主要是從文字的「結構類型」或從一所謂「共時」的觀點去了解，單純地從字形的結構上看，一個字只要符合有形部有聲譬這一條件，便可稱爲形聲字了。但如果從一「歷時」的觀點看，只要我們能說明一些本不存在的字是以「建類一首，同意相受」或所謂「加注意符」之原則被建立出來的話，則儘管其於結構類型上是形聲字，但從文字孳乳的立場上看，它們還是應該歸入「轉注」的。

談到語言中的「類比」現象，洪堡特和索緒爾都不約而同地指其爲最能產或「收穫最豐盛」。此中的「類比」當然是指「語音類比」而言的。然而，在揭示了漢語語音系統整體而言的弱勢後，漢語的「生產力」似乎受到了十分嚴峻的挑戰。此一限制，洪堡特顯然是心知肚明的。不過，隨著洪堡特就漢語提出「文字的類比」的觀念，問題又顯出了轉機。今經孫雍長就「轉注」的疏釋，我們終於可爲洪堡特所謂「文字類比」找到明確的指涉：正如一切類比關係的基本結構一樣，轉注亦可理解爲「類比原項」(Analogon) 與「類比衍項」(Analogates)之間的聯想關係。在轉注裏的「類比原項」就是「轉注原體字」，而「類比衍項」則是各有關的一羣「轉注字」。從發展的角度看，轉注援用之初，雖或由假借促成。但到了後來，其使用漸不限於對假借作整治，而可進而成爲漢字自行孳乳之法門。藉著「轉注」的新解釋，孫雍長乃得作出結論，謂「『轉注』造字法是漢字孳乳繁衍之大法，是六書中最能產的造字法。」⑩孫氏此言，可說爲漢

---

⑩　孫雍長：《轉注論》，p. 69。

語的構義機制尋回其「生產力」。

(三)「轉注」與漢字的改造原則

索緒爾在討論「類比」關係時，曾指出類比是「既創新，但同時又保守」的。他還打了一個比喻說：「語言好像一件袍子，上面綴滿了從本身剪下來的布料製成的補釘……絕大多數的詞都是這樣或那樣從古老的形式拔下來的聲音要素的新結合。」❾其言下之意，是說語言發展到了一定階段時，與其繼續不斷製造新詞，會寧可反過來，就一些固有成素加以有效的「改造」。而改造的法門，就是把語言的一些「元素」加以游離和重組，使語言中潛在的表達力得以充分釋放。今觀漢字的造字系統，我們可以說，「轉注」基本上把索緒爾所刻劃的類比運作模式給完全體現出來了。所不同者，是轉注的改造對象不是語音，而是字的形體部件。而我們說轉注體現了洪堡特所謂的「文字類比」，亦是此意。

我們在討論胡樸安的所謂「四語」時，曾指出其中的「推展語」所賴以「推展」的，就是一類比的原則。有了「推展語」的產生，語言才覺得「發達」的蹊徑。今觀六書中的「轉注」，我們發覺其運作亦同樣建基於「類比」這一「既創新，又保守」的原則之上。總而言之，類比應用於言語上是「推展語」，而應用於文字上即成「轉注」。

如果說漢字的孳乳大法在於字的改造或字的游離與重組的話，則嚴格而言，六書中能表現此一「改造」原則者，轉注並非唯一。那麼，我們有何理由於六書中對轉注獨垂青眼，指其乃漢字的孳乳大法呢？就這一問題，我認為我們可順孫雍長所見進一步作更大膽的引

---

❾　索緒爾：《普通語言學教程》，p. 241。

申：漢字系統的形成，一些始創性的工夫固然是不可缺少的。然而，除了爲數不多的「獨體字」之外，漢字大都是由一些較原始的部件組成的，因此漢字系統與其說通通出於始創，不如說是從一些基本部件經一再改造而產生的結果。此一「改造」的原則，並不獨見於「轉注」，而在六書中的每一種中，都以不同方式在醞釀、濫觴。我們說「轉注」乃最能產的孳乳大法，一方面是因爲「轉注」乃漢字改造原則的一最公式化的表現，而另一方面則是因爲「轉注」於改造之餘，還有把因改造而漸趨紊亂的漢字系統納入一定的類別規範的作用。

其實，古人造字之始，本不知有所謂「六書」。「六書」作爲造字的規範，其實是後人反省的結果而已。而在漢字的整個孕育發展過程中，除了一些始創性的工作外，於一些原始的元素或部件基礎上不斷「重組」、「改造」，本來就是很順理成章的事。只不過順著各種始創模式的不同，「改造」亦作了不同性質的配合。因此後來給總結出來的各種造字法都是創造中帶有改造，或是寓創造於改造的。首先，象形字固旨在「畫成其物，隨體詰詘」。但許多象形字往往都在借取一些較基本的「圖畫」再加工完成，獨體象形字如「鳥」、「舄」、「焉」等便都是從「鳥」的圖形變化而得；而合體象形字如「眉」、「衰」、「疇」等亦分別從「目」、「衣」、「田」加工而成❷。其次，如指事字中的「本」、「末」、「刃」、「甘」等字何嘗不是從「木」、「刀」、「口」等字加工而成的呢？只是指事字本來不多，且多是隨遇而立，故其雖有改造之意味，卻難以言及「歸類」。會意字中的「武」之從「止」、「戈」和「信」之從「人」、「言」是人所共知的。會意字數量較多，

---

❷ 參見段玉裁，《說文解字注》十五卷上關於「象形」之注解，（上海：上海古籍出版社，1988），p. 755。

但卽使有時好一些會意字都「藏有」同一個部件，但由於不「醒目」故，一般都難以構成一個自然類別。例如「父」、「及」、「共」、「尹」、「寸」、「友」、「爭」、「受」、「秦」、「舀」、「書」等會意字都是由「手」字加工而成的，而「出」、「之」、「前」、「韋」、「步」、「陟」、「降」、「定」、「复」亦皆自「止」或足趾加工而成！但由於形體的變遷，除了懂得古文字的學者外，今日有多少人會留意此中「手」和「止」的作用呢？再者，會意字的構字取意，一般都只針對一個字本身，固很少因具有相同部件而顯出明確的類別意義。形聲字基本上由形旁與音響「相成」，亦很清楚反映了「加工」、「改造」的原則。依傳統的說法，漢字極大多數是形聲字，然今經孫氏之新解，許多形構上是形聲字的，於發生上看，都可列爲轉注字。至於假借字，清人往往指之爲「用字之法」而非「造字之法」。但若從假借字所要指謂的概念（如「莫非」的「莫」、或「無它」的「它」）的角度來看，假借字卻不失爲「不造字的造字法」❸。基於同一道理，我們亦不妨稱假借爲「不改造的改造」。在漢字發展的過程中，早期曾經有過假借成風的階段，只不過，正由於假借只在套用原有的文字資源，改了字的意義而不改其形，結果引至類別混淆，最後終於逼出轉注此一講求「建類一首，同意相受」的造字法，把未完成的改造工作予以完成，爲已混淆了的文字正其類別。

(四)從「類首」到「部首」

正如前述，文字類比乃文字元素的分解、交換、重組乃至加工改造。文字部件的這種類比作用，其實於漢字的整個發展過程中，於六

---

❸　孫雍長：《轉注論》，p. 17。

書中的每一種都可見其端，而「轉注」不過是文字類比的一個最規範化的表達而已。由是看，許慎於《說文》卷十五上的〈前序〉中「建類一首，同意相受」一語，除了在說明「轉注字」外，還與漢字整體的發展有關。作爲一種「造字法」而言，轉注就是把「轉注原體字」改造爲「轉注字」的過程，而改造的法門就在於「加注」、甚至「交換」意符。而在改造的過程中，一個「原體字」應該加注那一個意符呢？從索緒爾「語言價位」(Linguistic Value) ❹ 的觀點看，這問題是不能只局限於該原體字本身而得到解決的。轉注的成立，最重要的條件，就是吾人必須先已對事物的客觀類別有所認識，並已把這些認識以書寫符號的方式標示出來。因此，「建類一首」其實並非在要造轉注字時才臨急臨忙造的，而是自有文字以來無時無刻不在造的經常性工夫。一個「首」的建立，並非只針對一二個轉注字，而是一方面可作爲許多已存在的字的總結，而另一方面又可潛在地爲許多尚未出現的轉注字服務的。換言之，「首」的建立，是與語言系統的整體設施有關的。

基於上述考慮，我們可看到「類首」與《說文》中所謂「部首」的關係。基本上，《說文解字》中的「部首」並不等同於轉注造字法中的「類首」，但二者卻有頗微妙的關係。一言以蔽之，「部首」作爲漢字的組成元件而言，是自古即潛存於漢字系統中的，而把「部首」概念標題化地拿出來討論，乃至各部首的臚列，則是許慎的貢獻。部首大概是許慎得到轉注「類首」概念的啓發，而提出來作爲整理漢字

---

❹ 索緒爾的「語言價位」理論指出一個語詞的意義不能單就「能指」與「所指」的「指謂」關係盡顯，而必須把有關的語詞置於該語言中的一群相關的語詞中，從種種對立關係（如同義、反義……）的彼此約束下才能充分顯示。參見索緒爾：《普通語言學教程》，p. 152ff。

之用的⑮。許慎於《說文》十五卷下〈後序〉開頭即說:「此十四篇,五百四十部,九千三百五十三文,重一千一百六十三,解說凡十三萬三千四百四十一字。其建首也,立一爲耑,方以類聚,物以羣分。同條牽屬,共理相貫。雜而不越,據形系聯。引而申之,以究萬原。畢終於亥,知化窮冥。」⑯綜觀《說文》一書,各「部首」之下,或多或少都統率一定數量的漢字。當然,用現代的標準看,五百四十部首並非都合理(如有許多「部首」之下只列出本字),而各部首亦並非都曾充當轉注字的類首,而每一部首下所列各字亦非都由轉注所得。《說文》部首要整頓的,並不只是轉注字,而是六書之整體。最重要的,是整個部首系統之排列,透顯了漢字系統中普遍存在著一種爲事物分門別類的精神。其用意與新洪堡特學派的所謂「語詞場域」或與丹麥語言學家葉門史列夫的所謂「類聚關係」(Paradigmatic Relationship)⑰都有異曲同工之妙。而事實上,轉注之所以可能,一方面必須先假定了部首的分野,叫「轉注原體字」先有了可歸屬的「類」,才能有所謂「同意相受」的考慮;而另一方面,轉注之所以能成爲漢字孳乳之大法,亦因爲轉注能順應漢字系統的歸類要求,把

---

⑮ 於此,孫雍長採納了清人陳澧的看法,認爲許慎於《說文》的〈前序〉和〈後序〉中就類首和部首提出的討論是互相呼應的。

⑯ 許慎編,徐鉉校定:《說文解字》,卷十五下,(香港:中華書局,1989),p. 319。許慎於《說文·後序》中雖仔細列出所收「文」、「重文」等各項目之準確字數,但根據清儒鄭子尹(鄭珍)的考訂,徐鉉本、乃至《說文》段注等書實際列出者,都溢出一定的字數,造成瑕瑜參半之局。因此,下文依徐鉉校本所列的統計數字,亦難免有相應的誤差。參見鄭子尹:《說文逸字》,湖南經濟書堂校刊。

⑰ 葉門史列夫「類聚關係」概念是從索緒爾的所謂「聯想關係」發展出來的。參見: Louis Hjelmslev, *Prolegomena to a Theory of Language*, Tran. by E. J. Whitfield, (Madison, 1961)。

漢字的改造工作納入一有規範的格式中。

　　漢字中雖然普遍地存在著「聲旁帶義」的現象，但由於漢語語音的孤立和單音的性質，「聲旁」於「帶義」之餘，卻不足以充分和圓滿地完成意義的「區別」工作。總的來說，「形旁」所具有的「文字類比」功能，較諸「語音類比」來得直接有效。就以被視爲「聲旁帶義」理論的濫觴的例子而言吧：所謂「在金若堅，在草若緊，在人若賢」（楊泉《物理論》）。此中「堅」、「緊」、「賢」固然是有音義類比的關係，但若非得到特別啓發，一般人有幾許能於日常生活中看出其中的關連呢？相反地，如果我們接受洪堡特所謂「形旁」能「直撲眼簾」的說法的話，「文字類比」的意義便顯而立見。試設想一孩童讀書先學會了「橡」、「楓」、「杉」、「松」等字，在學字過程中，很可能不待啓發，已能知其皆從「木」。而當其看到從未學過的「槐」、「樺」二字時，儘管不一定通曉二字之讀音，但「槐」、「樺」之亦爲「木」卻昭然立見。又如，吾人認識了「癬」、「痢」、「瘧」，則今若乍見不認識的「疳」、「瘟」，亦當能推想其爲一些「疒」或疾病。由是，漢字的世界自然地組成一羣一羣的自然類別。對於吾人的認知，起了強大的支援作用。而許愼所謂「據形系聯」，亦卽此意。從認識論的角度看，部首之臚列，反映了漢語於孳乳的大趨勢中一個回頭收歛整頓的要求，其對於國人認知心的建立，是功不可沒的。

　　如果我們說漢字系統自然而然地隱現了一歸類的要求的話，則此中所涉及的主要是一些甚麼類別呢？綜觀《說文解字》各部，名數雖有五百四十之衆，但其中承擔起大部分歸類工作的部首，爲數其實不多。而其理由可有數則。首先，漢代時，漢字經歷了隸變，漢字形體

已異於古時❾。許慎雖以小篆列出部首，但由於當時未得見金文和甲骨等材料，所以許多字的「部居」都有偏差，因而不能構成合理的類別。其次是許慎五百四十部「一始亥終」的編列方式堆砌意味過重。為了堆砌，甚至有好幾十個除本字外根本不統轄他字的字也列為部首❾。其三，許多部首卽使統屬了他字，但為數往往極少。其四，許慎有時把一些類別意義並不顯著的「初文」或「準初文」也列為部首（如卷十二中的好一些部首）。如果單以歸類功能去衡量的話，則我們大致可從《說文》五百四十部中抽出一些主要的部首，分列於五個大類之中。以下我們卽把這五個主要類別，連同其中統屬字數較多的部首，及每一部首所統屬的字數列出，看看能否對漢字系統的歸類現象作進一步的透視❿：

1.人體及其各部分：

目-113， 口-180， 耳-32， 頁-93， 手-265， 足-85，
止-14， 心-263， 尸-23， 人-245， 子-15， 女-238，
肉-140， 骨-25， 血-15， 彡-38， 齒-44， 歺-32

❾ 漢字經過隸變後，漢字許多本是象形部件趨於規格化和平整化。漢字書寫起來的筆劃比以前簡單了，但原本部件的特性卻反而漸趨混淆。有時同一個部件於不同情況下會分化為多個樣子，也有時本來不同的幾個部件會在不同情況下混同為一個樣子。有關問題可詳見蔣善國：《漢字形體學》，（北京：文字改革出版社，1959），p. 175ff。

❾ 孫雍長列出了除本字外不統他字的「部首」凡三十幾個，見孫著，p. 61。

❿ 參見許慎編，徐鉉校定：《說文解字》各卷。此外，亦參見高亨：《文字形義學概論》，第五章，（山東：齊魯書社，1981）。王力：《古代漢語（通論）》，附錄二：〈漢字部首舉例〉，（香港：典文出版社）。康殷：《古文字形發微》，（北京：北京出版社，1990）。

2.人類的生理現象或肢體活動：

見- 45，　大- 18，　立- 19，　欠- 65，　又- 28，　攴- 77，

走- 85，　辵-118，　彳- 37，　夊- 15

3.自然現象：

日- 70，　月- 8，　金-197，　木-421，　水-468，　火-112，

土-131，　雨- 47，　冰- 17，　山- 53，　玉-126，　厂- 27，

石- 49，　阜- 92

4.動物植物：

牛- 45，　馬-115，　羊- 26，　豕- 22，　隹- 39，　鳥-116，

鹿- 26，　虍- 15，　黽- 13，　犬- 83，　虫-153，　魚-103，

艸-445，　竹-144，　禾- 83，　米- 36，　麥- 13

5.生活內容：

衣-116，　車- 99，　田- 29，　門- 57，　戶- 10，　刀- 62，

弓- 27，　戈- 26，　皿- 25，　角- 39，　广- 49，　宀- 71，

穴- 51，　方- 23，　革- 57，　貝- 59，　网- 34，　巾- 62，

糸-248，　斤- 15，　斗- 17，　匸- 19，　口- 26，　食- 62，

酉- 67，　邑-184，　疒-102，　言-245，　示- 60，　鬼- 17

　　綜觀上列各部首，再比對《說文》一書，我們可作出幾項有趣的觀察：一、我們從上列五個類別中選出來的部首加起來共八十九個，佔《說文》部首總數不足六分之一。但其所統屬的漢字卻達七千六百二十個（不計「重文」、「新附」諸字），亦即《說文》所收字數的五分之四有多。二、上列的部首，主要都是一些象形字，間或有一些簡單的會意字。三、各部首所表的概念，大都是非常具體的，而且大都是和人類的感官直覺或日常經驗有關的。四、上列八十九個部首以外

的四百五十一個部首共統字才一千七百多個。而餘下這些部首大都可以從上列的部首組合或引申而成，如「明」之從「日月」、「炙」之從「肉火」……而從「手」、「止」、「人」引申之部首更多至不計其數。因此，上列部首的實際統字數量，幾及於漢字的全體。五、最後餘下一些部首，卽使無法直接或間接從上述的部首導出，但它們大都起碼可歸入上述五個主要類別，其所以見遺，是因爲其字太僻而已。綜合各點，我們可得一結論：藉以統屬所有漢字的《說文》部首，幾乎全都是和人類的具體經驗有關的。

《說文》九千餘字中，其實不乏一些反映高度抽象概念的字。但在仔細觀察下，漢字背後所表達的概念無論寓意多抽象，卻往往都從一些寓意具體的部件引申而出。而許愼整理出來的「部首」系統，只不過是這一現象的客觀反映而已。這一現象，如從當代「認知語言學」(Cognitive Linguistics)的角度看是不難理解的。George Lakoff 和 Mark Johnson 的研究圈子近年便嘗試指出，人類的語言世界都是從人類現實生活中可被感知的「印象圖式」(image schemata) 出發，再藉著想像力朝較抽象的方向一層一層地開拓出去的❿。在西方語言中，這些印象圖式只能在言語的語鏈中產生作用。但在漢語環境下，一個個活生生的印象圖式不單能於言語間發揮效力，而且還寄存於文字的形體中，予吾人以「奪目」的啓示，其對吾人思維的影響

---

❿ 參見George Lakoff, *Women, Fire, and Dangerous Things: What Categories Reveal about the Mind*, (Chicago: University of Chicago Press, 1987); George Lakoff, "Cognitive Semantics". in: *Versus: Quarterni di studi semiotici*, ed. by Umberto Eco. Vol. 44/45, (Bologna 1986), pp. 119-154. Mark Johnson, *The Body in the Mind, The Bodily Basis of Meaning, Imagination, and Reason*, (Chicago: University of Chicago Press, 1987).

便來得更爲深刻。如用洪堡特的口吻說，漢字並非只是言語的附庸，而乃「思想的文字」。

七、結　論

洪堡特關於漢字的討論並不算多，但其提出「思想的文字」和「文字的類比」兩個觀念都一針見血地把漢字的特性揭示了。許多語言學討論都很重視一項守則，就是「言語」和「文字」是兩個不同的畛域，是不能隨便混淆的。特別的處理語言的問題時，語言學家大都認爲語言本身是一自足的領域，一切諸如語音的運用、意義區別、語法等問題都必須只就語言自身求解。如果討論只限於標準印歐語言的話，上述的守則似乎是不難恪守的。拙著〈語音與意義建構〉一文便嘗試單純從語音的層面揭示印歐語言（特別是日耳曼語言）的構義功能。然而，這項守則質之於漢語系統是否亦生效呢？

回顧本文初段的討論，我們可見，純粹的「語音構義」問題在漢語系統中基本上亦可成立，而且應該先予正視。我們透過胡樸安與洪堡特的比較，甚至看到古漢語的語音運用手段與印歐語言的語音運用手段於細節上雖有分別，但大底上還是依循相同的模式去進行的。然而，古漢語語音構義現象的細節分析，卻正透露了漢語自古以來的一些語音習慣。由於形態的「分離」和語素爲「單音節」這兩種特性，漢語的語音系統整體上呈現了一定程度的弱勢，並引出意義區別不足的限制。但與此同時，漢語卻又積極地於語音、語法等環節上作出一定的自我調節，以一系列息息相關的代償機制去平衡自身的限制，並因而創造出富有特色的語言系統。漢字的產生，從大處看亦可理解爲針對漢語語音弱勢的平衡機制。經過幾千年的「文」化過程，漢語中

本來是自足的語音構義機制已不能回復舊觀了。幾千年來，漢字已實質地介入了語言的畛域，並積極地參與了我們祖先思想的開拓。用洪堡特的話來表達：「漢字已經成爲漢語自身的一個內在的成分 (ein inhärenter Bestandteil)。」[102]

　　觀洪堡特有關語言的著作，覺得其對漢語最爲欣賞的，是「漢語能表現爲一有貫徹性的和有持續性的『語言精神 (Sprachgeist)』」[103]。此中，「語言精神」是甚麼，用現代的觀點，或許可以說是人類社會一種集體無意識的表現。洪堡特說漢語具有貫徹性，是指漢語於各種語言條件的取捨及種種代償機制的引進，不知是有心抑是無意，總之是表現了一種策略上的一致性。所謂持續性是指漢語能堅守其所選定的策略，並持久地冉冉發展，歷時而不懈。作爲普通語言學的締創者，洪堡特於致力揭示漢語與其他語言之間的共通性之餘，亦展示了其特殊性。洪堡特的漢語研究爲吾人帶來一項重要啓示：一個語言的語音、語法、和語義等機制之間的關係是非常緊密的，而每一種機制的特性均會對其他機制產生連鎖反應。語言有如一於時間中延續的有機體一般，是必須長遠地，並且整體地考慮的。

　　洪堡特的觀察固以古漢語爲主，然而，洪堡特力稱就其所認識的「現代漢語」而言，其有關古漢語的一般省察大致還是生效的。[104] 如今，洪堡特的觀察復已是一百五十幾年前的事了，當時的「現代漢語」亦不再是今日的現代漢語了。再者，這百多年中國社會正處於大變動時期。期間種種歷史因素，促使漢語（主要是語法）和漢字系統（主要有「漢字簡化」和「漢字拉丁化」等問題）本身都經歷了前所

[102]　洪堡特：〈致雷姆薩先生的信〉，p. 84。
[103]　同[102]，p. 64。
[104]　同[102]，p. 87。

未有的變革。我們在借取洪堡特就漢語和漢字的觀察之餘，如何從吾國吾民今日的觀點予以接受之，已不再是一單純的學術問題，而更涉及「語言規劃」(Language Planning) 或嚴格而言的「語文規劃」的考慮了。

就語音問題而言，本世紀先後推行的國語運動或普通話運動當然算是一件大事。普通話運動是中國國民的一種有意識的語言規劃行為，然而其產生的影響卻是在於政治社會多於語音系統本身。純粹從語言學的觀點看，語音、語法和語義三種語言機制中，語音系統向來都是比較穩定的。我常常有一種想法，現時於北京或於臺北電臺聽到的一些清脆標準的漢語基本上是刻意「標準化」要求下的人為產品。現代的普通話除了語音以北京為準外，語法是以現代白話文作規範，而語彙亦以能通行各地者為主，換言之，有一「非地域化」的要求。加起來看，普通話可以說是一種「新生事物」。然而，無論怎麼變也好，漢語語音系統如聲調的使用、以單音表達語素等習慣是絲毫未改的。由於語音基本結構仍在，漢語向來由於語音的弱勢而要面對的種種問題亦將繼續保留。

至於漢語語法，到了今時今日，漢語的語法比起洪堡特的時代，卻已起了顯著的變化。自西學的傳入，尤其是經過漢譯西洋名著的洗禮，漢語語法即面臨西方語法的衝激。到了今天，漢語（特別是書面語）的句子已比以前長多了，而結構亦大大更改了❿。這種影響不一定只對「洋味」重的人士有效。許多典型的中國學者，亦多難免。君不見如唐君毅等儒者的句子有多長嗎？從一文化反省的角度看，漢語句子延長的趨勢是一個很重要的課題，它反映了現代中國人的思考再

❿　有關問題可參見高更生著：《長句分析》，(北京：　中國社會科學出版社，1983)，p. 4f。

不願囿於傳統的語法模式，而要積極尋求一種類似西方人的邏輯思維方式⑩。但我們正視這要求是一回事，是否因而要放棄漢語語法的傳統規範，向印歐語法讓步，卻是另一回事。如何持續保有漢語傳統言簡意賅的特色，而又能增強國人的思辨推理質素，大概是以後的漢語語法和漢語教育的一大問題。此中，傳統的詞序、各種虛詞、助語詞、連詞等訓練的加強與改造，是否有一定的助力呢？

　　說到漢語的語義系統，其不能離開漢字系統去談論，是顯然不過的。洪堡特曾說：「漢字乃漢語的一個實質的 (wirklich) 的成分。中國人要省察語言的一般問題時，是必須扣緊漢字問題的。我認為，要把漢字改成字母文字，幾乎是不可能的事。」⑩然而世事眞難逆料，洪堡特大概想不到這一世紀的中國人卻一再在考慮「漢字拉丁化」問題！「漢字改革」是現代漢語語文規劃運動的重頭戲。其中包括兩個主要方案 ——「漢字簡化方案」和「漢字拉丁化方案」。提出方案的人顯然是用心良苦的，但實行起來，我們是要考慮可行性和代價的問題的。就以漢字簡化而論，簡化漢字本來是歷史大勢所趨。但漢字簡化是否應追求「愈簡愈好」一至「二簡方案」的田地？簡化之餘如何避免意義區別不足和不必要的訊息失落等問題都是要仔細考慮的。「漢語拼音」作為一種教育上的輔助媒介是鮮有反對的。但「漢字拉丁化」卻代表了漢字表意系統的放棄。「漢字拉丁化」如果不幸眞要徹底實行，這將意味著漢語要以語音系統承擔所有的意義區別工作。漢語的語音系統本已貧弱，又長久以來為漢字所寵慣，它能擔此大任嗎？

---

⑩　這個問題，前賢如張東蓀等已作了許多重要的反省。參見張東蓀：《知識與文化》，第二編，第一、二兩章，（香港：龍門書局重刊，1968）。

⑩　洪堡特：〈致雷姆薩先生的信〉，p. 81。

　　力主「漢字改革」的人，所持的理據主要出於教育的層面，特別是出於掃盲的需要。教育是至嚴肅至神聖的問題，對吾人子孫的影響可謂至巨。漢字固然難學，但砍除漢字是否解決這教育問題的一個好辦法呢？從上述許多討論中，我們得見漢字乃吾人想像力、認知能力、乃至廣義的「思想」的作業場所，廢除漢字的代價到底有多大呢？我們會不會為求表面上解決一個教育問題而帶來更嚴重的教育問題呢？退一步說，漢字數量雖多，但基本上是從很有限的字根構成的，學漢字只要熟習了筆劃的基本形態和主要的邊旁，即可「望文生義」。而一旦掌握了足夠的字數，則無窮數量的語詞都可輕易地掌握，這就是所謂「生詞熟字」。此外許多心理學測試都顯示漢字具有信息量大、示差性強、視覺分辨率高、和可由右腦直接處理等優點❿。漢字對於初學者來說，其要付出的時間心力雖較學西方的拼音文字為多，但從心智發展的長遠角度看，是未嘗不值得投資的。

　　最後，近十數年來，電子資訊技術有了長足發展。在漢字資訊化的新環境下，漢字學習的潛在困難勢將得到舒緩。目前的當務之急，包括一、盡早統一中港臺各地的漢字內碼系統，內碼編排應對古代文獻及一些地域用字作適當的照顧；二、在統一主要的輸入法的同時建立多元化的漢字檢索及顯示系統，加強漢字於形、音、義三方面的訊息聯繫⓫；和三、穩步地使資訊技術與基礎漢語漢字教育相結合，為

---

❿　參見申小龍：《中國語言的結構與人文精神》，p. 15。

⓫　現時一些流行的中文電腦系統其實已在朝這方向發展。「注音」或「漢語拼音」輸入法是把從音到形的橋樑架起來。而在使用「倉頡」輸入法時可選擇於狀態欄顯示字的讀音（以取代詞鍵），可說把從形到音的橋樑也架起來了。未來我們不妨考慮容許同時顯示一字的基本意義。傳統漢字教育的癥結在於「形」、「音」、「義」三者不能有一瞬間的機械聯繫。今日電腦科技的發展，對於這個困難的突破是可以發揮重大意義的。

新一代的國民創造有利的語言文字環境。總而言之，眞正的「漢字改革」，應該採取積極的態度，以新的方法把固有的困難克服，和把固有的優點鞏固和進一步發展，而不是只知削足就履，爲了廻避當前的困難，而把自己最大的優點都予以放棄！

滄海叢刊書目 (一)

國學類

哲學類

宗教類

滄海美術叢書